Charles Caldwell Ryrie

Ausgewogen

Charles C. Ryrie

AUS GE WO GEN

BIBLISCHE LEHRE IM PRAKTISCHEN LEBEN

Christliche
Verlagsgesellschaft
Dillenburg

ISBN 3-89436-076-3

Titel der Originalausgabe: Balancing the Christian Life
© Copyright der Originalausgabe: Moody-Press, Chicago, USA.
© Copyright der deutschsprachigen Ausgabe 1994:
Christliche Verlagsgesellschaft, Dillenburg
Übersetzung: Bernd Flock, Spielfeld/Österreich
Titelgestaltung: Dieter Otten, Bergneustadt
Satz: rk-design, Bergisch Gladbach
Druck: Druckhaus Gummersbach
Printed in Germany

Inhaltsverzeichnis

Kapitel 1

Ein Wort am Anfang

Am Anfang dieses Buchs soll ein grundsätzlicher Gedanke stehen, den man auch als Motto dieses Buchs bezeichnen kann: Eine echte und gesunde geistliche Haltung ist das Ziel jedes christlichen Lebens.

Dabei kann es passieren, daß die Einfachheit dieses Mottos den Leser entweder irritiert oder aber nicht den richtigen Eindruck auf ihn macht. Betrachten wir also die Schlüsselworte des Mottos.

Mit *"echt"* meine ich biblische Echtheit, denn nur in der Bibel haben wir die Wahrheit, die unbestreitbar zuverlässig ist. Deswegen muß die Bibel Wegweiser und Prüfstein für alle unsere Erfahrungen sein, denn die biblisch geistliche Lebensweise ist die einzige echte geistliche Lebensweise. Das bedeutet in der Praxis, daß alle Erfahrungen des geistlichen Lebens anhand der biblischen Wahrheit geprüft werden müssen. Wenn irgendeine Erfahrung, auch wenn sie sehr real war, dieser Prüfung nicht standhält, muß sie verworfen werden. Natürlich ist dies viel leichter gesagt als getan, aber es ist der einzige Weg zu echtem oder biblischem geistlichen Leben.

Ein zweites Schlüsselwort in dem Motto des Buches ist *"gesund"*. Mit gesund meine ich ausgewogen. Es gibt nichts Verheerenderes für das geistliche Leben als Unausgewogenheit. Einer meiner ehemaligen Lehrer erinnerte uns wiederholt daran, daß Unausgewogenheit in der Theologie einer Geisteskrankheit auf dem Gebiet der Lehre gleichkommt. Dies gilt auch für das Gebiet des christlichen Lebens. Eine unausgewogene Anwendung der biblischen Lehren in bezug auf echte geistliche Lebensweise wird im christlichen Leben ein Ungleichgewicht hervorrufen. Legt man zuviel Betonung auf das Mystische, könnte die praktische Anwendbarkeit des geistlichen Lebens undeutlich werden, während eine Überbetonung dieser Anwendbarkeit einen Mangel an Vision hervorbringen könnte. Eine übermäßige und ständige Betonung der Notwendigkeit der wiederholten Hingabe kann zu einem stagnierenden christlichen Leben führen, in dem es kein beständiges und echtes Wachstum gibt. Eine Überbetonung des Sündenbekennens kann zu einer ungesunden Selbstbetrachtung führen; umgekehrt führt die Vernachlässigung des Bekennens der Sünden zu einer Empfindungslosigkeit gegenüber der Sünde. Ausgewogenheit ist also der Schlüssel zu einem gesunden geistlichen Leben.

Wenn dieses Buch die geistliche Lebensweise behandeln soll, ist es notwendig, gleich von Anfang an einige allgemeine Eigenschaften des Wortes "geistlich" zu betrachten. Das Wort gründet sich auf das Wort "Geist" und bedeutet "den Geist betreffend". Eigentlich hat es eine große Bandbreite von Bedeutungen, die alle mit dem Grundgedanken "den Geist betreffend" zu tun haben.

1. In einem Fall (Eph.6,12) wird das Wort "geistlich" für dämonische Mächte verwendet, die sich als geistliche Wesen von Menschen unterscheiden.

2. An anderer Stelle wird das mosaische Gesetz als geistlich beschrieben (Röm.7,14). Diese Stelle weist darauf hin, daß das Gesetz gegeben wurde, um das geistliche Leben der Israeliten zu fördern.

3. Der zukünftige Auferstehungsleib des Gläubigen ist ein geistlicher Leib, im Gegensatz zum natürlichen Leib, den er bis zum Tod hat (1.Kor.15,44). Die Verwendung des Wortes in diesem Zusammenhang verbietet es, es nur im Sinne eines "nicht körperlichen" Leibes zu definieren. Der geistliche Leib ist vergleichbar mit dem des Herrn nach seiner Auferstehung und hat Fleisch und Blut, ist aber von einer neuen und anderen "Auferstehungs-Qualität" (Luk.24,39).

4. Außerdem wird ein recht breiter Bereich von Tätigkeiten und Beziehungen des Gläubigen "geistlich" genannt. Sein Dienst wird ausgeübt unter Einsatz der geistlichen Gaben, die vom Heiligen Geist gegeben werden (Röm.1,11; 1.Kor.12,1; 14,1). Das Einssein aller Christen als lebendige Steine in einem Gebäude wird von Petrus als geistliches Haus bezeichnet. Er schreibt auch, daß die Gläubigen geistliche Schlachtopfer darbringen sollen, die für Gott wohlannehmbar sind (1.Pet.2,5). Die Nahrung der Kinder Israel wird auch geistliche Speise genannt, und Christus wird als geistlicher "Fels" beschrieben, der sie begleitete (1.Kor.10,3-4). Der Christ drückt sein Lob in Psalmen, Lobliedern und geistlichen Liedern aus (Kol.3,16). Sein Ziel ist es, mit geistlichem Verständnis erfüllt zu sein (Kol.1,9), und seine Stellung in der Himmelswelt beinhaltet, mit jeder geistlichen Segnung gesegnet zu sein (Eph.1,3).

5. Die besondere Verwendung des Wortes "geistlich" im Neuen Testament steht im Zusammenhang mit dem Wachstum des Gläubigen und dem Reifen des christlichen Lebens. Ein geistlicher Mensch ist einer, der das erneuernde Wirken des Heiligen Geistes erfahren hat, durch welchen ihm neues Leben in Christus geschenkt wurde. Der Apostel Paulus vergleicht den geistlichen Menschen mit dem natürlichen (1.Kor.2,14-15), der, da er den Heiligen Geist nicht hat, offensichtlich keine wiedergeborene Person ist (Jud.19). Eine geistliche Lebensweise beinhaltet aber mehr als Wiedergeburt, und alles, was darin eingeschlossen ist, soll in diesem Buch deutlich gemacht werden. Darum ist es notwendig, bestimmte grundlegende Lehraussagen der Bibel zu studieren, ohne die unsere Schlußfolgerungen nicht zu einer echten geistlichen Haltung führen könnten. Außerdem wird eine ausgewogene Betrachtung bestimmter einzelner Verantwortungen und praktischer Probleme im Ausleben biblischer Wahrheiten erforderlich sein. Auch müssen wir uns mit einigen heute verbreiteten falschen Betonungen beschäftigen, um ihre Irrtümer zu vermeiden und die Wahrheit um so schärfer hervorzuheben. Alle diese Gesichtspunkte sollten uns einen guten Überblick über biblisch geistliches Leben geben.

Ist es nicht selbstverständlich, daß wir beim Studium eines solchen Themas die belehrende Leitung des Heiligen Geistes brauchen, um Frucht bringen zu können? Hier haben wir ein Gebiet, auf dem die Notwendigkeit der Ausgewogenheit demonstriert werden kann. Manche meinen, daß der Lehrdienst des Geistes die Notwendigkeit des Studierens überflüssig macht, während andere zu dem Schluß kommen, daß genügend Studium die Notwendigkeit des Lehrdienstes des Geistes beseitigt. Der Dienst des Heiligen Geistes, die Wahrheit Gottes zu lehren, ist unersetzlich. Die Schriftstellen, die auf dieses Wirken des Geistes hinweisen (Joh.16,13; 1.Kor.2,12), sagen nicht, daß dieser Dienst immer unmittelbar ist. Eigentlich wird überhaupt nicht von den Mitteln gesprochen, die der Geist anwendet, um uns zu lehren. Es kann direkt sein, z. B. während man über eine Bibelstelle nachdenkt, oder es kann auch durch indirekte Mittel geschehen. Zu diesen indirekten Mitteln gehören auch Bücher, die von anderen Menschen geschrieben wurden, oder Bibellehrer in der Gemeinde, Konkordanzen oder Lexika. Letztendlich ist es der Geist, der lehrt, sei es durch indirekte

Mittel oder direkt. Und Er muß es tun, wenn wir die Wahrheit begreifen sollen.

Kapitel 2

Was ist geistliches Leben?

Obwohl das geistliche Leben der Gläubigen häufig das Thema von Predigten, Schriften oder auch Gesprächen ist, wird es selten genau definiert. Jeder Versuch einer Definition beschreibt lediglich Eigenschaften des geistlichen Lebens, aber man sucht vergebens nach einer schlüssigen Definition des eigentlichen Begriffs. Der Grund dafür ist, daß der Begriff mehrere Faktoren beinhaltet und es nicht leicht ist, sie alle in einer Definition zusammenzufassen. Der einzige Vers, der in der Bibel einer Definition nahekommt, ist ziemlich schwierig auszulegen:

"Der geistliche Mensch dagegen beurteilt alles"
(1.Kor.2,15).

Weil es so schwierig ist, wird die Definition oft vermieden. Dennoch ist eine Definition notwendig, denn sie ist gleichsam ein Eckstein, der die Form des Gebäudes bestimmt.

Der Begriff des geistlichen Lebens

Echtes geistliches Leben beinhaltet drei Elemente. Wir haben eines schon erwähnt - die Wiedergeburt. Niemand kann im biblischen Sinn geistlich sein, ohne zuerst das neue Leben erfahren zu haben. Dieses wird allen, die an den Herrn Jesus Christus als persönlichen Heiland glauben, gegeben. Ein Versuch geistlichen Lebens ohne Wiedergeburt ist bloß eine äußerliche Umgestaltung des Lebenswandels.

Zweitens ist es hauptsächlich der Heilige Geist, der in einem Menschen eine geistliche Haltung bewirkt. Damit wird nicht gesagt, daß die anderen Personen der Gottheit keinen Anteil daran haben oder daß der Gläubige selbst keine Verantwortung trägt, auch nicht, daß es keine anderen Mittel der Gnade gibt. Aber es bestätigt die führende Rolle des Geistes im Bereich des geistlichen Lebens. Die Dienste des Heiligen Geistes beinhalten: Lehren (Joh.16,12-15), Leiten (Röm.8,14), Bestätigen (Röm. 8,16), Führung im Gebet (Röm.8,26), Ausübung geistlicher Gaben (1.Kor.12,7) und Kampf gegen das Fleisch (Gal.5,17). Alle diese Bereiche sind in ihrer vollen Entfaltung von der Erfüllung mit dem Heiligen Geist abhängig (Eph.5,18).

Mit dem Geist erfüllt zu sein, bedeutet, vom Geist beherrscht zu werden. Den Schlüssel für diese Definition finden wir in Eph.5,16, wo "Betrunken-sein" und "Erfülltsein mit dem Geist" einander gegenübergestellt und miteinander verglichen werden. Genauso wie ein betrunkener Mensch vom Alkohol beherrscht wird, wird ein geisterfüllter Mensch vom Geist beherrscht. Als Folge wird sich dieser geisterfüllte Mensch ganz "unnatürlich" verhalten, nicht orientierungslos oder unnormal wie ein Betrunkener, sondern auf eine Art, die dem alten Leben fremd ist. Die Herrschaft des Heiligen Geistes ist eine notwendige Voraussetzung für eine geistliche Lebensweise.

Ein drittes Element beinhaltet - Zeit. Wenn ein geistlicher Mensch alles beurteilt, untersucht oder unterscheidet (1.Kor. 2,15), muß er sich Zeit nehmen, um Erkenntnis zu gewinnen und Erfahrungen zu sammeln, damit er alles beurteilen kann. Dies geht nicht über Nacht. Dazu ist nur ein reifer Christ fähig.

Das Wort "reif" scheint ein Schlüssel für den Begriff der geistlichen Lebensweise zu sein, denn christliche Reife bedeutet das Wachstum, das der Heilige Geist in einem gewissen Zeitraum in einem Gläubigen wirkt. Diese Zeitspanne ist nicht für jeden gleich lang, aber Zeit brauchen alle. Es ist nicht die Zeit, die Reife hervorbringt; wichtiger sind erreichte Fortschritte und Wachstum. Geschwindigkeit mal Zeit ist die Entfernung, so daß die Strecke bis zur Reife durch höhere Geschwindigkeit im Wachstum in kürzerer Zeit bewältigt werden kann. Es erfolgt auch eine Beschleunigung, wenn die Kontrolle über das Wachstum dem Heiligen Geist gegeben wird und man nicht versucht, diese Kontrolle selbst zu behalten.

Hier ein Vorschlag für eine Definition des "geistlichen Lebens", die zur gleichen Zeit folgerichtig ist, aber auch die oben besprochenen Elemente im Auge zu behalten versucht: Geistliches Leben ist die Beziehung eines erwachsenen Christen zum Heiligen Geist. Dies ist einfach eine andere Art, zum Ausdruck zu bringen, daß die geistliche Lebensweise christliche Reife ist. Zugleich werden die Elemente der Herrschaft des Geistes über eine gewisse Zeitspanne deutlicher. Gewiß erfüllt die Definition die Voraussetzungen für die Beschreibung eines geistlichen Menschen in 1. Korinther 2,15, denn jemand, der eine "Erwachsenen"-Beziehung zum Heiligen Geist hat, wird fähig sein, alles zu beurteilen, auch wenn er von anderen nicht verstanden wird. Ist dies eine richtige Definition, dann gibt es gewisse Folgerungen, die durchdacht werden sollten.

1. Ein neubekehrter Christ kann kaum geistlich genannt werden, denn er hatte noch nicht genug Zeit zu wachsen und christliche Erkenntnis und Erfahrung zu entwickeln. Ein frisch bekehrter Gläubiger kann unter der Leitung des Geistes stehen, aber der Bereich, in dem der Geist regiert, weitet sich im Lauf des normalen geistlichen Wachstumsprozesses aus. Ein junger Gläubiger hat noch nicht genug Erfahrung auf vielen Gebieten des christlichen Lebens. Er mag zwar willig sein, dem Heiligen Geist die Herrschaft über sein Leben und seine Handlungen zu überlassen, hat aber noch nicht die Erfahrung und die Reife gewonnen, sich mit solchen Problemen auseinanderzusetzen, um geistgeleitete Entscheidungen treffen zu können. Er weiß vielleicht nicht, daß es auch einen schwachen Bruder gibt, und obwohl er vielleicht bereit wäre, seine Freiheit um dieses Bruders willen einzuschränken, hat er noch keine Gelegenheit gehabt, das in die Praxis umzusetzen, ganz zu schweigen davon, daß er anderen bei Entscheidungen über solche Angelegenheiten helfen könnte. Der Geist kann den jungen Christen vielleicht in allem leiten, aber nur in dem Ausmaß, in dem er in seinem Wissen als Neugeborener Erkenntnis über sein geistliches Leben hat. Wenn seine Erkenntnis und sein Wachstum zunehmen, eröffnen sich neue Gesichtspunkte in seinem Leben, die er auch bewußt Gottes Führung übergeben muß. Echtes geistliches Leben benötigt Zeit, um zu reifen.

2. Ein älterer Christ muß nicht automatisch geistlich sein, nicht weil es ihm an Zeit gemangelt hätte, sondern weil er während der Zeit seines Lebens als Christ dem Heiligen Geist nicht erlaubt hat, ihn zu leiten. Fehlt es dem jungen Christen an der nötigen Zeit, um geistlich zu werden, so kann es dem älteren Gläubigen an Hingabe mangeln. Ohne volle und beständige Leitung durch den Heiligen Geist kann man nicht geistlich sein. Dies war auch das Anliegen des Schreibers des Hebräerbriefes, denn seine Leser befanden sich genau in dieser Lage.

3. Ein Christ kann in einigen Gebieten seines Lebens geistlich zurückfallen, ohne dadurch die Grundlage, die er in seinem christliches Leben bereits gewonnen hat, zu verlieren. Das Fleisch kann sein Handeln während der Zeit des Rückfalls beherrschen, aber wenn er zum Herrn zurückkommt, muß er in seinem Wachstum nicht von vorne beginnen. Ein Beispiel: Ein

Gläubiger kann in bezug auf sein persönliches Bibelstudium einen Rückfall erleiden, aber wenn er umkehrt, wird er nicht alles, was er früher wußte, vergessen haben. Dieses Prinzip betrifft nicht jeden Bereich des Lebens, denn es gibt manche Zustände, z. B. Treue in der Ehe, die nie wieder völlig hergestellt werden können, wenn sie einmal gebrochen wurden. Die Sünde kann vergeben werden, die Gemeinschaft wird wiederhergestellt, aber das verlorene Terrain kann nicht zurückgewonnen werden.

4. Es gibt Phasen des Wachstums auch innerhalb des Reifezustandes. Das beste Beispiel ist das des Menschen, der, obwohl er erwachsen ist, weiter wächst, sich entwickelt und reifer wird. Der geistliche Mensch, der eine "Erwachsenen"-Beziehung zum Heiligen Geist hat, bleibt in seinem christlichen Leben nicht stehen, denn auch er hat eine wachsende Beziehung zum Herrn. In diesem Leben befinden wir uns nie auf einer Entwicklungsstufe, auf der es nicht noch eine höhere zu erreichen gibt. Also ist die geistliche Lebensweise eine zunehmende, wachsende Beziehung zum Geist auch für Christen im Stand eines Erwachsenen.

5. Die Phase des Säuglingsalters muß nicht lange dauern. Niemand soll sich hinter einer betrügerischen Art der Frömmigkeit verstecken, die die Wachstumsprozesse, die er durchgemacht hat, herunterspielt oder leugnet, so daß er seinen Reifezustand nicht anerkennt. Ein Grund für die mangelnde Erkenntnis der bereits erreichten Reife ist falsche Demut. Paulus erwartete im 1. Korintherbrief von den Gläubigen, die etwa vier oder fünf Jahre im Glauben waren, daß sie bereits geistlich sein sollten. Er konnte zwar, als er bei ihnen war, noch nicht mit ihnen als geistlichen Leuten reden, weil sie noch Säuglinge im Glauben waren, zu diesem Zeitpunkt aber gibt er seiner Erwartung Ausdruck, daß sie, als er den Brief an sie schrieb, zu einem Punkt gereift wären, an dem er sie als geistlich ansprechen könnte (1.Kor.3,1-2). Nach ein paar Jahren sollte man aus dem Säuglingsalter herausgewachsen sein.

Die Eigenschaften der geistlichen Lebensweise

Das geistliche Leben ist leichter zu beschreiben als zu definieren. Die biblischen Eigenschaften von Geistlichkeit geben uns konkrete Kriterien, durch die man feststellen kann, ob jemand geistlich ist oder nicht. Eigentlich sind sie so präzise, daß sie schon wieder beunruhigend sind. Wie kann man wissen, ob jemand geistlich ist? Hier sind die Kriterien.

DIE GEISTLICHE LEBENSWEISE WIRD SICH IM GLÄUBIGEN SELBST ZEIGEN:

In seinem Charakter: Wenn geistliche Lebensweise die Herrschaft des Heiligen Geistes voraussetzt (Eph.5,18) und der Geist gekommen ist, um Christus zu verherrlichen (Joh.16,14), wird ein geistlicher Mensch Christus in seinem Charakter und Handeln offenbaren. Zu verherrlichen bedeutet, zu zeigen, zu offenbaren und kundzutun. Der Beweis, daß der Heilige Geist die Herrschaft über das Leben hat, liegt nicht in den Wirkungen des Geistes, sondern darin, daß Christus in diesem Leben geoffenbart wird. Die Frucht des Heiligen Geistes (Gal.5,22-23) ist eine perfekte Beschreibung des Charakters Christi; folglich wird der Christ, der geistlich ist, Liebe, Freude, Friede, Langmut, Freundlichkeit, Güte, Treue, Sanftmut und Selbstbeherrschung zeigen. Dies sind Eigenschaften, mit denen man seinen Charakter beschreiben könnte.

Der geistliche Christ wird in seiner Haltung Christus nachahmen. Eine der falschen Betonungen der heutigen Lehre über ein siegreiches Leben wertet diesen Aspekt der Wahrheit ab. Es wird uns gesagt, daß wir nicht Christus nachahmen sollten, da dies Kampf mit sich bringt und ein Werk des Fleisches wäre. Wir sollten vielmehr Christus erlauben, Sein Leben durch uns auszuleben. Es ist eigentlich nicht notwendig, nur eine dieser Sichtweisen zu wählen, denn beide sind biblisch. Christus lebt in mir, und das Leben, welches ich jetzt lebe, lebe ich im Glauben an den Sohn Gottes (Gal.2,20). Ich werde auch aufgefordert, "in seine Fußstapfen zu treten" (1.Petr.2,21) und zu wandeln, wie Er wandelte (1.Joh.2,6). Es ist sehr einleuchtend, daß, wenn es dem Heiligen Geist erlaubt wird, den Charakter Christi in einer Person zu entwickeln, das Leben, das sie lebt, Christus nachahmen wird. Eines der wertvollsten Studien in den Evangelien ist dieses, die Einzelheiten des Lebens Christi zu betrachten, die wir als Seine Nachfolger nachahmen sollten. Hier sind einige Vorschläge dazu:

In Seinem öffentlichen Leben und Dienst zeigte der Herr immer Mitleid (Mt.9,36; 14,14; 15,32; 20,34; Mk.6,34; 8,2; Lk.7,13). Seine Liebe zu den Menschen war immer offensicht-

17

lich (Mk.10,21; Lk.19,41). Er bot stets anderen Hilfe an, ehe darum gebeten wurde (Mk.8,7; 12,15; Lk.13,12-13; Joh.5,6). Er diente ihren physischen und geistlichen Bedürfnissen (Joh.6). Er suchte Leute, damit Er ihnen Gottes Botschaft bringen konnte (Mt.4,18; 9,35; 15,10; Mk.4,1; 6,2; Lk.4,14), und Sein Dienst segnete die Herzen Seiner Zuhörer (Lk.24,32). Das Geheimnis eines solchen öffentlichen Dienstes finden wir in Seinem persönlichen Leben, denn der Herr kannte und verwendete das Wort Gottes (Mt.4), und Er blieb immer in Gemeinschaft mit Seinem himmlischen Vater durch das Gebet (Mt.14,23; Mk.1,35; Lk.5,16; 6,12; 9,18.29; 11,1). Dies sind nur einige Einzelheiten des Vorbildes, nach dem der geistliche Christ sein eigenes Leben formen sollte, damit die Herrlichkeit des Herrn aus ihm leuchtet. Ein geistlicher Christ hat einen christusähnlichen Charakter und zeigt dies in seinem christusähnlichen Verhalten.

In seiner Erkenntnis: Die feste Speise des Wortes Gottes ist für reife Christen (Hebr.5,14), und Paulus erwartete, daß die Korinther nach vier oder fünf Jahren der christlichen Erfahrung fähig wären, die feste Speise des Wortes zu verstehen. Die Milch des Wortes ist für Säuglinge in Christus, und Paulus hat die Korinther nicht deswegen getadelt, weil sie sich am Anfang ihres Glaubens von Milch ernährten. Aber da sie auch weiterhin nur Milch als Nahrung zu sich nahmen, verurteilte er sie, wie auch der Schreiber des Hebräerbriefes, als unfertige Christen. Was ist feste Speise der Wahrheit? Natürlich bezeichnet die Bibel nicht gewisse Bibelstellen als Milch oder feste Speise, also ist es nicht immer leicht, diese Frage zu beantworten. Ein Bereich aber wird klar als feste Speise bezeichnet, nämlich das, was den Schreiber des Hebräerbriefes daran erinnerte, daß seine Leser unfähig waren, das von ihm Geschriebene zu verstehen. Dieses Thema war die Wahrheit über Melchisedek und sein Priestertum (Heb.5,10-17). Hier haben wir in der Bibel ein Beispiel von fester Speise des Wortes, und es kann mit Recht als ein Kriterium für Geistlichkeit angesehen werden. Wie viel weißt du über Melchisedek? Weißt du jetzt mehr über ihn als vor einem Jahr? Zugegeben, dies ist keine leichte Lehre, aber sie ist ein Prüfstein für den Fortschritt in der Erkenntnis des Wortes Gottes und ein wesentliches Merkmal der echten Geistlichkeit.

In seiner Haltung: Ein geistlicher Christ wird während seines Lebens mindestens zwei grundlegende Haltungen zeigen. Die erste ist eine Haltung der Dankbarkeit. "Sagt allezeit für alles dem Gott und Vater Dank im Namen unseres Herrn Jesus Christus" (Eph.5,20). Diese Ermahnung folgt auf das Gebot, mit dem Geist erfüllt zu sein (V.18), und ist damit eine der Eigenschaften des geisterfüllten Lebens. Es sollte eine alles umfassende Haltung im Leben eines Gläubigen sein und zu aller Zeit ("allezeit") und in allen Situationen ("für alles") Anwendung finden. Keine Zeit und keine Umstände sind ausgenommen. Das heißt, daß Murren, nörgelnde Kritik, Unzufriedenheit usw. nicht kennzeichnend für einen geistlichen Christen sind. Damit ist nicht gemeint, daß ein Christ nie unzufrieden ist, wenn es dazu führt, daß er sich zielstrebend auf Gott hin orientiert, noch daß er nie kritisieren sollte im Sinne des geistlichen Prüfens (Phil.1.9-10). Aber eine Haltung, die Gott für das beschuldigt, was wir nicht mögen oder die sich über sein Handeln mit uns ärgert, stellt kein Kennzeichen einer wirklichen geistlichen Haltung dar.

Eine andere Haltung, die den geistlichen Christen kennzeichnet, ist mit den Worten von Paulus beschrieben: "Befleißigt euch, die Einheit des Geistes zu bewahren durch das Band des Friedens" (Eph.4,3). Dies ist nicht nur eine Sache der Stellung, das heißt, es bezieht sich nicht nur auf die Einheit innerhalb des Leibes Christi, die der Heilige Geist durch die Taufe aller Gläubigen in diesen Leib bewirkt hat (1.Kor.12,13). Es ist wahr, daß wir niemals eine solche Einheit selbst bewirken können, aber wir werden dazu aufgefordert, danach zu streben, sie zu bewahren. Diese Tatsache, daß das Wort *bewahren* verwendet wird, zeigt, daß die Einheit durch den Geist hergestellt wird. Aber die Tatsache, daß es auch eine Ermahnung gibt, verdeutlicht, daß wir diese Einheit nicht zerbrechen dürfen. Offensichtlich haben wir kein Problem damit, die Einheit mit den Gliedern des Leibes Christi zu bewahren, die bereits gestorben sind. Es gibt auch keine Schwierigkeiten damit, die Einheit mit Christen zu bewahren, die ich nicht kenne oder zu denen ich keinen Kontakt habe. Deshalb ist das einzige Gebiet, in dem diese Aufforderung eine Bedeutung hat, die Gruppe Gläubiger, mit der ich zusammengestellt bin. Und es ist selbstverständlich, daß es viele praktische Probleme gibt, wenn ich versuche, die Einheit des Geistes unter den Gläubigen zu bewahren, die ich kenne. Das gilt übrigens auch für Gläubige, die mich kennen. Aber so schwer es auch ist, es ist eine Voraussetzung für eine geistliche Lebensweise.

Die Korinther hatten einen Mangel, was diese Haltung betrifft, und dies löste das vernichtende Urteil aus, das Paulus über sie abgab (1.Kor.3,1-7; vgl.1,12-13). Uneinigkeit hatte sich unter den Gläubigen entwickelt, die gemeinsam anbeten sollten. Eigentlich gab es vier Parteien in Korinth (1,12). Die "Paulus-Partei" war vielleicht eine große Gruppe in der Gemeinde, die unter Paulus errettet wurde und die weiter ihm nachfolgte. Aber wie es so oft passiert, waren sie paulinischer als Paulus selbst, und sie verachteten andere begabte Männer. Die Folge war, daß der Herrlichkeit des Herrn Abbruch getan wurde. Die "Apollos-Partei" (Apg.18,24-28) umfaßte einige Bekehrte, die sich durch die gewinnende Art und die überzeugenden Predigten des Apollos zu ihm hingezogen fühlten. Einige sind ihm vielleicht nachgefolgt, weil sie seine Lehren als fortgeschrittener betrachteten als das einfache Evangelium, welches Paulus predigte. Vielleicht wurden sie aber auch einfach durch sein kultivierteres Benehmen angezogen. Die "Petrus-Partei" setzte sich zweifellos aus konservativen jüdischen Gläubigen zusammen, die sich um den Helden von Pfingsten scharten. Mit der "Christus-Partei" war vielleicht am schwierigsten auszukommen; diese Gruppe brüstete sich damit, daß sie Seine Nachfolger seien, nicht nur bloß Jünger eines Menschen. Sie waren Gnostiker, bevor es den Gnostizismus gab, und sie rühmten sich ihrer geistlichen Überlegenheit. Eine solche Einstellung, Haltung und Handlungsweise kennzeichnete Paulus, ohne zu zögern, als "fleischlich" (1.Kor.3,3), denn sie zerstörte die Einheit des Geistes.

Die Einheit ist jedoch ein Gebiet, auf dem man sehr achtsam und ausgeglichen denken muß, denn nicht alle Spaltungen sind unbedingt falsch, und nicht alle Vereinigungen sind richtig. Im gleichen Brief (11,19) sagt Paulus: "Denn es müssen auch Parteiungen unter euch sein, damit die Bewährten unter euch offenbar werden." Das Hauptwort "Häretiker" wird im Neuen Testament nur einmal verwendet (Tit.3,10), aber das Hauptwort "Häresie" (Parteiungen) wird zweimal verwendet (hier und in Gal.5,20, wo diese Handlung als Werk des Fleisches verurteilt wird). Das Wort bedeutet ein vorsätzliches Auswählen für sich selbst, dies führt zu einer Spaltung. Selbst wenn Parteiungen ein Werk des Fleisches sind, das oft von fleischlichen Christen ausgeführt wird, kann es zum Guten verwendet werden, damit diejenigen, die nicht in Parteiungen verstrickt sind, in der Gemeinde erkannt werden. Aber Parteiungen bringen offensichtlich das eifrige Eintreten für Irrlehren mit sich, und diese Irrlehren verursachen Spaltungen. In solchen Fällen wird der sektiererische Mensch zweimal zurechtgewiesen und dann nicht mehr beachtet (Tit.3,11), während der Teil der gespaltenen Gruppe, der dem Irrtum nicht gefolgt ist, weiter seine Reinheit in der Lehre beweist, indem er allezeit überströmend ist im Werk des Herrn. Um ein Gleichgewicht zwischen 1.Kor.3,1-5 und 11,19 zu erzielen, kommen wir zu dem Schluß: Spaltungen, die durch häretische Parteiungen verursacht werden, können gut und notwendig sein, aber Spaltungen, die wegen Persönlichkeiten ausgelöst werden, sind fleischlich.

Andererseits müssen manche Aspekte der Einheit sorgfältig durchdacht werden. Einheit beinhaltet nicht unbedingt Größe. Die Einheit der Gemeinde war, als die Jünger durch Verfolgung zerstreut wurden, anscheinend nicht zerstört. Einheit bestand zwischen der Gemeinde in Jerusalem und der Gemeinde in Antiochien, auch wenn sie geographisch getrennt waren (Apg.11,22-33). Einheit wurde durch viele Gemeinden bewiesen, z. B. durch die Sammlung für die Heiligen in Judäa (2.Kor.8,1ff). Die Einheit einer Gemeinde in einer Stadt zur Zeit des Neuen Testaments wurde nicht durch die Tatsache verletzt, daß es mehrere Versammlungen gab, die sich in verschiedenen Häusern trafen. Man gewinnt aus dem Neuen Testament sogar den Eindruck, daß der Herr es vorzog, an einem bestimmten Ort viele kleine Versammlungen zu haben statt einer großen Gruppe. Und offensichtlich bedeutete die fehlende zahlenmäßige Stärke nicht zugleich fehlende geistliche Kraft.

Auch verletzt der Ausdruck von persönlichen Vorlieben oder der Einsatz unterschiedlicher Vorgehensweisen nicht unbedingt die Einheit der Gemeinde. Die Verwendung einer Vielfalt von geistlichen Gaben hält die Einheit des Leibes aufrecht und unterstützt das Wachstum des Leibes (1.Kor.12,12-25). Paulus mag Silas dort vorgezogen haben, wo Barnabas sich Markus wünschte (Apg.15,39-40), aber schließlich erkannte Paulus den Wert von Markus im Dienst (2.Tim.4,11). Ehrliche Meinungsverschiedenheiten können innerhalb des Bandes der Einheit im Leib Christi geäußert werden.

Die zwei grundlegenden Lebenseinstellungen, die eine echte, wirklich biblisch geistliche Gesinnung kennzeichnen, sind Dankbarkeit zu jeder Zeit und unter allen Umständen und die Erhaltung der Einheit in dem Teil des Leibes Christi, mit dem man lebt und zu tun hat - mit all ihren Folgen.

In seinem Verhalten: Der Gläubige zeigt seine geistliche Haltung durch angemessenes Verhalten, welches die Folge von richtigem, klugem und reifem Anwenden der Erkenntnis ist (Hebr.5,13-14). Wir haben schon festgestellt, daß die Kenntnis des Wortes Gottes einschließlich der Wahrheiten, die zur festen Speise gehören, eine Voraussetzung für eine geistliche Lebensweise ist, aber solche Erkenntnis muß richtig angewendet werden, um geistlich zu sein. Die Leser des Hebräerbriefes waren unerfahren im Wort der Gerechtigkeit (V.13), d. h. dem Wort, das die Gerechtigkeit in der Lehre und in der Praxis betrifft. Die Folge daraus war, daß sie unfähig waren, zwischen Gut und Böse zu unterscheiden (V.14). Dies sollte nicht auf moralisch gute oder böse Erlebnisse beschränkt werden, sondern auch für die Unterscheidung des Überlegenen vom weniger Geeigneten oder des Besten vom Guten gelten. Ein geistlicher Christ wird fähig sein, sich umsichtig seinen Weg durch die komplexen Umstände des christlichen Lebens zu bahnen, so daß er nicht nur das tut, was richtig und biblisch ist, sondern auch das, was nützlich ist und das Wohl der anderen fördert. Wir sollten beachten, daß auch aus dieser Bibelstelle hervorgeht, daß Zeit für die Entwicklung von Reife und geistlicher Einstellung benötigt wird. Diese Leute hatten Zeit, ihren geistlichen Sinn zu üben, aber sie haben es nicht getan. Zeit ist nötig, um diesen Stand zu erreichen und um Gottes Wort richtig anwenden zu können.

Die geistliche Lebensweise offenbart sich im Haus des Gläubigen

Der einfachste Ort, um geistlich zu sein, ist die Öffentlichkeit, der schwierigste ist zu Hause. Die familiären Beziehungen sind vertraut und dauerhaft, während die Aktivitäten in der Öffentlichkeit und die Eindrücke, die durch sie vermittelt werden, nur periodisch und gelegentlich vorkommen. Diese grundsätzliche Erinnerung ist besonders für christliche Arbeiter notwendig, die zu oft nach außen eine professionelle Geistlichkeit zur Schau stellen, während sie zu Hause ein fleischliches Leben führen. Ich möchte das dadurch illustrieren, daß ich ein Beispiel bringe. Am Anfang meiner Lehrtätigkeit wurde mir eine Anfängerklasse für neutestamentliches Griechisch zugewiesen, die sich jeden Morgen traf, jeweils von Montag bis Freitag um acht Uhr. Unter solchen Umständen lernen sich Schüler und Lehrer im Laufe eines akademischen Jahres recht gut kennen. Wenn nun am Ende des Jahres die Mitglieder dieser Klasse bezeugen können, wieviel ihnen das Leben, der Dienst und das geistliche Vorbild ihres Lehrers bedeutete, hat dieses Zeugnis eine große Aussagekraft. Aber wenn ich im Gegensatz dazu an einem Sonntag in einer Gemeinde eine ausgezeichnete Botschaft predige und die Leute sagen mir nach dem Gottesdienst, wie geistlich ich sei, so bedeutet das in Wirklichkeit gar nichts. Im Falle der Klasse haben sie mich kennengelernt und unter verschiedenen Umständen beobachtet, wie z. B. Stress und Freude; sie konnten dauernd meine Geduld (oder den Mangel daran) und meine Beständigkeit beobachten. Aber der gelegentliche Kontakt mit einer Versammlung bietet keine Möglichkeit, die Geistlichkeit eines Predigers einzuschätzen. Die Umstände zu Hause jedoch bieten eine noch weitaus bessere Gelegenheit dafür als ein täglich um acht Uhr beginnender Griechischkurs.

Wieder liefert uns der Abschnitt im Epheserbrief, der sich mit der Fülle des Geistes beschäftigt (5,18-21), die biblische Basis für diese Eigenschaft der geistlichen Lebensweise. Auf das Gebot, mit dem Geist erfüllt zu sein (V.18), folgen vier gleichgeordnete Sätze, die jeweils mit einem Partizip anfangen. Sie alle bezeichnen Folgen oder Eigenschaften eines vom Geist erfüllten Lebens. Die vier Partizipien sind: redend, singend (V.19), Dank sagend (V.20) und sich unterordnend (V.21); und das letzte ist nicht nur der Schluß der Verse 18-21, sondern es ist auch der Leitsatz für das, was folgt, angefangen mit Vers 22. Um es mit anderen Worten auszudrücken: Unterordnung, die von der Erfüllung mit dem Geist zeugt, wird am deutlichsten in den Beziehungen zu Hause zu sehen sein.

Das Wort "unterordnen" bedeutet, bewußt eine untergeordnete Stellung einzunehmen. Dies hat unterschiedliche Konsequenzen für den Ehemann und für die Ehefrau, aber beide sollten sich einander unterordnen (nicht nur die Ehefrau dem Ehemann, wie gewöhnlich gelehrt wird). Für den Ehemann beinhaltet dies mindestens drei Dinge:

1. Er sollte leiten, denn er ist das Haupt der Frau (V. 23).
Dies macht ihn nicht zu einem Diktator, sondern zum verantwortlichen Leiter der Familie, der nicht nur das Vorrecht hat,
die endgültige Entscheidung zu treffen, sondern Verantwortung
dafür trägt.

2. Er soll seine Frau lieben (V.25). Ein Mann braucht diese
Ermahnung, denn er ist von Natur aus veranlagt, weniger ge-
fühlvoll, weniger liebend als eine Frau zu sein.

3. Er soll seine Frau nähren und pflegen (V. 29). Das Wort,
das mit "nähren" übersetzt wird, bedeutet zur Reife bringen,
und es wird im Neuen Testament nur in diesem Vers und in 6,4
verwendet. Das Wort "pflegen" bedeutet wärmen und wird nur
hier und in 1. Thessalonicher 2,7 im Neuen Testament verwendet. Der Ehemann ist letztendlich verantwortlich dafür, seiner
Frau und seiner Familie Hilfe für die geistliche Reife zu geben.
Heute ist leider meistens das Gegenteil der Fall. Es ist allzuoft
die Ehefrau, die geistlich aufgeweckt und gewissermaßen gezwungen ist, ihren Ehemann mitzuziehen. Beide sollten geistlich eifrig sein, und es ist die Verantwortung des Ehemannes,
die Leitung in dieser besonders wichtigen Angelegenheit zu
übernehmen.

Die geistliche Ehefrau wird sich der Leitung ihres Mannes
unterordnen (V.22 und 24). Mit anderen Worten, sie wird in der
Familie nicht gegen die Führung ihres Mannes arbeiten. Das
bedeutet nicht, daß sie nichts zu sagen hat, aber der Mann ist
wie ein Vorsteher über die Mitglieder der Familie (dieses Wort
wird in 1.Tim.3,4 verwendet). Natürlich kann niemand eine
geistliche Einstellung in einem anderen schaffen, aber es ist die
ehrfurchtgebietende Verantwortung des Ehemannes, in der
Familie die Initiative zu ergreifen und die Leitung im geistlichen Leben der Familie zu übernehmen. So wird die geistliche
Lebensweise eines jeden einzelnen daran erkannt, daß er seine
familiäre Verantwortung richtig erfüllt.

Die geistliche Lebensweise offenbart sich in der Gemeinschaft des Gläubigen mit der Gemeinde

Das andere Hauptgebiet, auf dem eine geistliche Haltung sichtbar wird, ist die Gemeinde. Wir haben schon gesehen, daß ein
geistlicher Mensch versuchen wird, die Einheit des Geistes dort

zu bewahren, wo er hauptsächlich gefordert ist, nämlich in seiner Ortsgemeinde. Ein parteiischer Geist zeugt von Fleischlichkeit.

Der positive Beitrag, den ein geistlicher Christ in die Gemeinde einbringt, erfolgt durch die Ausübung seiner geistlichen Gaben. Wir wollen dieses Thema später im Detail betrachten. Es muß hier genügen, einfach zu zeigen, daß ein geistlicher Gläubiger seine geistlichen Gaben in der Kraft des Heiligen Geistes ausüben wird, sowohl in bezug zur weltweiten wie auch zur Ortsgemeinde. Der unreife Christ fördert Spaltungen; der reife Christ fördert die Einheit durch die Ausübung seiner Gaben (1.Kor.12,25). Es ist selbstverständlich (oder etwa nicht?), daß das Gemeindeglied, das immer Probleme schafft und das ständig für sich Vorzüge fordert, keine wirklich geistliche Person ist. Aber derjenige, der dem Herrn dadurch dient, daß er das Wohlergehen der Gemeinde fördert, zeigt ein reifes geistliches Leben. Die Brüder zu verklagen, ist das Werk des Teufels (Offb.12,10); für die Brüder zu sorgen, ist das Werk des Herrn durch seine reifen Kinder.

Das ist echte und gesunde Geistlichkeit. Das sind Gedanken einer reifen und reifenden Beziehung zum Heiligen Geist, und zwar im persönlichen Leben jedes einzelnen, in dessen Familienleben und Gemeindeleben. Das ist biblische Geistlichkeit.

Kapitel 3

Was ist der Mensch?

Gott versucht, den wiedergeborenen *Menschen* geistlich zu beeinflussen, und geistliches Leben wird nur durch Menschen offenbart. Weder Engel noch Tiere können sich geistlich entwickeln; deshalb sollten wir bestimmte Aspekte der menschlichen Natur näher betrachten, die einen Einfluß auf die geistliche Lebensweise haben.

Der Mensch wurde erschaffen

Die biblische Lehre, daß der Mensch ein erschaffenes Wesen ist, hat wichtige Auswirkungen auf unsere Überlegungen zum geistlichen Leben. Die Alternative zur Schöpfung ist Evolution. Wenn der Mensch sich entwickelt hat, gibt es eigentlich keine Notwendigkeit für einen Heiland, für die Wiedergeburt, eine neue Natur oder übernatürliche Hilfe, um ein gutes Leben zu führen. Wenn er, wie es die Evolution behauptet, seinen ganzen Weg mit Hilfe von natürlichen Vorgängen geschafft hat, weshalb sollte er dann einen übernatürlichen Eingriff in seine Existenz nötig haben? Natürliche Kräfte haben ihm gut gedient. Gott wäre dann nur ein unnötiger Zusatz in seiner Entwicklung. Natürlich meine ich mit Gott den Gott der Bibel, der dort offenbart wird und in Jesus Christus verkörpert wurde. Dieser Gott ist für das Weltbild der Evolution unnötig, obwohl ein Gott, den Menschen sich schaffen, nicht nur mit der Evolutionslehre vereinbar, sondern oft ein Teil dieses Systems ist. Der wahre Gott ist unnötig, obwohl auch Er aus Versehen einbezogen werden kann.

Andererseits, wenn der Mensch erschaffen wurde und (den nächsten Abschnitt vorausnehmend) in Sünde gefallen ist, braucht er ein übernatürliches Eingreifen, damit er aus dieser Lage errettet und fähig wird, ein Gott wohlgefälliges Leben zu führen. Die Lehre von der Erschaffung des Menschen beinhaltet als logische Folgerung die Verantwortlichkeit des Menschen. Wenn Gott den Menschen erschaffen hat, gibt es jemanden außerhalb des Menschen, dem er verantwortlich ist. Er ist nicht selbst der Herr seines Schicksals; er ist weder die letzte Autorität noch der einzige, dem er letztendlich Rechenschaft geben muß. Ein Schöpfer beinhaltet verantwortliche Geschöpfe - verantwortlich dem Schöpfer gegenüber.

Aber gibt es nicht noch eine dritte Möglichkeit, die theistische Evolution? Theistische Evolution (die Auffassung, daß Gott das erste Leben geschaffen hat und dann die natürliche Evolution weiter wirksam war) ist eine populärere Ansicht, aber eigentlich bringt sie gegenüber dem bereits Erwähnten keine neue Alternative. Denn wenn Gott alles mit Hilfe evolutionärer Prozesse "geschaffen" hat, ist es durchaus denkbar, daß der Mensch auch mit Hilfe natürlicher Prozesse errettet werden könnte oder zumindest das "christliche" Leben leben kann. Theistische Evolution scheint hauptsächlich bei denen populär zu sein, die selbst entscheiden möchten, welche Teile der Bibel sie wörtlich nehmen und welche sie sinnbildlich verstehen wollen. Auf diese Weise kann die "Hauptaussage" der Bibel angenommen werden ("1. Mose erzählt uns, *wer* der Schöpfer ist, nicht *wie* er schuf"), ohne die Einzelheiten dieser Offenbarung anzuerkennen ("Aber könnte Gott es nicht durch Evolution getan haben?").

Die theistische Evolution ist daher weder für den bibelgläubigen Christen tragbar noch für den Evolutionisten - nur für den theistischen Evolutionisten! Die Bibel sagt klar, daß der Mensch aus dem Staub der Erde gebildet wurde (1.Mo.2,7). Auch wurde der erste Mensch der Bibel im Bild Gottes geschaffen und hat somit keinerlei Ähnlichkeit mit den ersten Menschen der Evolution. Auch Evolutionisten akzeptieren die Idee der theistischen Evolution nicht, und zwar aus dem einfachen Grund, daß es direkt ihrer Theorie widersprechen würde, an irgendeinem Punkt das Übernatürliche anzuerkennen. Julian Huxley bestätigte, daß der Glaube an Übernatürliches "all unseren wissenschaftlichen Erkenntnissen zuwiderläuft [...]. Ein göttliches Eingreifen in diese Wechselwirkungen von Materie und Energie zu einem bestimmten Zeitpunkt in der Geschichte der Erde anzunehmen, ist sowohl unnötig als auch unlogisch." (Julian Huxley, *Evolution in Action,* S.20). Die Schöpfung des Menschen lenkt also unsere Aufmerksamkeit auf die Tatsache, daß er durch übernatürliches Eingreifen existiert und dieses Eingreifen auch zu seiner Errettung nötig hat, sowie auf die Verantwortung des Geschöpfes seinem Schöpfer gegenüber.

Der Mensch ist gefallen

Die Wahrheit des menschlichen Sündenfalls ist natürlich die Kehrseite der Tatsache seiner Erschaffung durch Gott, und sie hat viele wichtige Folgen in bezug auf das geistliche Leben.

Nicht alle glauben, daß der Sündenfall ein historisches Ereignis war, obwohl sie vielleicht die Tatsache der Sünde zugeben. Aber eine nicht historische Deutung von 1. Mose 3 muß zwangsläufig die konkreten Folgen der Sünde, die in diesem Kapitel verzeichnet sind, verwischen. Ein Schreiber sagt:

Wenn wir nicht gerade hartgesotten und verbohrt sind, wissen wir, daß 1.Mo.3 eigentlich als ein "wahrer Mythos" betrachtet werden sollte - obwohl Eden auf keiner Karte verzeichnet ist und Adams Sündenfall in keinen historischen Kalender paßt, zeugt dieses Kapitel doch von einer Dimension der menschlichen Erfahrung, die heute ebenso real ist, wie am Anfang der Menschheitsgeschichte -, um es deutlicher zu sagen, wir sind gefallene Geschöpfe, und die Geschichte von Adam und Eva ist die Geschichte von dir und mir.

(Archibald M. Hunter, *Interpreting Paul's Gospel*, S.77)
Dies ist ein Versuch, die Tatsache der Sünde anzuerkennen, aber den Sündenfall des Menschen zu leugnen. Damit wird der Blick für die Folgen, die in dem historischen Bericht von 1. Mose 3 mit diesem Sündenfall verbunden sind, getrübt.

1. Mose 3 zeichnet ein wirkliches historisches Ereignis auf, das folgenschwerste in der menschlichen Geschichte. Die Methode des Verführers war sehr geschickt. Sein Köder war: "Hat Gott wirklich gesagt: Von allen Bäumen des Gartens dürft ihr nicht essen?" Die Betonung lag zweifellos auf dem Wort *alle*. Das schließen wir aus der Antwort, die Eva gab: "Von den Früchten der Bäume des Gartens essen wir." Satans Versuch der Verführung lag darin, Eva zu der Überlegung zu bringen, daß Gott ihnen eigentlich alles geben sollte. Er gab also Eva den Gedanken ein, daß es in dem perfekten Plan eines guten Gottes keine Einschränkungen geben sollte. Evas Antwort zeigte, daß sie empfand, Gott gäbe ihnen praktisch alles: "Von den Früchten der Bäume des Gartens essen wir" oder mit anderen Worten: "Natürlich, Gott hat uns alles gegeben." Dann erst fiel ihr ein, daß es eine Einschränkung gab; also fügte sie hinzu, fast als nachträglicher Einfall: "Aber von den Früchten des

Baumes, der in der Mitte des Gartens steht, hat Gott gesagt: Ihr sollt nicht davon essen und sollt sie nicht berühren, damit ihr nicht sterbet!" Das Beachtenswerte in ihrer Antwort ist, daß Evas Gedanken anfingen, sich auf die Einschränkung in Gottes Plan zu konzentrieren.

Damit war Eva für das nächste Stadium des Angriffs weich geworden. "Da sagte die Schlange zur Frau: Keineswegs werdet ihr sterben! Sondern Gott weiß, daß an dem Tag, da ihr davon eßt, eure Augen aufgetan werden und ihr sein werdet wie Gott, erkennend Gutes und Böses." Natürlich teilte Satan Eva nicht mit, daß, wenn sie ihm gehorchte, ihr Leben kürzer werden und sie wie der Teufel selbst werden würde. Er versprach ihr, daß sie wie Gott sein würde.

Evas nächster Schritt war, daß sie das Unrecht, das zu begehen sie im Begriff war, mit Vernunftgründen rechtfertigte. Sie fing an, die verbotene Frucht zu betrachten und sich selbst alle ihre Vorzüge vor Augen zu halten. Schließlich, so überlegte sie, war sie gut zur Speise, und Gott wollte doch, daß sie gute Speisen aßen! Und sollte eine Frau nicht besonders darauf bedacht sein, ihrem Mann gute Speisen vorsetzen zu können? War dies nicht ihre gottgegebene Verantwortung? Sie besann sich auch auf die Schönheit der Frucht und kam zur gleichen Schlußfolgerung. Warum sollte Gott, der offensichtlich eine schöne Welt schuf, etwas Schönes von ihr fernhalten? Außerdem, wenn Weisheit etwas Wünschenswertes ist und die Frucht weise machen konnte, mußte es doch wünschenswert sein, diese Frucht zu essen. Bei alledem hatte sie die entscheidende und allerwichtigste Tatsache verdrängt, nämlich daß Gott ausdrücklich das Essen der Frucht dieses Baumes verboten hatte. Sie hatte nur noch ihre Vernunftgründe im Kopf, und nachdem sie ihr Handeln schon im voraus gerechtfertigt hatte, aß sie die Frucht im Ungehorsam gegenüber dem offenbarten Willen Gottes.

Diese Handlung hatte zahlreiche Folgen für die Schlange, für die Erde, für die Frau, aber hauptsächlich (unter dem Gesichtspunkt unseres Themas gesehen) für die Menschheit. Als Adam und Eva diese Frucht aßen, erlebten sie sofort den Tod, vor dem Gott sie gewarnt hatte. Tod bedeutet in keinem Fall ein Auslöschen. Tod bedeutet immer Trennung. In dem Augenblick, als unsere Voreltern von der verbotenen Frucht aßen, wurden sie von Gott getrennt. Sie spürten dies sofort; daß sie die Gemeinschaft mit Gott vermieden, ist ein deutliches Zeichen. Weil Gleiches Gleiches hervorbringt, wurden ihre Kinder in einem Zustand des geistlichen Todes, in einer Stellung der Trennung von Gott geboren, und die Handlungen des ersten Kindes bewiesen dies nur zu deutlich (1.Mo.4,4.8).

Im Neuen Testament finden wir die geschichtliche Realität des Sündenfalls und des darauf folgenden geistlichen Todes deutlich bestätigt. Unser Herr betrachtet Adam als eine historische Person, die zu Beginn der menschlichen Geschichte wirklich lebte (Mt.19,4). Daß Satan Eva verführte, wird von Paulus in 2. Korinther 11,3 bestätigt. Daß eine Übertretung geschah, wird in 1. Timotheus 2,14 klar gesagt, und diese Sünde brachte dem ganzen Menschengeschlecht den geistlichen Tod, wie Römer 5,12 zeigt: "Darum, wie durch einen Menschen die Sünde in die Welt gekommen ist und durch die Sünde der Tod zu allen Menschen durchgedrungen ist, weil sie alle gesündigt haben." Der Parallelismus dieser Stelle (Röm.5,12-21) ist besonders auffallend. Der Apostel vergleicht den einen Menschen Adam mit Christus, seine Tat der Sünde mit dem stellvertretenden Sühnopfer unseres Herrn und die Folgen, die Verdammung in Adam, mit der Rechtfertigung für alle, die an Christus glauben. Dies kann zur Verdeutlichung in ein Diagramm gebracht werden:

Ein Mensch (ADAM)	Ein Mensch (CHRISTUS)
Eine Tat (Frucht essen)	Eine Tat (für uns sterben)
Eine Folge (Verdammung für alle)	Eine Folge (Rechtfertigung für alle)

Wenn man Adam als Person der Geschichte aus der Theologie entfernt (wie die Barthianer und Liberalen es tun), was bleibt dann von dem Parallelismus übrig? Wenn man die Wirklichkeit des Sündenfalls mit seiner Folge, dem geistlichen Tod, verleugnet, was wird dann aus der Gegenüberstellung? Oder umgekehrt, wenn man Jesus Christus und seinen Tod als geschichtliches Ereignis annimmt, folgt daraus, daß ein wirklicher Adam, der etwas Bestimmtes getan hat, auch lebte. Man kann nicht das eine ohne das andere haben.

Wenn der Mensch ein erschaffenes und gefallenes Wesen ist, wie diese zwei Thesen behaupten, ist eine ganz besondere Grundlage gelegt, auf die man eine Lehre über das geistliche

Leben bauen kann. Umgekehrt, wenn sich der Mensch allmählich entwickelt hat und gleichzeitig zu einer immer höheren Moral fortschreitet, wird die biblische Lehre des geistlichen Lebens bedeutungslos. Mit anderen Worten, wenn natürliche Kräfte den Menschen hervorgebracht haben und wenn alles Böse, das im primitiven Menschen gesteckt haben mag, durch Erkenntnis und Fortschritt ausgelöscht wird, gibt es kaum Raum für Übernatürliches. Die Wiedergeburt des Menschen aus Gott, ein Leben in Abhängigkeit vom Heiligen Geist und alle übernatürlichen Aspekte des Christentums werden unnötig.

Diese gegen das Übernatürliche gerichtete Anschauung fand einen populären Ausdruck (auch wenn das "Höchste Wesen" eine höfliche Anerkennung bekommt) in einem Artikel, der vor einiger Zeit in *"Reader's Digest"* erschienen ist. Er war betitelt mit "Aufwärts!" und machte es sich zum Ziel, den evolutionistischen Fortschritt des Menschen darzustellen. Er muß nur noch auf den neuesten Stand gebracht werden durch die Erwähnung der großen Errungenschaft des Menschen, auch in den Weltraum eingedrungen zu sein. Ansonsten gibt er leider das typische Bild wieder, das sich die meisten Leute heutzutage vom "Aufstieg" des Menschen machen. Das Geschehen wird in der Form eines Dramas dargestellt, das sich einem Höhepunkt nähert:

Erster Akt: Von irgendeiner uralten Kathedrale der Energie im kalten, dunklen Nichts des ewigen Universums kam ein Stückchen Materie, die Sonne, und ihr Sprößling, die Erde.

Zweiter Akt: Von diesem Stückchen Materie kam eine lebende Zelle und dann mehrzellige Organismen auf dem Meeresgrund. Von diesem Meer, den ersten Zentimeter aufwärts kletternd, die Amphibien, dann die Reptilien und die Vögel, und mit den Vögeln begann das erste begrenzte Eindringen in einen höheren Bereich.

Dritter Akt: Einen anderen Zweig bildete das Säugetier, das ein Gehirn entwickelte, eine Fähigkeit, Werkzeuge zu verwenden, und schließlich auch eine Seele. Es schuf die Mittel, um sich ein paar Meter von der Erde zu erheben, dann einen Kilometer Richtung Weltall, dann sechzehn Kilometer [...], dann dreißig Kilometer [...]. Um das Unbekannte zu erkunden, hat der Mensch einen Versuchssatelliten Tausende Kilometer ins Weltall geschleudert auf

dem langen Weg zurück zu seinem Ursprung [...].
Vielleicht haben vor den Augen jenes Höchsten Wesens
die letzten Sekunden schon begonnen, in denen der
Mensch das Ziel seines Kampfes erreicht, sich leiblich
und geistig in die Höhe zu erheben, durch Raum und
Zeit, hin zu der geheimnisvollen Quelle, aus der er
kommt.
(33. Beirne Lay, Jr., "Upward!" *Reader's Digest,* März
1958, S.224)

Die zwei wichtigsten Punkte dabei sind: 1. die Seele des Menschen sowie sein Leib entwickeln sich mittels natürlicher Ursachen, und 2. der Mensch erreicht durch wissenschaftliche Mittel übernatürliche Bedeutung. Solche Gedanken sind der biblischen Lehre der Erschaffung des Menschen und seines Falls von einem vollkommenen in einen sündhaften Zustand (statt seines Aufstiegs von einem unwissenden zu einem perfekten Zustand) genau entgegengesetzt.

Der Mensch ist sündhaft

Ein führender Arzt, der einmal eine psychiatrische Tagung in der Heimatstadt des Autors besuchte, sagte: "In der Psychotherapie gibt es keinen Raum für den Begriff Sünde. Diesen Begriff einzuführen, ist höchst bedenklich. Kein Mensch sollte jemals für etwas, das er tut, verantwortlich gemacht werden." Angenommen, auf derselben Tagung wäre ein Kollege aufgestanden und hätte erklärt: "In der Medizin gibt es keinen Raum für den Begriff Krankheit. Diesen Begriff einzuführen, ist höchst bedenklich. Kein Mensch sollte jemals dafür angesehen werden, daß er Träger einer Krankheit ist." Er wäre ausgelacht worden. Die Symptome der Krankheit sind überall offensichtlich, und ohne die Ursache zu erkennen, gibt es kaum Hoffnung auf Heilung. So ist es auch mit der Sünde. Und doch haben immer wieder im Lauf der Geschichte Menschen versucht, den Gedanken der Sünde zu ignorieren, abzuschwächen oder gar auszulöschen.

Was ist Sünde? Manche haben erklärt, es sei ein Mangel an Erkenntnis oder ein ungenügend entwickelter Stand moralischen Fortschritts. Andere waren theologischer und haben Sünde als Selbstsucht definiert. Dies ist eine gute Definition, soweit sie anwendbar ist, aber die Schwierigkeit ist, daß sie nicht alle Fälle abdeckt. Obwohl die meisten Sünden aus unserer Selbstsucht entstehen, gibt es manche Fälle von "unselbstsüchtigen" Sünden. Man könnte sich einen Fall denken, wo ein Diebstahl ohne selbstsüchtige Gründe begangen wird - und doch ist Stehlen Sünde. War ein Verbrecher wie Robin Hood kein Sünder, auch wenn er von den Reichen stahl und es den Armen gab?

Die biblische Definition von Sünde besagt, daß sie Gesetzlosigkeit ist (1.Joh.3,4). Dies ist eine sehr einfache Definition, aber sie umfaßt weit mehr, als augenscheinlich zu sehen ist. Um Sünde nach dieser Definition zu verstehen, müssen wir Gesetz definieren, denn wenn wir die Norm nicht verstehen, können wir nicht wissen, was Abweichungen von dieser Norm sind. Was ist Gesetz? Die Antwort hängt davon ab, welche Zeitspanne der menschlichen Geschichte man betrachtet. Das Gesetz im Garten Eden bestand aus einem Gebot; das Gesetz zur Zeit Abrahams bestand aus bestimmten Verordnungen und Gesetzen (1.Mo.26,5). Zur Zeit von Mose war das Gesetz in den 613 Geboten des mosaischen Gesetzeswerkes beinhaltet, die Gott durch Mose den Israeliten gab. Heute bedeutet Gesetz die Hunderte von konkreten Geboten des Neuen Testaments und jede Abweichung von diesen Gesetzen ist Sünde. Eigentlich stammen alle Gebote und Prinzipien des Neuen Testaments von dem zusammenfassenden Grundsatz aus 1. Korinther 10,31: "Ob ihr nun eßt oder trinkt oder sonst etwas tut, tut alles zur Ehre oder Verherrlichung Gottes." Sünde bedeutet, nicht die Herrlichkeit Gottes zu erlangen (Röm.3,23).

Sünde ist universell. "Alle haben gesündigt" (Röm.3,23; 5,12). "Da ist kein Gerechter, auch nicht einer; da ist keiner, der verständig ist, da ist keiner, der Gott sucht" (Röm.3,10-11)."Siehe, in Schuld bin ich geboren, und in Sünde hat mich meine Mutter empfangen" (Ps.51,77). "Auch euch hat er auferweckt, die ihr tot wart in euren Vergehungen und Sünden, in denen ihr einst wandeltet gemäß dem Zeitlauf dieser Welt, gemäß dem Fürsten der Macht der Luft, des Geistes, der jetzt in den Söhnen des Ungehorsams wirkt. Unter diesen hatten auch wir einst alle unseren Verkehr in den Begierden unseres Fleisches, indem wir den Willen des Fleisches und der Gedanken taten und von Natur Kinder des Zorns waren wie auch die anderen" (Eph.2,1-3). Zwei Aspekte treten aus solchen Versen hervor: alle haben gesündigt in ihren Handlungen, und alle sind von Natur aus Sünder.

Aber die wichtigste Frage zu unserem Thema der geistlichen Lebensweise ist: Sündigt der Christ? Die Antwort ist "ja" und umfaßt alle Gläubigen. Selbst der Apostel Paulus bemerkte gegen Ende seines Lebens und als geistlich reife Person: "Christus Jesus ist in die Welt gekommen, Sünder zu erretten, von welchen ich der erste bin" (1.Tim.1,15). Oder man höre das Zeugnis eines anderen reifen Apostels, der große Erfahrungen im christlichen Leben hatte. Johannes schrieb: "Wenn wir sagen, daß wir keine Sünde haben, betrügen wir uns selbst, und die Wahrheit ist nicht in uns. Wenn wir unsere Sünden bekennen, ist er treu und gerecht, daß er uns die Sünden vergibt und uns reinigt von jeder Ungerechtigkeit. Wenn wir sagen, daß wir nicht gesündigt haben, machen wir ihn zum Lügner, und sein Wort ist nicht in uns" (1.Joh.1,8-10). Es gibt drei Bekenntnisse in diesen Versen. Das erste ist das Bekenntnis des Prinzips der Sünde (V.8). Hiermit meint Johannes, daß wir zugeben müssen, die Wurzel der Sünde in uns zu tragen im Gegensatz zu spezifischen Taten der Sünde. Wenn wir - und er schreibt an Christen (vgl. "meine Kinder" in 2,1) - die Gegenwart der Sündennatur nicht zugeben, betrügen wir uns selbst, und die Wahrheit ist nicht in uns. Wir leben dann in einer Atmosphäre selbst erzeugter Finsternis. Das zweite ist das Bekenntnis bestimmter Sünden (V.9). Eine bestimmte Sünde zu bekennen, bedeutet, das gleiche darüber zu sagen wie Gott, und das kann uns einiges kosten. Das dritte ist das Bekenntnis persönlicher Sünde (V.10). Man kann die Wahrheit der Verse 8 und 9 ganz allgemein zugeben, aber nie die persönliche Verwicklung in die Sünde eingestehen. Diesen Weg einzuschlagen, bedeutet, Gott zum Lügner zu machen, und beweist, daß sein Wort uns fremd ist. Diese an Christen gerichteten Worte zeigen sehr klar, daß alle sündhaft sind und daß kein Gläubiger, wie geistlich oder reif er auch sein mag, jemals einen Zustand der Vollkommenheit in diesem Leben erreichen wird.

Der Mensch ist vielschichtig

Es gibt viele Aspekte der menschlichen Natur und viele Wege, sie in Begriffe zu fassen. Im Grunde ist der Mensch sowohl stofflich (Leib) als auch unstofflich (Seele). Innerhalb seines

Leibes gibt es viele materielle Funktionen. Die Funktion des Sehens ist nicht dieselbe wie die des Hörens; das Nervensystem ist davon verschieden, getrennt und doch verbunden mit Sehen und Hören. Dieses sind unterschiedliche und doch verbundene Funktionen der materiellen Seite des Menschen.

Ebenso hat die nicht stoffliche Seite des menschlichen Wesens verschiedene und doch miteinander verbundene Funktionen. Seele, Geist, Herz, Sinn, Wille, Gewissen sind Aspekte der nichtstofflichen Natur des Menschen, und es ist oft schwierig, genaue und klare Trennlinien zwischen ihnen zu ziehen. Zum Beispiel ist es die Seele, mit der wir Gott lieben (Mt.22,37); sie kämpft gegen das Fleisch (1.Petr.2,11). Sie kann den Herrn ebenso erheben wie der Geist (Lk.1,46-47). Der Geist kann andererseits von Befleckung betroffen sein (2.Kor.7,1). Wenn man die Funktionen des Herzens des Menschen studiert (in seiner nichtstofflichen Bedeutung), findet man, daß diese Seite des Menschen oft Eigenschaften beinhaltet, die auch der Seele, dem Geist oder dem Sinn zugeschrieben werden. Der Mensch ist einfach vielschichtig, ganz gleich, ob wir ihn als stoffliches oder nichtstoffliches Wesen betrachten. Obwohl das Studium dieser verschiedenen Funktionen und Aspekte des Menschen (Seele, Geist, Herz usw.) außerordentlich gewinnbringend ist, führt es uns im Moment nicht weiter. Also müssen wir eine genauere Diskussion für spätere Kapitel aufheben. Bei der Entwicklung unserer Vorstellungen von geistlichem Leben zeigt uns die Vielschichtigkeit des Menschen, daß das geistliche Leben sich auf alle diese verschiedenen Aspekte der menschlichen Natur beziehen und sie beeinflussen wird. Die "Formel für ein siegreiches Leben" wird nicht einfach sein, sie wirkt z. B. nicht nur durch den Geist. Sie wird zweifellos das Herz, den Sinn, das Gewissen usw. berücksichtigen müssen.

Der Mensch ist eine Einheit

Obwohl der Mensch ein vielschichtiges Wesen ist und die verschiedenen Seiten des Menschen an dem Konflikt beteiligt sind, der zwischen der alten und der neuen Natur entbrennt, wenn jemand gläubig wird, ist der Mensch dennoch eine Einheit und handelt als einheitliche Person. Was ich tue, tut nicht nur ein Teil von mir. Es ist ein Fehler zu sagen, daß "meine alte Natur dies oder jenes tut", oder zu sagen, "dies stammt von der

Seele und nicht vom Geist". Allerdings können bestimmte Aspekte meines Wesens die Ursache für Handlungen sein, aber diese Handlung wird von mir ausgeführt und nicht von einem autonomen Teil in mir. Wenn wir solche Äußerungen tun, geschieht das oft, um uns von einer bösen Handlung freizusprechen, indem wir sie einem Teil unseres Wesens zuschreiben, der von uns losgelöst scheint, so daß wir von der Verantwortung befreit werden.

Galater 2,20 wird oft verwendet, um solche Vorstellungen zu unterstützen. Der Eindruck entsteht, daß Christus alles gewissermaßen getrennt von mir tut. Meine Aufgabe ist es zurückzutreten, und dann wird Christus Sein Leben in mir leben, so daß der geistliche Sieg nur gewiß ist, wenn ich mich genügend zurückhalte. Aber dieser Vers sagt nicht nur, daß *Christus* in mir wohnt, sondern auch, daß Christus in *mir* wohnt und daß das Leben ein Leben ist, das ich lebe - gewiß durch Glauben, aber nichtsdestoweniger lebe ich es. Was auch immer getan wird, entweder Gutes oder Böses, *ich* bin es, der es tut, denn es gibt keinen anderen Weg, wie die alte Natur, die neue Natur, die Seele, der Geist oder irgendein anderer Aspekt meines Wesens sich ausdrücken können, als nur durch mich. Also bin ich verantwortlich für meine Handlungen und kann die Schuld nicht auf einen Teil von mir schieben. Die Hand, die abdrückt, um zu morden, bringt dem ganzen Menschen Gefangenschaft oder Tod; das lüsterne Auge bringt dem ganzen Leib, der Unzucht treibt, Krankheit; der Verstand, der sein Abweichen von Gottes Willen rechtfertigt, beeinträchtigt das ganze Leben; das Herz, das falschen Dingen Zuneigung entgegenbringt, trägt das Bestreben des ganzen Menschen. Niemand kann sagen, daß bloß die Hand oder das Auge oder der Verstand oder das Herz die Schuld trägt. Der Mensch ist schuldig.

Wenn umgekehrt aufgrund der Gnade Gottes durch Seine Kraft und Fähigkeit etwas Gutes getan wird, erkennt Gott an, daß ich es getan habe, und belohnt mich dafür. Auch wenn die Handlung von der neuen Natur oder dem erneuerten Sinn stammt und obwohl es Seine Kraft ist, die die Ausführung der Handlung ermöglicht, tue dennoch ich es, und der Herr erkennt dies an, indem Er mir eine Belohnung gibt. Andernfalls, wenn Er alles getrennt von mir tut oder durch ein völlig passives Ich vollbringen würde, wäre es angemessen, wenn Er selbst beim Preisgericht die Belohnung erhielte. Aber dies ist nicht der Fall, und zwar deshalb nicht, weil die vielen Aspekte des Menschen eine einzige Person darstellen.

Dies sind einige der grundlegenden Eigenschaften des Menschen, die mit dem geistlichen Leben zusammenhängen. Einige davon benötigen weitere Erklärungen, aber jetzt möchten wir diese erst einmal im Denken des Lesers verankern.

Kapitel 4

Das Alte und das Neue

In dem Moment, in dem jemand Jesus Christus als seinen persönlichen Erretter annimmt, wird er eine neue Schöpfung (2.Kor.5,17). Das Leben Gottes in ihm erzeugt eine neue Natur, die zusammen mit der alten Natur in ihm bleibt, so lange der Mensch lebt. Das Vorhandensein, die Stellung und die Beziehung der alten und neuen Natur im Leben eines Gläubigen zu verstehen, ist wichtig, um ein gesundes und ausgeglichenes geistliches Leben zu führen.

Wir haben schon gesehen, daß jeder, der in dieser Welt geboren wird, aufgrund der sündigen Natur, mit der er geboren wird, ein Sünder ist. Wir sind *von Natur* Kinder des Zorns, sagt der Apostel, und diese Natur erzeugt jede mögliche Art von sündigen Handlungen (Eph.2,3). Manchmal wird die Sündennatur als "das Fleisch" bezeichnet. Das Wort "Fleisch" hat in der Bibel mehrere Bedeutungen. 1. Manchmal ist einfach der physische Körper einer Person gemeint (1.Kor.15,39). 2. Oft wird es für Menschen im allgemeinen verwendet (Röm.3,20). 3. Aber am häufigsten wird es in der Schrift verwendet, um die Sündennatur zu bezeichnen. Was bedeutet das Wort "Fleisch", wenn es so verwendet wird? Um diese Frage zu beantworten, ist es notwendig, eine befriedigende Definition für das Wort "Natur" zu finden. Allzuoft, wenn Leute an die Sündennatur und die neue Natur denken, stellen sie sich zwei getrennte Personen vor, die beide in ihrem Körper leben. Eine ist die gräßliche, erschreckende, degenerierte Person, während die andere eine hübsche, junge, siegreich aussehende Person ist. Solche Vorstellungen müssen nicht unbedingt gänzlich verworfen werden, aber sie führen oft zu der Überzeugung, daß nicht wirklich ich es bin, der sündigt, sondern der "alte Mensch" in mir. Mit anderen Worten führen sie oft zu einer falschen Spaltung der Persönlichkeit.

Es ist weit besser, die Natur als eine Fähigkeit zu definieren. So ist die alte Natur des Fleisches die Fähigkeit, die alle Menschen haben, sich selbst zu dienen und zu gefallen. Oder man könnte sagen, daß es die Fähigkeit ist, Gott aus meinem Leben auszuschließen. Es wäre aber nicht umfassend genug, die Sündennatur nur als eine Fähigkeit zu definieren, Böses zu tun, denn sie ist mehr als das. Es gibt viele Dinge, die an sich nicht unbedingt böse sind, aber die von der alten Natur stammen. Es sind einfach Dinge, in denen man Gott ausschließt. Das Fleisch ist diese alte Fähigkeit, die alle Menschen besitzen, ein Leben zu leben, das Gott ausschließt. In einem Christen ist das Fleisch auch diese Fähigkeit, Gott aus seinem Leben und Handeln auszuschließen.

Die Sündennatur wird auch als der alte Mensch bezeichnet (Röm.6,6; Kol.3,9). Dieser Ausdruck ist offenbar die Betonung des Ursprungs der menschlichen Fähigkeit, sich selbst anstatt Gott zu verherrlichen. Das heißt, er führt uns zurück zu Adam, von dem wir alle unsere Sündennatur empfangen haben.

Die Bekehrung bringt eine neue Fähigkeit mit sich, mit der wir jetzt Gott und der Gerechtigkeit dienen können. Vor der Errettung waren wir Sklaven der Sünde, aber jetzt können wir Sklaven der Gerechtigkeit sein (Röm.6,19-20). Der unerlöste Mensch hat nur eine Fähigkeit, aber der Christ hat zwei. Dies bedeutet, daß die unerlöste Person nur eine Handlungsweise kennt - nämlich, sich selbst und der Sünde zu dienen oder Gott aus seinem Leben auszuschließen -, während der Gläubige eine Wahlmöglichkeit hat. Er kann Gott dienen, aber solange er in seinem menschlichen Körper ist, kann er sich auch entscheiden, Gott auszuschließen und nach der alten Natur zu leben.

Die neue Natur kommt von Gott selbst (2.Petr.1,4). Paulus schreibt über den neuen Menschen im Vergleich zum alten: "... daß ihr, was den früheren Lebenswandel angeht, den alten Menschen abgelegt habt, der sich durch die betrügerischen Begierden zugrunde richtete, dagegen erneuert werdet in dem Geist eurer Gesinnung und den neuen Menschen angezogen habt, der nach Gott geschaffen ist in wahrhaftiger Gerechtigkeit und Heiligkeit" (Eph.4,22-25). Es gibt eine sehr enge Beziehung zwischen der neuen Natur und der Kraft des Heiligen Geistes (Gal.5,25), und es gibt einen ständigen Kampf zwischen den beiden Fähigkeiten (Gal.5,17; Röm.7,15-25; 8,6).

Die beiden Fähigkeiten sind wie zwei Magnetbandspulen, auf denen unterschiedliche Handlungsmuster gespeichert sind, die über einen Computer ausgedruckt werden können. Eigentlich könnte manchmal ein und dieselbe Handlung sowohl zur alten als auch zur neuen Natur gehören. Erholung zum Beispiel ist nichts Schlechtes. Und doch könnte sie, wenn man dabei Gott ausläßt, ein Ausdruck der alten Fähigkeit sein. Bei anderen Gelegenheiten könnte sie ein wichtiger Teil des geistlichen Lebens eines Menschen sein. Was das Alte von dem Neuen unterscheidet, ist nicht unbedingt die Handlung selbst, sondern die Einordnung dieser Handlung. Also könnten beide Magnetbandspulen eine Anzahl von Handlungen gespeichert haben, die genau gleich sind. Wahrscheinlich können die meisten Dinge, die wir im täglichen Leben tun, von beiden Fähigkeiten stammen und deshalb auf beiden Magnetbändern vorkommen. Aber ich bin es, der für jede Handlung den Knopf drückt und der damit bestimmt, von welchem Magnetband sie kommt. Und ich bin es, der die Handlungen durchführt, nicht ein Teil von mir, denn ich, als Computer gesehen, drucke die Handlung im täglichen Leben aus. Wenn wir also diese doppelte Fähigkeit in jedem Gläubigen erkennen, ist es auch wichtig zu verstehen, daß jede Seite der Persönlichkeit des Christen in Handlungen verwickelt sein kann, die entweder vom alten oder vom neuen Menschen stammen.

Der Sinn

Die Wörter, die im Alten und Neuen Testament für "Sinn" verwendet werden, drücken eine Vielfalt von Gedanken aus. Die Bibel hat kein Wort für Gehirn, also bedeutet der Begriff "Sinn" nicht das physische Organ, sondern die Vielfalt der Funktionen des Intellekts, der Willensäußerungen und Gefühle, die in der Schrift mit "Sinn" verbunden sind. Diese Vorstellungen schließen die Fähigkeit ein, zu denken oder zu begreifen, zu beurteilen, zu empfinden, zu bestimmen, kritisch zu denken, und den Prozeß, etwas zu verstehen und zu einer Schlußfolgerung zu gelangen. Der Sinn selbst scheint neutral zu sein. Seine moralische Qualität wird durch die alte oder die neue Fähigkeit bestimmt, von der sie abhängig ist.

Der Sinn der unerlösten Person wird in der Schrift mit Ausdrücken beschrieben, die nicht sehr schmeichelhaft sind. Er ist böse (1.Mo.6,5); er ist verworfen (Röm.1,28). Das kommt daher, weil er das Licht der Offenbarung, das Gott den Menschen durch die Natur gibt, zurückgewiesen hat (Röm.1,18-21). Mit anderen Worten ist es eine selbstverschuldete Verwerfung, die der Mensch verursacht hat durch seine bewußte Ablehnung dessen, was er von Gottes Kraft durch die universale Offenbarung Gottes in der Schöpfung erkennen könnte. Wegen des

Sündenfalls ist der unerlöste Mensch nicht verständig (Röm.3,11), wenn es um das Verstehen der Dinge Gottes geht. Das bedeutet nicht, daß er ohne Verstand oder Intellekt wäre, aber es bedeutet, daß sein Sinn verfinstert und unwissend ist (Eph.4,17-18). Eigentlich ist er im Krieg mit Gott (Röm.8,6-7). Er ist befleckt (wörtlich: mit einer anderen Farbe gefärbt Tit.1,15) und verdorben (1.Tim.6,5). All dies ist darauf zurückzuführen, daß Satan den Sinn der unerlösten Person verblendet hat, "damit sie den Lichtglanz des Evangeliums von der Herrlichkeit des Christus, der Gottes Bild ist, nicht sehen" (2.Kor.4,4). Dieser Vers ist sehr entscheidend. Wir sollten ihn uns in bezug auf unser evangelistisches Zeugnis merken, denn er erinnert uns daran, daß, einen Menschen zur Errettung zu bringen, mehr umfaßt, als ihn nur von der Wahrheit des Evangeliums zu überzeugen. Man könnte streiten, überreden, überzeugen und jemanden zur vollen Zustimmung bringen, aber wenn diese satanische Verblendung nicht beseitigt wird, wird es keine Bekehrung geben. Natürlich ist kein Mensch fähig, eine solche Verblendung zu beseitigen - nur Gott, der Heilige Geist, kann dies tun. Intellektuelle Argumente haben ihren rechtmäßigen Platz, und ich befürworte ganz bestimmt nicht eine unintelligente Darstellung des Evangeliums, aber sie müssen in der Kraft des Geistes vorgebracht werden, damit sie Errettung bewirken können.

Diese biblischen Eigenschaften des Sinnes unerlöster Menschen bedeuten nicht, daß sie unfähig zu gutem Denken und richtigen Handlungen wären. Gott hat in Seiner Güte der Menschheit manchen herausragenden Geist geschenkt, den die Menschen für das allgemeine Wohl nutzen können. Dies sind Gaben Seiner allgemeinen Gnade. Jeder von uns ist vielen Ungläubigen zu Dank verpflichtet, deren Intellekt viel zu unserer heutigen Zivilisation beigetragen hat. Und doch, bei den Vorzügen, die der menschliche Geist besitzen kann, ist er dennoch belastet mit den unerwünschten Eigenschaften, die in der Schrift beschrieben werden, auch wenn diese Eigenschaften vielleicht nicht in jedem Menschen gleich erkennbar sind. Sie sind auch nicht auf jedem Gebiet des Denkens und Lebens offensichtlich. Besonders sichtbar werden sie aber, wenn der unerlöste Mensch versucht, seinen natürlichen Sinn auf dem Gebiet der Religion anzuwenden. Dies beeinflußt dann die ganze Sichtweise seines Lebens.

Wir sollten uns auch daran erinnern, daß der Christ sich dazu entschließen kann, diesen Eigenschaften des alten Menschen in seinem Leben Raum zu geben. Gott hat die alte Fähigkeit gerichtet, damit wir nicht von ihr beherrscht werden müssen, aber sie ist noch nicht ausgelöscht, und wir können von ihr beherrscht werden. Wenn es der alten Fähigkeit erlaubt wird, kann sie sich selbst als der böse, verworfene, fleischliche, unverständige, verfinsterte, eitle, befleckte, verdorbene und blinde Sinn offenbaren, der sie auch ist.

Mit dem Wunder der Wiedergeburt erhält der Mensch auch den Sinn Christi (1.Kor.2,16). Was ist der Sinn Christi? Das ist vor allem die Haltung, nicht höher über uns zu denken, als sich gebührt (Röm.12,3); diese Gesinnung müssen wir entwickeln (Phil.2,5). Das ist ein Beispiel für die Notwendigkeit der Ausgewogenheit im geistlichen Leben in bezug auf unsere Gesinnung. Wir haben den Sinn Christi, und doch sind wir verpflichtet, demütig zu denken oder gesinnt zu sein (das Wort steht im Griechischen im aktiven Imperativ). Gott hat etwas getan, und wir sollten etwas tun, um offenbar zu machen, was Er getan hat. Sowohl göttliche als auch menschliche Werke sind daran beteiligt. Aber was sollten wir denken? Wir sollten in völliger Unterwerfung unter den Willen Gottes denken, damit wir übereinstimmen mit dem vollkommenen Vorbild Christi.

Um den Sinn Christi zu bekommen und damit die Möglichkeit des Gehorsams gegenüber dem Willen Gottes, müssen wir verstehen, was der Wille Gottes ist, und das erfordert Nachsinnen (Eph.5,17). Wenn die Erkenntnis des Willens Gottes auch solche Gebiete des christlichen Lebenswandels betrifft, über die die Schrift keine eindeutige Aussage macht, müssen wir unser geistliches Verständnis, unseren Sinn gebrauchen, um zu einer richtigen Entscheidung zu kommen (Röm.14,5). Dazu ist der Dienst des Heiligen Geistes nötig, der unseren Verstand unterweist (Joh. 16,13; vgl. Lk.24,45). Außerdem werden wir unseren Sinn umgürten müssen (1.Petr.1,13), so daß wir nicht in lose und undisziplinierte Gedanken verfallen. Umgürten bedeutet, unsere Gedanken unter den Gehorsam Christi zu stellen (2.Kor.10,5). Durch jedes Reklameplakat und jede Fernsehwerbung werden wir zum Ungehorsam durch die Lust verleitet. Unser Sinn sollte damit beschäftigt sein, der Welt Anregungen zum Christentum zu vermitteln, stattdessen beherrschen die Anregungen der Welt unseren Sinn.

Wie kommt man dazu, die Gesinnung Christi zu praktizieren? Gibt es ein "Geheimnis" für den Sieg auf diesem Gebiet? Ja, das gibt es, aber es ist kein Geheimnis! Das Rezept ist eine fortlaufende Erneuerung des Sinnes (Röm.12,2). Dabei sollten wir beachten, daß es um eine vollkommene Umwandlung geht, nicht um eine Änderung an der Oberfläche. Wir sollten auch beachten, daß das griechische Verb hier im Präsens steht, was einen fortlaufenden Prozeß anzeigt. Dies erinnert uns wieder an die Tatsache, daß eine geistliche Lebensweise nicht in einem Augenblick wird, sondern daß Zeit zur Reifung benötigt wird. In Römer 12,2 zeigt Paulus das Gegenstück des Verwandeltwerdens durch die Erneuerung des Sinnes mit dem Ausdruck "seid nicht gleichförmig dieser Welt". Das Wort "gleichförmig" erscheint auch in 1.Petrus 1,14 und könnte in Römer 12,2 übersetzt werden mit "laßt euch nicht dieser Welt anpassen". Das Bild deutet an, daß der schäbige Furnieranzug der Welt auf das echte Leben eines Gläubigen aufgeklebt wird. Normalerweise besteht ja Furnier aus teurem Holz, das über billigeres Holz geleimt wird, aber in diesem Vers ist das Bild umgekehrt. Die Welt ist dieses schäbige Furnier, das oft über die kostbaren Werke der Wiedergeburt gezogen wird. Paulus sagt, daß dies nicht geschehen sollte. Das bedeutet, daß unsere Gedanken, Ideen, Maßstäbe, Bestrebungen und Auffassungen dem Willen Gottes entsprechen müssen und wir ständig unseren Sinn nach diesen Richtlinien erneuern müssen, um den Sinn Christi in unserem Leben zu offenbaren.

Es gibt aber noch einen anderen Aspekt dieses Siegesrezepts in bezug auf den neuen Sinn, und das ist die Lehre des Paulus von "der Kraft der positiven Einstellung", wie sie in Philipper 4,8 steht: "... übrigens Brüder, alles, was wahr, alles, was ehrbar (der Ehrfurcht würdig oder ehrenswert), alles, was gerecht (gerecht aus der Sicht Gottes - wie macht das die Maßstäbe der Welt heute zunichte!), alles, was rein (abgesondert für Gott, wie es ein Nasiräer war), alles, was liebenswert (bewundernswert, so daß man motiviert wird, selbst das gleiche zu tun), alles, was wohllautend (gewinnend) ist, wenn es irgendeine Tugend und wenn es irgendein Lob gibt, das erwägt!" Wir sind verantwortlich dafür, diese Dinge in einer Welt zu erwägen, in der das genaue Gegenteil dominiert und im Konflikt mit der alten Gesinnung steht, die ständig in uns kämpft. Luther soll gesagt haben: "Du kann einen Vogel nicht daran hindern, über deinem Kopf zu fliegen, aber du kannst ihn daran hindern, sein Nest in deinem Haar zu bauen." Dauernde Erneuerung der grundsätzlichen Gedanken unseres Sinnes (Röm.12,2) und anhaltende Konzentration auf richtige Gedanken (Phil.4,8) sind das Geheimnis für wirksame Offenbarung des Sinnes Christi im täglichen Leben. Dies ist ein Wesenszug eines geistlichen Lebens.

Das Herz

Von all den Wörtern, die einen nicht stofflichen Aspekt des Menschen ansprechen (einschließlich Seele und Geist), ist das Wort "Herz" das häufigste und in seiner Bedeutung umfassendste. Nur zweimal scheint es für den Sitz des physischen Lebens verwendet zu werden (2.Sam.18,14; 1.Kö.9,24); in all den mehr als siebenhundert anderen Stellen bezieht es sich auf einen Aspekt der nicht stofflichen Natur des Menschen.

1. Das Herz ist der Sitz unseres intellektuellen Lebens, und als solches ist es ein Synonym für Sinn. Das Herz hat Gedanken (Hebr.4,12), und böse Gedanken haben ihren Ursprung dort (Matt.15,19). Und doch ist es der Ort, an dem wir unsere Erkenntnis des Wortes Gottes verwahren sollten (Ps.119,11).

2. Das Herz ist auch der Sitz unseres Gefühlslebens. An diese Bedeutung denken wir meistens zuerst. Das Herz liebt (5.Mo.6,5), erfreut sich (Ps.104,15), trauert (Röm.9,2), begehrt (Ps.37,4) und drückt viele andere Gefühle aus.

3. Das Herz kann auch etwas wollen. Etwas bezwecken oder wollen ist verbunden mit dem Herzen (2.Kor.9,7). Das Herz wählt (2.Mo.7,23), es kann sich abwenden (2.Mo.14,5), es sucht (5.Mo.4,29), und es kann verhärtet werden (Hebr.4,7).

4. Manchmal wird das Wort Herz bildlich für den zentralen oder inneren Teil von etwas verwendet. Die Schrift spricht vom Herzen des Meeres (2.Mo.15,8), vom Herzen des Himmels (5.Mo.4,11) und vom Herzen der Erde (Matt.12,40). Diese Verwendung hat keinen Bezug zum geistlichen Leben.

5. Unser Hauptinteresse konzentriert sich auf die Bedeutung des Wortes "Herz" für das geistliche Leben, aber zuerst müssen wir beachten, wie die alte und die neue Natur das Herz beeinflussen können.

Das Herz des unerlösten Menschen wird mit ziemlich scharfen Ausdrücken beschrieben. Dies bedeutet, daß der Intellekt, das Gefühl, das Wollen und die geistlichen Aspekte seines Lebens von der Sünde beeinflußt werden. Sein Herz wird hart und unbußfertig genannt (Röm.2,5). Das Wort hart bedeutet gleichgültig oder unempfindlich gegenüber geistlichen Dingen. Es ist auch verstockt oder unbußfertig, dies folgt aus der Unempfindlichkeit. Es ist blind (Eph.4,18), böse (Jer.3,17), und es ist unbeschnitten (Apg.7,51). Es kann betrogen werden (Jak.1,26) und betrügen (Jer.17,9). Es kann auch so sehr degenerieren, daß es ohne natürliche Liebe ist (Röm.1,31).

Errettung bringt eine neue Fähigkeit in das Leben, die es ermöglicht, richtig zu denken, Gott zu lieben, den Willen Gottes zu tun und ein verwandeltes Herz zu haben. Das Herz des Christen (und das bedeutet sein intellektuelles, gefühlsmäßiges, willensmäßiges und geistliches Leben) kann jetzt wahrhaftig und rein sein (Hebr.10,22). Es ist beschnitten (Röm.2,29), d. h. es hat das sündhafte Fleisch abgelegt. Jetzt kann das Herz ein kraftvolles Zentrum des geistlichen Lebens für den Gläubigen werden.

Mit dem Herzen glaubt ein Mensch zur Gerechtigkeit (Röm.10,10), und mit der richtigen Herzenseinstellung kann der gerechte Mensch das christliche Leben leben. Das Herz ist der Wohnsitz des Christus (Eph.3,17) und des Heiligen Geistes (2.Kor.1,22). Das Herz ist in den vielfältigen Aspekten des christlichen Lebens das Zentrum des Gehorsams (Röm.6,17). Wir lieben Gott mit dem Herzen (Matt.22,37), und in das Herz wird die Liebe Gottes ausgegossen (Röm.5,5). Daraus könnte folgen, daß der innewohnende Christus und der Heilige Geist alle Aspekte unseres Wesens beeinflussen und wir dann unsererseits Gott lieben und gehorchen sollen mit allen Bereichen unserer Natur (d. h. mit unserem ganzen Herzen).

Aber dies geschieht nicht losgelöst vom verantwortlichen Handeln des Menschen. Wir werden ernstlich gewarnt, daß das Herz eines Gläubigen verhärtet werden könnte (Hebr.3,8.13). Sünde ist trügerisch, und sie kann uns in eine Stellung locken, in der wir der Stimme des Herrn und des Geistes nicht mehr gehorchen, auch wenn sie weiter in unserem Herzen wohnen. Der Betrug der Sünde führt zu einer Abstumpfung des Herzens, dies verdunkelt die Offenbarung der in uns wohnenden Gottheit. In der Hebräerstelle werden drei Vorbeugungsmittel gegen ein unempfindliches Herz gezeigt. Das erste ist tägliche Ermahnung untereinander (3,13). Ein isolierter Christ kann ein unempfindlicher Christ werden, denn er braucht die Ermutigung und die wachsame Sorge von anderen Gläubigen. Das zweite ist, das Wort Gottes im Leben anzuwenden, um alle Bereiche dadurch zu beeinflussen (man beachte, daß Seele, Geist, Körper und Herz alle in Hebr. 4,12 erwähnt werden). Der Vers lehrt nicht, daß das Wort Gottes zwischen Seele und Geist trennt, daß es den seelischen Teil unseres Wesens schneiden und den geistlichen zurücklassen würde. Wenn es dies lehren würde, würde es auch lehren, daß das Mark abgetrennt wird und die Gelenke bleiben! Es sagt, daß das Wort trennt oder richtig durchdringt zu den innersten Bereichen des Menschen, sowohl zu den nicht stofflichen (Seele und Geist) als auch zu den stofflichen (Gelenke und Mark). Mit anderen Worten, das Wort legt alle Bereiche von uns bloß, um jeden Aspekt unseres Wesens seiner Belehrung auszusetzen. Natürlich wird ein Mensch, der das zuläßt, nie ein unempfindliches Herz haben dürfen.

Die dritte Vorbeugungsmaßnahme gegen die Unempfindlichkeit ist ein Leben des Gebets (Hebr.4,14-16). Wenn Hilfe, wie es so oft der Fall ist, gebraucht wird, finden wir sie am Thron der Gnade. Aber wir müssen kommen. Die Zeitform der Verben in diesem Vers denkt nicht an eine immerfließende Versorgung mit Gnade, sondern an Ausschüttungen der Gnade, die jedesmal gegeben werden, wenn wir kommen. Dadurch wird unsere Verantwortung hervorgehoben; andernfalls werden wir die uns angebotene Gnade nicht erfahren. Diese drei - Gemeinschaft, das Wort und Gebet - werden den Gläubigen befähigen, das neue Leben in seinem Herzen zu erfahren, in seinem Intellekt, seinem Gefühl, seinem Wollen und seinem geistlichen Leben.

Das Gewissen

Das Gewissen ist diejenige Fähigkeit im Menschen, durch die er das moralisch Richtige vom Falschen unterscheidet. Es ist interessant, daß im Alten Testament, wo das Wort überhaupt nicht erscheint, der entsprechende Gedanke mit "Herz" bezeichnet wird (2.Sam.24,10; Hi.27,6). Das zeigt wieder, daß der

Begriff "Herz" umfassender ist, was die immateriellen Bereiche des Menschen angeht.

Alle Menschen haben ein Gewissen (Röm.2,15), und es kann ein richtiger Wegweiser sein (Joh.8,9). Manchmal scheint es auch nur richtig zu sein und führt den Menschen auf den falschen Weg (Apg.23,1).

Daher müssen wir bei der Errettung gereinigt werden vom bösen Gewissen (Hebr.10,22), denn gerade das Gewissen hat in der Praxis aufgehört, richtig zu funktionieren; es ist befleckt (Tit.1,15) und gebrandmarkt (1.Tim.4,2) worden.

Das gereinigte Gewissen eines Gläubigen sollte dazu eingesetzt werden, ein christliches Leben zu führen. Es ist erstaunlich, wie viele Lebensbereiche das Gewissen eines geistlichen Christen eigentlich beeinflussen sollte. Der Gehorsam des Christen gegenüber den Gesetzen seines Landes basiert darauf, daß er der Stimme seines Gewissens nachgibt (Röm.13,5). Es ist bedauerlich, daß die meisten Diskussionen über diese Stelle sich auf die Verantwortung des Christen gegenüber seinem Land im Kriegsfall konzentrieren. Man müßte eigentlich das ganz alltägliche Thema betonen, daß ein Christ z. B. auch beim Autofahren von seinem Gewissen geleitet werden sollte!

Gute Arbeit zu leisten, auch für jemanden, der das gar nicht verdient, ist für einen geistlichen Christen ebenfalls eine Sache des Gewissens (1.Petr.2,19). Es ist nicht recht für einen Christen, wenn er die Zeit seines Arbeitgebers unter dem Vorwand mißbraucht oder verschwendet, er müsse "etwas für den Herrn tun". Unser Gewissen sollte fähig sein, die Qualität des Zeugnisses, das wir für den Herrn abgeben, zu beglaubigen (2.Kor.1,12). Die Gewissen der Menschen, denen wir geistlich dienen, sollten zustimmen können, daß unser Zeugnis glaubhaft ist (2.Kor.4,2). Haben Sie jemals einen Christen getroffen, der glaubt, er hat keine Verantwortung gegenüber anderen Christen, und der dieses Verhalten mit seiner direkten Verbindung zum Himmel entschuldigt, wobei er alle anderen Leute, deren Gewissen und auch sein eigenes Gewissen außer acht läßt? Wenn Paulus sich auf einen Zeugen berufen wollte, der die Wahrheit dessen bestätigen sollte, was er sagte, wandte er sich an sein Gewissen im Heiligen Geist (Röm.9,1).

Einer der wichtigsten und kompliziertesten Aspekte im Lebens eines Christen ist sein Verkehr mit anderen, und auch dieser sollte vom Gewissen gelenkt werden. In diesem Fall ist es das Gewissen des schwächeren, in seiner Erkenntnis eingeschränkteren Bruders, das in Betracht gezogen werden muß, um das Leben des stärkeren Bruders zu lenken (1.Kor.10,12). Dies ist schwierig zu praktizieren, aber der reife und geistliche Christ wird danach leben.

Also kann das Gewissen, auch wenn es einen unerlösten Menschen auf manchen Gebieten richtig führt, ihn nicht erretten, weil es befleckt, gebrandmarkt und böse ist. Aber im Wiedergeborenen ist es gereinigt und wird vom Herrn dazu verwendet, den Gläubigen in seinen politischen, beruflichen, geistlichen und gesellschaftlichen Beziehungen zu leiten.

Die Seele und der Geist

Die Bedeutungsinhalte der Begriffe "Seele" und "Geist" sind ziemlich komplex und nicht leicht zu beschreiben. Man findet die Worte selten definiert, und wenn doch, dann durch eine Definition, die wenig oder keine Hilfe bietet. Zum Beispiel: "Die Seele im Menschen ist der Ausdruck des persönlichen Lebens, der Geist die Grundlage." Für unsere Zwecke genügt es, einige Betrachtungen über Seele und Geist auszustellen.

1. Jeder Mensch hat einen Geist. Man muß diese Tatsache hervorheben, da einige lehren, daß der Mensch vor seiner Errettung keinen Geist habe und daß nach der Bekehrung der Geist (Heilige Geist) die alleinige Ursache des geistlichen Lebens wird. Daß alle Menschen mit einem Geist geboren sind, wird aber in der Bibel gelehrt. Beachten Sie Jakobus 2,26: "Denn wie der Leib ohne den Geist tot ist, so ist auch der Glaube ohne Werke tot." Mit anderen Worten muß jede lebende Person einen Geist besitzen, ohne Geist ist der Mensch tot. In 1. Korinther 2,11 wird klar beschrieben, daß alle Menschen einen Geist haben und dieser ihnen mitfühlendes Verständnis für andere gibt. Der menschliche Geist ist eine Seite der menschlichen Persönlichkeit; der Heilige Geist, der bei der Bekehrung kommt, um im Gläubigen zu wohnen, ist eine Person. Er wirkt durch den menschlichen Geist (Apg.13,4), aber er ist nicht der Geist, der im Menschen ist.

2. Der Unterschied zwischen Seele und Geist (wenn er in bezug auf den nicht stofflichen Aspekt des Menschen verwendet wird) ist nicht eine Frage der materiellen Substanz, sondern ein Unterschied in der Funktion (und auch diese funktionellen

Unterschiede sind nicht immer klar). Aber beide, Seele und Geist, sind immateriell. Es gibt eigentlich nur zwei Kategorien an Substanzen dieser Welt - materiell und nicht materiell, und sowohl die Seele als auch der Geist gehören zu der zweiten Kategorie. Wenn man von der Zusammensetzung des Menschen redet, soweit es die Substanz betrifft, muß man zu dem Schluß kommen, daß seine Zusammensetzung zweifach ist - stofflich und nicht stofflich - (einfach weil es keine dritte Möglichkeit gibt). Aber wenn man die Funktionen des Menschen beschreibt, ist es offensichtlich, daß seine funktionelle Zusammensetzung vielfältig ist. Im körperlichen Bereich seines Seins umfassen seine Funktionen Sehen, Hören, ein Nervensystem usw. In dem immateriellen Teil seines Wesens werden seine vielen Funktionen durch Herz, Sinn, Gewissen, Seele, Geist, Wille usw. ausgedrückt. Manchmal überschneiden sich diese Funktionen, und manchmal sind sie verschieden.

3. Die Funktionen der Seele und des Geistes ähneln sich oft und sind doch verschieden. Seele und Geist können beide Gott verherrlichen (Lk.1,46-47). Seele und Geist waren beide am Opfer Christi beteiligt (Joh.10,15;19,30). Doch scheint der Heilige Geist durch den menschlichen Geist und nicht durch die Seele zu arbeiten (Röm.8,16), und wenn diese grundlegenden Begriffe zu Eigenschaftswörtern werden, entsteht ein ziemlicher Kontrast. Der seelische Mensch ist eine unerlöste Person (1.Kor.2,14; vgl. Jud.19), während der geistliche Mensch jemand ist, dessen ganzes Leben mit Gott verbunden ist. In 1. Korinther 15,44 ist der seelische Leib der jetzige, noch nicht auferstandene Körper, während der geistliche Leib die Auferstehung bereits erfahren hat. Also kann man sagen, daß die Begriffe sich manchmal darin unterscheiden, daß das Seelische mit dieser Welt verbunden zu sein scheint, während das Geistliche mit Gott verbunden ist.

4. Aber der Unterschied darf nicht in das gegenwärtige geistliche Leben übertragen werden. Manche lehren, daß alles, was mit der Seele zu tun hat, automatisch fleischlich ist, während alles, was den Geist betrifft, sicherlich die Geistlichkeit fördert. Beide, Seele und Geist, können das geistliche Leben eines Gläubigen fördern oder aber ein Hindernis dafür sein. Die Seele muß Gott lieben (Mt.22,37), und sie steht gegen die Lüste des Fleisches (1.Petr.2,11). Der Geist zeugt, damit wir Gewißheit haben (Röm.8,16), und der Gesang sowie das Opfer eines

Gläubigen sollten geistlich sein (Kol.3,16; 1.Petr.2,5). Beide, Seele und Geist, können das geistliche Leben fördern. Aber beide können es behindern, wenn sie nicht richtig ausgerichtet und kontrolliert werden. Der Geist des Gläubigen kann an der Befleckung teilhaben (2.Kor.7,1), und die Seele des Christen hat es nötig, daß über ihr gewacht wird (Hebr.13,17). Beide müssen vor dem Wort Gottes bloßgelegt werden (Hebr.4,12). Wie man auch die Lehre von 1. Thessalonicher 5,23 über die Zusammensetzung des Menschen auslegt ("... und vollständig möge euer Geist und Seele und Leib untadelig bewahrt werden"), erklärt sie gewiß, daß sowohl die Seele als auch der Geist in die tägliche Heiligung einbezogen werden müssen. Keiner dieser Verse lehrt, daß der Weg zum geistlichen Sieg der ist, daß man die Seele ausschaltet und nur den Geist entwickelt.

Wir sehen also, daß die Bedeutungen von "Seele" und "Geist" komplex sind, und doch ist es klar, daß beide bei der Förderung des geistlichen Lebens wichtige Funktionen haben. Ein Schreiber faßte die Schwierigkeiten in diesen Worten gut zusammen: "Es gibt nur wenige Wörter, die von hingegebenen Gläubigen unbestimmter gebraucht werden oder den Gelehrten größere Schwierigkeiten bieten oder den Nachdenklichen noch ein weites Feld für Spekulationen eröffnen." (E. G. Ounchard, "The Epistle of St. James," *A Bible Commentary for English Readers,* ed. Charles John Ellicott, VIII, 361)

Der Wille

Interessanterweise geht es der Bibel viel mehr darum, den Willen Gottes zu beachten, als darum, den Willen des Menschen zu erörtern. Wenn sie sich mit dem Willen des Menschen befaßt, tut sie es in einer sehr unsystematischen Art. Der Unterschied zwischen dem alten und dem neuen Willen wird nicht mit dem Wort selbst verbunden, sondern mit den beiden Fähigkeiten eines Gläubigen. Bei dem Wort "Sinn" sahen wir einen ziemlich scharfen Unterschied zwischen dem unerlösten Sinn und dem Sinn Christi. Aber mit dem Begriff 'Wille" wird der Unterschied zwischen dem Alten und dem Neuen eher daraus sichtbar, was ich tue oder wie mein Wille die alte oder die neue Fähigkeit lenkt.

Es finden sich ein paar interessante Bedeutungen des Begriffs "Wille" in der Schrift. Erstens kann ein unerlöster Mensch etwas Gutes wollen, wie z. B. der Hauptmann, der den Paulus retten wollte, indem er befahl, die Gefangenen auf dem Schiff nicht umzubringen (Apg.27,43). Genau wie das Gewissen eines Ungläubigen ihn richtig führen kann, so kann er auch etwas Gutes wollen. Der Gläubige mit seinen Fähigkeiten, den Willen Gottes zu tun oder seinen eigenen, kann etwas Richtiges (Tit.3,8) oder etwas Falsches (1.Tim.6,9; Jak.4,4) wollen.

Diese beiden Fähigkeiten, die beim Gläubigen zum Ausdruck kommen, je nachdem, welche Willensentscheidung er trifft, sind in Römer 7,15-25 klar zu sehen. Es gibt bestimmte Tatsachen über diesen Abschnitt, die oft nicht bewußt sind. Erstens wird die Erfahrung eines Gläubigen betrachtet, sonst könnte Paulus nicht sagen "Denn ich habe nach dem inneren Menschen Wohlgefallen am Gesetz Gottes" (V.22). Diese Stelle zeigt, daß die menschliche Natur (auch die des Gläubigen) nicht unbedingt gut ist (V.18). Auch die Intensität des Ausdrucks in dem Abschnitt zeigt, daß Paulus seine persönliche Erfahrung wiedergibt.

Was sagt der Apostel in diesem Abschnitt? Viele, die über das siegreiche Leben schreiben, behaupten, daß Paulus in Römer 7 in Schwachheit, Fleischlichkeit und Unreife lebte und daß er das Geheimnis des Sieges nicht erkannte, bis er zu dem Licht von Kapitel 8 gekommen war. Deshalb, so schlußfolgern sie, müssen wir Römer 7 beiseite lassen und zu Römer 8 weitergehen. Der Schreiber kann dieser Sichtweise nicht zustimmen, weil man hier Ausdrücke wie "die in mir wohnende Sünde" nicht richtig auslegt (V.17: Was passierte hiermit, als er zu Römer 8 kam?), oder "ich habe (...) Wohlgefallen am Gesetz Gottes" (V.22: Dieser Ausdruck könnte nach dieser Sichtweise nicht vor Kapitel 8 kommen). Weiterhin kommt Kapitel 7 (sollten wir irgendetwas aus der Reihenfolge sehen können) nach Kapitel 6, in dem Paulus das Geheimnis des Sieges offenbart.

Was Paulus in Kapitel 7,15-25 sagt, ist zweierlei: Erstens sagt er, daß alle Gläubigen diese zwei Fähigkeiten in sich haben - die Fähigkeit, der Sünde zu dienen, und die Fähigkeit, Wohlgefallen am Gesetz Gottes zu haben. Und diese beiden Fähigkeiten werden einen Christen sein ganzes Leben lang begleiten. Zweitens bekennt Paulus, daß im ständigen Kampf der zwei Naturen des Menschen seine alte Natur manchmal zum Ausbruch kommt. Zu beachten ist, daß er sagt, daß er manchmal das Böse tut, das er nicht tun will (V.19). Mit anderen Worten lagen diese beiden Fähigkeiten in seinem Inneren im ständigen Konflikt miteinander, und selbst der Apostel Paulus lebte nicht immer in dauerndem Sieg über die alte Natur. Damit niemand sagen kann, Paulus habe das siegreiche Leben später verwirklicht, sollten wir uns an sein eigenes Zeugnis am Ende seines Lebens erinnern, daß er der erste der Sünder war (1.Tim.1,15). Der Christ muß nicht in ständiger Niederlage leben, aber er muß sein ganzes Leben mit der Sündennatur bestreiten. Gott hat einen Weg des Sieges vorgezeichnet, aber weil Gott uns auch einen Willen gegeben hat, können wir wählen. Und weil Gott das Fleisch eines Gläubigen nicht besser gemacht hat, weil es nicht geläutert wurde, ist es ein mächtiger Feind, mit dem wir leben müssen.

Dies wirft eine andere Frage auf: Ist der Wille frei? Viel ist über den "freien Willen des Menschen" und die Souveränität Gottes geschrieben worden. Gewissermaßen ist der Wille des Menschen frei, bestimmte Entscheidungen zu treffen. In 1. Korinther 7 sagt Paulus mehrfach, daß der Mensch mit seinem Willen aus vielen richtigen Möglichkeiten wählen kann (V.37-39). Alle Aufforderungen der Bibel an den Willen des Menschen deuten klar darauf hin, daß man eine wirkliche Möglichkeit des verantwortlichen Wählens hat. Und doch ist es wahr, daß kein Mensch einen völlig freien Willen hat. Er wird schon auf vielfältige Weise durch die natürlichen Begrenzungen des Menschen eingeschränkt. Wir können nicht Monate ohne Essen und Wasser leben. Wir können nicht ohne Schlaf leben. Wir sind auch durch viele Umstände begrenzt. Wir können nicht an mehr als einem Platz auf einmal sein. Und wir sind auch durch Gottes Pläne mit dieser Welt eingeengt. Dies bedeutet nicht, daß Gott wie ein Diktator regiert, aber es bedeutet, daß Er der allerhöchste Herrscher des Universums ist, der das All erdacht hat, um sich zu verherrlichen. Der beste Weg, diese zwei Ideen auf einen Nenner zu bringen (daß der Mensch bestimmte Freiheit der Entscheidung zu haben scheint und Gott zugleich die vollständige Herrschaft innehat), wäre vielleicht zu sagen, daß Gott dem Menschen echte Verantwortung gegeben hat in bezug auf seine Handlungen und daß der Mensch bei der Ausübung dieser Verantwortung wirkliche Entscheidungen zwischen verschiedenen Möglichkeiten treffen kann.

In der Praxis bedeutet das für mein geistlichen Leben, daß ich das, was ich tue, auch gewollt habe und deshalb dafür verantwortlich bin. Es ist nicht etwas oder ein Wesen oder der "alte Mensch" in mir, der die Dinge tut, die ich nicht will; ich tue sie. Mein Wille trifft die Wahl und ist für die Tat verantwortlich. Ich bin verantwortlich und muß Rechenschaft ablegen. In der ganzen Diskussion dieses Aspekts des nicht stofflichen Teils des Menschen vermittelt die Bibel nirgends die Vorstellung, daß der Mensch alles in sich doppelt besitzt! Es gibt zwei Fähigkeiten, aber diese drücken sich durch einen einzigen Sinn, ein einziges Herz, ein einziges Gewissen, eine einzige Seele, einen einzigen Geist, einen einzigen Willen aus. Die beiden Fähigkeiten des Gläubigen drücken sich durch viele Seiten der einzelnen Person aus. Und es scheint der Wille zu sein, der entweder die alte oder die neue Fähigkeit aktiviert.

"Die Tendenz der Psychologie geht heute weg vom Begriff des Willens als eine Fähigkeit und hin zu der Ansicht, daß der Wille ein Ausdruck des gesamten Selbst oder der Persönlichkeit sei. Normales Leben beinhaltet die Fähigkeit, Entscheidungen zu treffen, und man ist verantwortlich für seine Wahl. Die Wahl, die jede andere bedeutender macht, ist die Entscheidung für Christus."
(Everett F. Harrison, "Will", *Baker's Dictionary of Theology*, S.552.)

Diese Entscheidung geschieht durch einen Akt des Willens und ist eine verantwortliche Antwort auf die Aufforderung Gottes: "Ich ermahne euch nun, (...) eure Leiber darzustellen" (Röm.12,1). Wie kompliziert müssen die Einzelheiten des Planes Gottes sein, der alles regieren kann, den Menschen Entscheidungen erlaubt und doch verherrlicht wird durch Menschen, denen es gestattet ist, Entscheidungen zwischen dem Alten und dem Neuen zu treffen.

Kapitel 5

Vereint mit Christus

Die wichtigste lehrmäßige Tatsache, die das geistliche Leben untermauert, ist wahrscheinlich die Vereinigung des Gläubigen mit Christus. Sie bildet die Grundlage für die Wahrheit, daß der Gläubige mit Christus gekreuzigt ist, die wiederum die Basis für die Freiheit von der Macht der Sünde darstellt. Unglücklicherweise wird dieser Begriff nur wenig verstanden, häufig einseitig dargestellt und selten praktisch umgesetzt.

Der Begriff

Der Begriff des Vereintseins mit Christus wird hauptsächlich bei Paulus entwickelt durch seine Verwendung und Erklärung des Ausdrucks "in Christus". Unser Herr kündigte diesen Gedanken vor Seiner Kreuzigung an, als Er sagte: "An jenem Tag werdet ihr erkennen, daß ich in meinem Vater bin und ihr in mir und ich in euch" (Joh.14,20). Er erläuterte diese Beziehung auch, als Er von den Reben am Weinstock sprach (Joh.15,4). Aber der Apostel Paulus gab uns die umfassende Offenbarung der Bedeutung diese Begriffs.

Er verwendet diesen Gedanken in bezug auf unsere himmlische Berufung (Phil.3,14), die Auserwählung in Christus (Eph.1,4), die Vergebung (Eph.1,7; 4,32; Kol.1,14), die Erlösung (Röm.3,24), die Freiheit von der Verdammnis (Röm.8,1), die Freiheit vom Gesetz (Ga.2,4), die Rechtfertigung (Gal.2,17) und das Leben (Röm.6,11.23; 8,2). Mit anderen Worten, unsere Rechtfertigung oder Errettung ist wesensmäßig mit dem "in Christus sein" verbunden. Unsere zukünftige leibliche Auferstehung ist ebenfalls dadurch gesichert, daß wir "in Christus" sind (1.Kor.15,22). Aber was uns an diesem Begriff hauptsächlich interessiert, ist seine Beziehung zu unserer gegenwärtigen Heiligung und unserem christlichen Leben. Paulus lehrte, daß die in Christus Gläubigen geheiligt (1.Kor.1,2), gewurzelt und auferbaut (Kol.2,7), gelehrt (Eph.4,21), bewahrt (Phil.4,7), im Triumphzug umhergeführt (2.Kor.2,14) werden und Freimütigkeit und Zugang zu Gott haben (Eph.3,12). Es ist offensichtlich, daß viele entscheidenden Äußerungen des christlichen Lebens auf unserer Stellung in Christus beruhen.

Was bedeutet dieser Begriff? Meine Definition ist einfach die: In Christus zu sein, ist die neue Beziehung des erlösten Menschen im Wirkungsbereich des Auferstehungslebens. Das Schlüsselwort ist "Beziehung", denn in Christus zu sein, ist kein steriler Zustand oder eine fast unwirkliche Wahrheit über meine Stellung (wie es oft dargestellt wird), sondern eine lebendige, pulsierende, wirksame Verbindung. Die Haupteigenschaft dieser Beziehung ist das Auferstehungsleben, das Leben Christi selbst. Ein anderer Schreiber, der über diese Stellung des Gläubigen sprach, beschreibt sie folgendermaßen: "Er ist in einen neuen Boden und ein neues Klima versetzt worden, und beide, Boden und Klima, sind Christus." (J. S. Steward, *A Man in Christ*, S.157).

Wenn man versucht, einen schweren Begriff wie diesen zu definieren oder zu beschreiben, hilft es oft, das Gegenteil zu betrachten. Was ist das Gegenteil von "in Christus sein"? Es bedeutet, in Adam zu sein, eingeschlossen in der Umgebung des Todes (1.Kor.15,22). Diese Stellung haben alle Menschen durch die Geburt, denn alle haben in Adam gesündigt (Röm.5,12). Achten Sie auf den Gegensatz in jedem Bereich - Rechtfertigung, Heiligung, Verherrlichung - zwischen dem In-Adam-Sein und dem In-Christus-Sein.

Gebiet	In Adam	In Christus
Rechtfertigung	Keine (verdammt)	Vollkommen (ewiges Leben)
Heiligung	Sklaven der Sünde	Diener der Gerechtigkeit
Verherrlichung	Der zweite Tod	Auferstehung zum Leben

In bezug auf die Heiligung oder das christliche Leben, das uns in diesem Buch hauptsächlich beschäftigt, befreit uns das In-Christus-Sein von der Knechtschaft der Sünde und befähigt uns, gerecht vor Gott zu leben. Bevor wir dieses Thema näher betrachten, müssen wir eine andere Frage erwägen: Wie haben wir diese Stellung erreicht? Wie werden wir in Christus hineinversetzt?

Die Mittel

Die Antwort auf diese Frage ist: Wir werden nicht durch eigenes Handeln in den Christus versetzt, sondern durch das souveräne Werk der Taufe mit dem Heiligen Geist. "Denn in einem Geist sind wir alle zu einem Leib getauft worden, es seien Juden oder Griechen, es seien Sklaven oder Freie, und sind alle mit einem Geist getränkt worden" (1.Kor.12,13). Mit anderen Worten, diese Stellung, die die Basis für jedes siegreiche Leben ist, wird bewirkt durch etwas, das Gott für uns tut, nämlich durch das Werk des Heiligen Geistes.

Es gibt wahrscheinlich kein Werk des Heiligen Geistes, das häufiger mißverstanden wird als dieses. Viele, die ein geistliches Erlebnis nach der Errettung hatten, haben dies als "die Taufe des Geistes" bezeichnet. Und sie sind so sehr in ihrer kostbaren Erfahrung befangen, daß sie es schwierig finden, die biblische Lehre zu begreifen. Das hat tragische Folgen, denn ein mangelhaftes Verständnis der Lehre des Werkes der Taufe mit dem Heiligen Geist verdunkelt die wichtige Wahrheit der Vereinigung mit Christus, die die Grundlage für echtes geistliches Leben darstellt.

Es gibt mindestens vier Eigenschaften dieses Werkes des Geistes:

1. Alle Gläubigen sind durch den Geist getauft worden. Dieser Dienst ist nicht nur für wenige Auserwählte vorgesehen. Wenn dies so wäre, würde der Leib Christi nur aus denen bestehen, die auserwählt oder geistlich befähigt für die Taufe sind. In der Schlüsselstelle (1.Kor.12,13) sagt Paulus nicht, daß nur die geistlichen Leute in Korinth getauft wurden. Er sagt, daß alle getauft wurden. Paulus forderte sie nicht auf, sich taufen zu lassen, um geistlich zu werden, wie es manche Gruppen heute tun. Gewiß wäre dies eine einfache Lösung der Probleme gewesen, die durch Fleischlichkeit in der Gemeinde von Korinth entstanden waren, wenn das eine stichhaltige Lösung wäre. Aber die Taufe an sich gibt keine Kraft, sie baut vielmehr eine Beziehung auf, die dann ihrerseits diese Kraft freisetzen kann. Ein weiterer Beweis dafür, daß alle Gläubigen getauft sind, ist der offensichtliche Mangel an Ermahnungen oder Befehlen im Neuen Testament, sich durch den Geist taufen zu lassen. Wenn manche Christen getauft wären und manche nicht, gäbe es gewiß irgendwo eine Ermahnung an die, die es nicht

sind. Aber es gibt keine solche. Das bestätigt die Tatsache, daß alle Gläubigen dieses Werk des Geistes schon bei ihrer Wiedergeburt erfahren haben.

2. Jeder Gläubige wird nur einmal durch den Geist getauft; diese Taufe wird nicht wiederholt. Jeder Gläubige wird bei seiner Wiedergeburt getauft, und es gibt keinen biblischen Hinweis darauf, daß dieselbe Person ein zweites Mal getauft wird. In der Tat deutet die griechische Zeitform des Wortes "taufen" in 1. Korinther 12, 13 eine nicht wiederholbare Erfahrung an. Denken Sie für einen Moment an die Konsequenzen der wiederholten Taufe. Geistestaufe bedeutet, daß eine Person in den Leib Christi versetzt wird. Bei einer zweiten Taufe würde das bedeuten, daß diese Person seit ihrer ersten Taufe wieder aus dem Leib entfernt und anläßlich der zweiten Taufe wieder in den Leib Christi aufgenommen würde. Eine solche Idee aber ist der Heiligen Schrift völlig fremd.

3. Jeder Gläubige wird einmal getauft, und alle Gläubigen sind getauft worden, ob sie es wissen oder nicht. Dies tut Gott für uns, und es geschieht, ganz gleich, ob wir uns dessen bewußt sind oder nicht. Damit möchte ich nicht behaupten, daß keine Erfahrung aus dieser neuen Stellung folgt, aber die Taufe selbst, das eigentliche Versetzen des Gläubigen in den Leib Christi, geschieht unabhängig davon, ob wir es bewußt erleben oder verstehen.

4. Die Tatsache, daß alle Gläubigen in den Leib Christi getauft sind, garantiert nicht, daß geistliche Kraft im Leben erfahren oder offenbart wird. Durch die Korinther, die alle getauft waren, wurde in keiner Weise die Kraft Gottes für andere sichtbar. Sie waren alle getauft und doch fleischlich. Auch die Galater waren getauft, aber auch sie entsprachen nicht dem Bild eines geistlichen Christen (Gal.3,27; vgl. 1,6; 4,9). Die Äußerung der Kraft im Einklang mit unserer Stellung ist von anderen Faktoren abhängig, aber die Stellung selbst kann auf keinem anderen Weg erreicht werden als durch das Werk der Taufe des Geistes.

Vereint sein mit Christus bedeutet daher die Einführung des Gläubigen in die neue Beziehung des Auferstehungslebens Christi durch das Werk der Taufe des Heiligen Geistes. Früher waren wir in Adam, jetzt sind wir in den Christus versetzt durch ein Wunder der Gnade Gottes.

Als ich ein Student war, war das Transplantieren der Hornhaut des Auges eine neue aufsehenerregende Operation. Ein besonderer Fall gewann große Publizität, denn er beinhaltete das Transplantieren der Hornhaut eines verurteilten Verbrechers, der auf seine Hinrichtung wartete, auf einen blinden Staatsbürger. Der zukünftige Empfänger besuchte den Spender vor seiner Hinrichtung, und dadurch wurde der Sache noch mehr Aufmerksamkeit von seiten der Öffentlichkeit gewidmet. Termingerecht wurde die Hinrichtung vollzogen, die Operation ausgeführt, und der blinde Mann konnte sehen. Diese Hornhaut veranschaulicht sehr gut, was mit jedem Gläubigen in Christus wahr wird. Früher war er, wie das Auge des Blinden, in Adam zum Tode verurteilt. Es gab keine Hoffnung, es sei denn durch ein wunderbares Eingreifen. Und genau das geschah, als er an Christus glaubte. Durch ein Wunder wurde er aus der Verdammnis des Todes in Adam durch das Werk der Taufe mit Heiligem Geist in den Leib Christi versetzt. Derjenige, der verdammt war, wurde gerechtfertigt und in den neuen Bereich des Auferstehungslebens Christi versetzt mit all seinen Vorrechten und Verantwortungen. Dies ist die wahre Geschichte jedes Gläubigen in Christus.

Die Folgen

Wenn mit Christus vereint zu sein bedeutet, an allem teilzuhaben, was Er ist (und das bedeutet es auch), ist die wichtigste Folge dieses Vereintseins für das Siegesleben, daß wir durch dieses Vereintsein unser Mitgekreuzigtsein mit Christus verwirklichen (Kol.2,12; beachten Sie besonders Röm.6,1-10). Verbunden sein mit Christus durch die Taufe in seinem Tod, begraben sein und auferstanden sein, ist die Basis für die Kreuzigung der Sündennatur des Gläubigen und für seinen Sieg über die Sünde; und das ist alles auf unser Vereintsein mit Ihm gegründet, das durch das Werk der Taufe des Geistes vollbracht wurde.

Manche sind mit der Frage, ob in Römer 6 die Wassertaufe gemeint ist, so beschäftigt, daß sie die Hauptaussage dieses Abschnitts übersehen. Manche sagen, daß hier Wassertaufe gelehrt wird, weil sie das Untertauchen als Methode der Taufe zu rechtfertigen suchen. Andere meinen, daß hier nicht die Wassertaufe gemeint sein kann, um die Sicht zu vermeiden, daß das

Untertauchen die richtige Form der Taufhandlung ist. Bestimmte Tatsachen scheinen jedoch offensichtlich zu sein. 1. Die Wassertaufe, gleich in welcher Ausführung, kann nie das vollbringen, was diese Stelle als vollbracht bezeichnet. Wasser kann den alten Menschen nicht kreuzigen und die Vorrausetzung dafür schaffen, daß man nicht mehr der Sünde dienen muß (V.6). 2. Andererseits kann man nicht ohne weiteres die Symbolik des Untertauchens aus diesen Versen weglassen. Taufe in bezug auf den Tod, das Begraben und die Auferstehung ist ein offensichtliches Bild des Untertauchens. Die richtige Schlußfolgerung ist die, daß die Taufe des Geistes das vollbringt, was die Wassertaufe versinnbildlicht: Das Geschehen in der Wiedergeburt. Die Wassertaufe ist der Anschauungsunterricht, aber das Werk des Geistes hat dieser Lektion Sinn und Leben gegeben.

Was ist passiert? Bei dem Gläubigen ist der Tod eingetreten aufgrund seiner Vereinigung mit Christus in dessen Tod. Was ist Tod? Manche Sichtweisen über das siegreiche Leben müssen den Tod als Auslöschung definieren, weil sie lehren, daß die Sündennatur tot und damit ausgerottet ist. Andere gemäßigtere Anschauungen müßten den Tod eigentlich als einen Stillstand betrachten, weil sie lehren, daß der Gläubige, obwohl die Sündennatur immer noch in ihm ist, schon in diesem Leben aufhören kann zu sündigen. Demnach bedeutet Tod ein Aufhören der Aktivitäten (aber nicht in der Existenz) der Sündennatur. Dieser Eindruck wird wahrscheinlich von den meisten erweckt, die über diese Stelle predigen. Aber Tod bedeutet weder Auslöschung noch Stillstand, sondern er bedeutet immer Trennung. Der physische Tod ist die Trennung des nichtstofflichen Bestandteils des Menschen vom stofflichen Leib. Es bedeutet nicht, daß die Person ausgelöscht wurde, auch nicht, daß sie aufhört zu existieren oder tätig zu sein. So ist der Ungläubige, der stirbt, immer noch bewußt und aktiv, obwohl er von seinem physischen, irdischen Körper getrennt ist (Lk.16,19-31). Geistlicher Tod ist bestimmt nicht Auslöschung oder Untätigkeit. Jede ungläubige Person in dieser Welt ist geistlich tot, aber zur gleichen Zeit existiert sie und ist aktiv. Sie ist jedoch getrennt von Gott, und das macht ihren geistlichen Tod aus. Der zweite Tod ist der ewige Zustand der Trennung, den die Ungläubigen im Feuersee erfahren werden. Es könnte keine solche Erfahrung geben, wenn Tod Auslöschung oder Stillstand bedeuten würde. Tod bedeutet immer Trennung, so auch in Römer 6.

Wovon trennt uns denn die Kreuzigung nach Römer 6? Um dies zu beantworten, müssen wir uns nur an das Thema des Kapitels erinnern: "Sollten wir in der Sünde verharren, damit die Gnade überströme?" (V.1). Mit anderen Worten, der Tod gegenüber der Sünde in Römer 6 ist eine Trennung von der Macht der Sündennatur, den Gläubigen im Sündigen zu halten. Es ist die Trennung von der Herrschaft der Sünde über das Leben eines Christen. Dies wird durch die Kreuzigung der Sündennatur vollbracht, damit der Leib der Sünde "vernichtet" (Luther) werde, damit wir der Sünde nicht dienen müssen (V.6). Das Wort "vernichtet" bedeutet nicht "auslöschen", denn dies würde heißen, daß die Sündennatur im Christen ausgerottet ist. Beachten Sie die Verwendung dieses Begriffs in 2. Thess.2,8: "... und dann wird der Gesetzlose geoffenbart werden, den der Herr Jesus beseitigen wird durch den Hauch seines Mundes und vernichten durch die Erscheinung seiner Ankunft ..." Der Gesetzlose wird durch das zweite Kommen Christi "vernichtet", und doch existiert er im Feuersee noch weiter, in den auch der Teufel eintausend Jahre später geworfen wird (Off.20,10; im Griechischen deutet der Plural des Verses "gepeinigt werden" an, daß alle drei Wesen im Feuersee für immer und ewig lebendig sind). Eine andere interessante Verwendung des Wortes finden wir in Lukas 13,7: "Er sprach aber zu dem Weingärtner: Siehe, drei Jahre komme ich und suche Frucht an diesem Feigenbaum und finde keine. Hau ihn ab! Wozu macht er auch das Land unbrauchbar?" Hier wird dieses Wort mit "unbrauchbar" übersetzt. Offensichtlich zerstört der Feigenbaum das Land nicht im Sinne von auslöschen, aber er macht den Boden unbrauchbar oder unnütz, er dient keinem guten Zweck. In diesem Sinn wird die Sündennatur "abgetan", das heißt, sie wird untätig gemacht (Schlachter: "... außer Wirksamkeit gesetzt"), unbrauchbar, damit wir nicht weiter sündigen müssen.

Die Schrift spricht sowohl von Kreuzigung der alten Natur (Röm.6,6) als auch von der Kreuzigung der Person (Gal.2,20). Das ist kein Widerspruch, sondern es ist einfach ein anderes Beispiel für die Wesenseinheit des Menschen. Also, was über einen Aspekt oder eine Seite des menschlichen Wesens ausgesagt wird, kann von ihm selbst gesagt werden. Obwohl Christus in uns wohnt, ist es ein Leben, das ich lebe (Gal.2,20). Obgleich wir getrennt von Ihm nichts tun können (Joh.15,5), bieten wir doch allen Eifer auf, Ihm wohlgefällig zu sein (2.Kor.5,9). Mit dem Herzen glaubt der Mensch zur Gerechtigkeit, und ich bin es, der glaubt. Aus dem Herzen kommen böse Gedanken hervor, und ich denke böse. Das Fleisch erzeugt Feindschaft, Hader, Eifersucht, Zornausbrüche, Selbstsüchteleien (Gal.5,20), doch bin ich derjenige, der andere beißt und frißt (Gal.5,15). Also ist es nicht außergewöhnlich oder im Widerspruch mit anderen Aussagen, wenn die Schrift von der Kreuzigung der alten Natur und der Person redet.

Zusammenfassend können wir feststellen: Unser Vereintsein mit Christus bedeutet die Trennung von der Herrschaft der Sündennatur, weil sie gekreuzigt worden ist. Aber es bedeutet auch die Auferweckung zur Neuheit des Lebens (Röm.6,4). In diesem ganzen Abschnitt der Schrift wird nicht nur der Tod gelehrt, sondern auch unsere Auferweckung. Die Wahrheit beinhaltet nicht nur die Tatsache der Trennung vom alten, sondern auch die höchst wichtige Verbindung mit dem neuen Leben des auferstandenen Christus. Das wird in jedem Vers in Römer 6,4-10 erwähnt. Die Vereinigung mit Christus bricht demnach nicht nur die Macht der alten Fähigkeit, sondern es verbindet uns mit dem, der die Kraft gibt, entsprechend der neuen Fähigkeit zu leben.

Wann geschieht das? Geschichtlich gesehen geschah es, als Christus starb und auferstand. Sein Tod und Seine Auferstehung sind die Grundlage für alle folgenden Wirkungen. Aber was unser persönliches Erleben angeht, so geschieht diese Vereinigung mit Christus, wenn wir den Heiland angenommen haben und gleichzeitig durch den Heiligen Geist in Seinem Leib getauft werden. Wenn wir an den Herrn glauben und in Seinem Leib getauft sind, werden die geschichtlichen Ereignisse des Todes und der Auferstehung Christi Teil unserer persönlichen Geschichte. In unserer Lebenspraxis jedoch können diese Wahrheiten Teil unserer täglichen Erfahrung sein, dies muß jedoch nicht immer der Fall sein. Die Tatsache, daß wir mit Christus gekreuzigt worden sind (daß die Sündennatur gebrochen und untätig gemacht worden ist, damit wir der Sünde nicht mehr dienen müssen), ist unveränderlich und hängt nicht davon ab, was ich tue. Aber dies auch in die Praxis umzusetzen, setzt voraus, daß wir bestimmte Bedingungen erfüllen. Eine davon ist, daß wir diese Dinge für wahr halten und mit ihnen rechnen (V.11). Das bedeutet, das Gewicht und die Wahrheit der Tatsachen zu erfassen, die in den Versen 1-10 enthüllt worden sind, und damit zu rechnen, daß sie *für mich* wahr sind. Ich soll alles erwägen, bewerten und für mich in Anspruch nehmen, so daß das Gekreuzigtsein mit Christus für mich bedeutet, daß die Macht der Sünde in meinem Leben gebrochen ist. Daß diese grundsätzliche Überlegung nicht angeführt wird, ist oft der Grund dafür, daß diese Wahrheiten nicht in der täglichen Erfahrung des Gläubigen umgesetzt werden. Das, was unser Herr getan hat, macht es uns möglich, das christliche Leben zu leben. Um diese Möglichkeit in die Praxis umzusetzen, sind eine ganze Anzahl von anderen Faktoren notwendig, von denen viele die Betätigung des menschlichen Willens beinhalten. Wir können uns nicht entscheiden, die Vereinigung mit Christus zu vollziehen oder zu brechen, aber wir können darüber entscheiden, ob wir diese Segnungen genießen oder nicht. Wir können weder die neue Natur erschaffen noch die Macht der alten brechen, aber wir können uns entscheiden, auf die alte Natur zu hören, und ihr folgen, auch wenn ihre Macht gebrochen worden ist. Wenn jemand in einem Land unter einem Diktator lebt, hat er keine andere Wahl, als den Gesetzen des Diktators zu gehorchen. Wenn der Diktator durch ein demokratisches Regime gestürzt und ins Exil geschickt wird, sind die Staatsbürger frei, um eine neue Art des Lebens zu leben. Aber es ist denkbar, daß es manche im Land gibt, die den abgesetzten Diktator vorziehen und ihm gerne dienen, auch wenn seine Macht gebrochen worden ist. Um ihm zu dienen, könnten sie seine Anweisungen über einen geheimen Sender empfangen und sie ausführen und somit die Freiheit ablehnen, die sie jetzt haben könnten. Die Sündennatur ist wie ein abgesetzter Diktator, der durch den Tod Christi gestürzt wurde. Christen sind Staatsbürger des Himmels mit einer neuen Freiheit, ein Gott wohlgefälliges Leben zu leben. Aber die Sündennatur ist weder ausgelöscht worden, noch ist der Wille des einzelnen vernichtet worden. Also ist es möglich, willentlich den Eingebungen der Sünde Gehör zu geben und ihnen zu folgen. Aber es wird der Sünde nie möglich sein, die Herrschaft und die Kontrolle wiederzugewinnen, wie sie diese vor der Bekehrung hatte.

Teil II:
PERSÖNLICHE VERANTWORTUNG

Kapitel 6

Wie werden wir geheiligt?

Einen Titel wie diesen in einem einzigen Kapitel abzuhandeln, ist natürlich eine Anmaßung, denn das ist in Wirklichkeit die Frage, die das ganze Buch zu beantworten sucht. Aber ich wage es, diesen Titel hier zu verwenden, da wir jetzt die verschiedenen Personen und Faktoren genau betrachten, die am Heiligungsprozeß beteiligt sind. Wir haben einige biblische Grundlagen für eine geistliche Lebensweise gelegt. Wir müssen uns jetzt der Untersuchung unserer persönlichen Verantwortlichkeit zuwenden, die entscheidend für die Praxis des wahren geistlichen Lebens ist. In diesem Abschnitt werden wir verschiedene spezifische Gebiete der Verantwortung betrachten, aber zuerst müssen wir auf die Fragen "Was ist Heiligung?" und "Wer oder was heiligt den Christen?" eine Antwort finden.

Was ist Heiligung? Das Wort "heiligen" bedeutet grundsätzlich absondern. Es hat dieselbe Wurzel wie die Wörter "Heilige" und "heilig". Für Christen hat die Heiligung drei Aspekte. Der erste wird meist stellungsmäßige Heiligung genannt. Es handelt sich um die Stellung, die jeder Gläubige genießt, weil er durch den Glauben an Christus in die Familie Gottes aufgenommen ist. Sie beinhaltet, als Mitglied des Hauses Gottes abgesondert zu sein, und gilt ohne Rücksicht auf den Grad der geistlichen Reife des einzelnen. Den fleischlichen Korinthern mit all ihren sündhaften Problemen schrieb Paulus: "... aber ihr seid abgewaschen, aber ihr seid geheiligt, aber ihr seid gerechtfertigt worden durch den Namen des Herrn Jesus und durch den Geist unseres Gottes" (1.Kor.6,11; die Zeitform der griechischen Zeitwörter deutet eine vollendete Tatsache an). In einem Sinn dieses Wortes sind alle Gläubigen Heilige, weil sie geheiligt sind (siehe auch 1.Kor.1,2; Hebr.10,10).

Der zweite Aspekt der Heiligung ist das gegenwärtige, erfahrungsmäßige oder fortschreitende Werk, während unseres ganzen christlichen Lebens in der Absonderung zu bleiben. Jede Ermahnung im Wort Gottes zu einem gottesfürchtigen Leben ist mit diesem Aspekt der Heiligung verbunden (1.Petr.1,16), und mit diesem Bereich ist auch das geistliche Leben verknüpft.

In einer Hinsicht sind wir jedoch nicht völlig abgesondert für Gott bis zu dem Tag, wenn wir Christus sehen und so werden, wie Er ist (1.Joh.3,1-3). Also gibt es einen Aspekt der Heiligung, der endgültige Heiligung genannt werden kann. Diese findet erst statt, wenn wir mit Auferstehungsleibern vollständig verherrlicht werden (Eph.5,26-27; Jud.24-25). Fortschreitende Heiligung ist der Prozeß des Reifens in einem Leben, das unsere Stellung angemessen widerspiegelt, während endgültige Heiligung dann eintritt, wenn unser Handeln mit unserer Stellung vollkommen übereinstimmt.

Es gibt eine ausgezeichnete, wenn auch recht einfache Darstellung dieser drei Phasen der Heiligung. Sie handelt von einem kleinen Mädchen, das gerade aus einem Süßwarenladen herauskommt, in dem es sein Taschengeld für einen Lutscher ausgegeben hat. Sie sieht ihre beste Freundin auf sich zukommen. Da sie ein gut erzogenes Kind ist, weiß sie, daß sie, wenn ihr nicht bald etwas einfällt, verpflichtet sein wird, ihren Lutscher der Freundin anzubieten. Sie löst ihr Problem schnell, indem sie beide Seiten des Lutschers abschleckt, bevor ihre Freundin sie erreicht hat. Durch das Abschlecken sondert sie den Lutscher für sich ab; ihre Freundin will ihn so nicht mehr haben. Dies kann mit der stellungsmäßigen Heiligung verglichen werden. In dem Moment, in dem ich den Herrn als Heiland annehme, sondert Gott uns für sich selbst ab - augenblicklich, gewiß und für immer.

Aber dieses Abschlecken bedeutet nicht die Verwendung des Lutschers. Das erledigte das Mädchen danach. Sie schleckte den Lutscher weiter und machte damit den Lutscher praktisch zu dem, was er stellungsmäßig war - zu ihrem völligen Eigentum. Das ist wie beim fortschreitenden Prozeß der Heiligung, er dauert das ganze Leben lang. Aber schließlich kommt der Moment, wo der Lutscher ganz in ihrem Mund und in ihrem Bauch ist, er ist völlig in ihrem Besitz. So wird es mit uns sein, wenn wir bei Christus sein werden. Wir werden völlig geheiligt oder abgesondert sein, Sein vollständiges Eigentum. Aber gerade der Prozeß, durch den wir in der Praxis zu dem gemacht werden, was wir der Stellung nach sind und einmal für immer sein werden, hat mit einem reifen geistlichen Leben zu tun. Er kommt durch verschiedene Personen und Mittel zustande. Es ist eine falsche Vereinfachung, wenn man behauptet, daß Gott alles tut, und es ist eine falsche Annahme, wenn man denkt, daß Er es ohne Mittel tut.

Das Werk Gottes bei der Heiligung

Die meisten Prediger, die über das siegreiche Leben reden, heben entweder das Werk Christi hervor, der im Gläubigen wohnt und Heiligung bewirkt, oder den Dienst des Heiligen Geistes. Eigentlich lehrt die Schrift, daß alle Personen der Gottheit diesbezüglich einen Dienst ausüben. Am Beispiel des Weinstocks und der Reben erklärt unser Herr, daß der Vater der Weingärtner ist, der die fruchtlosen Reben reinigt, damit sie mehr Frucht bringen (Joh.15,2). Es ist der Vater, an den der Herr Sein Gebet richtet: "Heilige sie durch die Wahrheit: dein Wort ist Wahrheit" (Joh.17,17). Der Apostel Paulus betete: "Der Gott des Friedens heilige euch völlig" (1.Thes.5,23).

Auch der Sohn hat bei der Heiligung des Gläubigen eine bedeutende Aufgabe. Es ist Christus, der im Gläubigen wohnt und durch dessen Kraft der Christ befähigt wird, ein Gott wohlgefälliges Leben zu leben (Gal.2,20). Es ist die Absicht des Herrn, die Gemeinde zu heiligen und zu reinigen, um sie am Tag seines Erscheinens ohne Flecken darzustellen (Eph.5,26-27; vgl. Kol.1,22). Der Tod des Herrn ist die Basis für unsere Stellung als Heilige (Hebr.13,12; vgl. 10,10), und der Herr wird im gleichen Brief als Vermittler unserer fortschreitenden Heiligung bezeichnet (Hebr.2,11; das Partizip und das Verb stehen im Griechischen im Präsens, was eine andauernde Handlung andeutet).

Und doch, um der Betonung der Schrift treu zu bleiben, müssen wir festhalten, daß dem Werk des Heiligen Geistes im Prozeß der Heiligung Vorrang gegeben wird. Das Ziel der Heiligung ist es, dem Bild Christi gleichförmig zu werden, und es ist der Geist, der uns "in dasselbe Bild von Herrlichkeit zu Herrlichkeit" verwandelt (2.Kor.3,18). Durch die Kraft des Geistes töten wir die Handlungen des Leibes (Röm.8,13). Der Heilige Geist ist der Geist der Weisheit und Offenbarung in der Erkenntnis Christi (Eph.1,17). Die Liebe Gottes wird durch den Geist in unsere Herzen ausgegossen (Röm.5,5). Und natürlich finden wir die beste Beschreibung von Christusähnlichkeit in der Aufzählung der Frucht des Geistes (Gal.5,22-23). Es ist das eindeutige Werk des Geistes, der in jedem Gläubigen wohnt, in seinem Leben wirksam und andauernd zu arbeiten, damit jeder mit der Fülle Gottes erfüllt werden kann und würdig der Berufung wandelt, mit der wir berufen sind.

Das Werk des Gläubigen bei der Heiligung

Hier besteht vielleicht mehr als auf irgendeinem anderen Gebiet die Notwendigkeit, ein Gleichgewicht zu halten. Wir neigen dazu, Schwerpunkte in der Bibel zu verdrehen. Gerade auf diesem Gebiet müssen wir erkennen, daß die Heiligung, obwohl sie ein Werk Gottes ist, zugleich auch ein Werk des Gläubigen ist. Wir begegnen hier einer weit verbreiteten Art der passiven Frömmigkeit, die jegliche Tätigkeit des Menschen als "fleischlich" ausschließt. Das Motto dieser Lehre ist: "Laß los und laß Gott handeln." Diese Betonung ist völlig berechtigt, wenn es um die Frage der Hingabe geht. Wir müssen unseren Willen, unsere Lüste, unseren Ehrgeiz loslassen und unser Leben unter die Führung Gottes stellen. Aber bei der fortschreitenden Heiligung spielt auch der Gläubige eine bestimmte Rolle, und diese Rolle darf er auf keinen Fall "loslassen". Eine typische Aussage dazu:

Die große und herrliche Tatsache ist die, daß Gott mit der Gabe des Heiligen Geistes dir alles gab, was du für dein christliches Leben und den Dienst brauchst. Es spielt keine Rolle, was du bist oder was du nicht bist, es spielt keine Rolle, was du tun kannst oder was du nicht tun kannst - du hast alles in Ihm. Er ist nicht dazu gegeben worden, um dir zu helfen, wenn du dein Bestes tust; er ist dir gegeben worden, um alles zu tun, weil Gott selbst über das Allerbeste, das du tun kannst, geschrieben hat, daß es "nichts Gutes ist". [...] Glauben bedeutet, den Weg freizumachen und Ihn arbeiten zu lassen. Glauben bedeutet, "loslassen und Gott tun lassen." [...] Die einzige "Übergabe", die Er von dir fordert, ist, daß du aufhörst zu arbeiten und Ihn alles tun läßt.
(David Tyron, *But How*, S.16-17)

Wenn dies wahr ist, ist jeder Befehl im Neuen Testament ein unsinniges Gebot, an die falsche Person gerichtet. Aber dies ist nicht der Fall, denn die Schrift sagt sehr einfach, daß ich bestimmte Dinge tun soll und dieses eine entscheidende Rolle im Prozeß der Heiligung spielt. Wie sollten wir Verse wie diesen sonst verstehen: "Da wir nun diese Verheißung haben, Geliebte, so wollen wir uns reinigen von jeder Befleckung des Fleisches und des Geistes und die Heiligung vollenden in der Furcht Gottes." (2.Kor.7,1). Und es gibt natürlich Dutzende von anderen Stellen, die uns gebieten, Dinge zu tun, die ein Teil des gesamten Prozesses der Heiligung sind. Dem einzelnen wird geboten, gewisse Dinge zu tun, wie z.B. den Götzendienst zu fliehen (1.Kor.10,14), die jugendlichen Lüste zu fliehen (2.Tim.2,22), Dinge sorgfältig zu bedenken (1.Tim.4,15), unheilige und altweiberhafte Fabeln abzuweisen (1.Tim.4,7), eines anderen Last zu tragen (Gal.6,2). Natürlich wird derjenige, der die menschliche Tätigkeit bei der Heiligung weniger betonen will, sagen, daß solche Verse bedeuten, daß wir dies den Heiligen Geist (oder den innewohnenden Christus) durch uns tun lassen sollen. Aber auch in den Versen, in denen die Rolle des Geistes bei der Ausführung der Ermahnungen erwähnt wird, wird der einzelne als ein notwendiger Teil des Prozesses einbezogen. Man beachte das sorgfältige Gleichgewicht zwischen der einzelnen Person und dem Geist bei der grundlegenden Aufforderung, die Handlungen des Leibes zu töten: "... wenn ihr aber durch den Geist die Handlungen des Leibes tötet, so werdet ihr leben" (Röm.8,13). Das Subjekt des Zeitwortes "tötet" ist "ihr", nicht "Geist". Nichtsdestoweniger, was ich tue, tue ich "durch den Geist". Gottes Werk ist nicht aufgehoben, weil ich wirke; noch ist Gottes Wirken immer getrennt von meinem Wirken. Auch wenn es darum geht, im Geist zu wandeln, ist das Menschliche und das Göttliche vereint (Gal.5,16). Das Leben, das die Lüste des Fleisches nicht erfüllt, ist das Leben, das durch den Geist wandelt, und doch bin ich es, dem geboten wird, durch den Geist zu wandeln. Auch Galater 2,20 erinnert uns daran, daß Christus in mir lebt und ich das Leben dennoch lebe. In der Schrift ist es ziemlich klar, daß es eine Wechselbeziehung und eine Verbindung der menschlichen und göttlichen Wirkungen bei der Heiligung gibt. Wenn man das eine oder das andere ausschließt oder weniger betont, hat man einen wichtigen Aspekt der Wahrheit verfehlt, und das Ergebnis ist ein unausgewogenes, mangelhaftes geistliches Leben.

Andere Mittel der Heiligung

Nicht nur Gott und wir haben Anteil am gesamten Prozeß der Heiligung, es gibt auch viele andere Mittel der Gnade, die in der Schrift geoffenbart sind:

1. Das Wort Gottes

Der Herr hat gebetet, daß der Vater die Gläubigen heiligen möge durch Sein Wort (Joh.17,17). Die frühe Gemeinde fand es wichtig, in der Lehre der Apostel zu verharren (Apg.2,42). Unser Herr selbst dient als das beste Beispiel dafür, wie notwendig es ist, das Wort zu kennen und richtig einzusetzen, um der Versuchung zu begegnen (Mt.4,1-11). Das Allerwichtigste bei den Missionsreisen des Paulus war die Verkündigung des Wortes Gottes (Apg.13,5.44.46; 17,2; 18,4; 20,32). Der Gebrauch des Wortes ist grundlegend und entscheidend wichtig für die Heiligung.

Dies beinhaltet alle Bereiche des Wortes Gottes. Genau wie neugeborene Kinder ein Bedürfnis nach der unverfälschten Milch ihrer Mutter haben, sollten Gläubige die reine, geistliche Milch begehren, die in der Schrift zu finden ist (1.Petr.2,2). Der Ausdruck "wie neugeborene Kinder" bedeutet nicht, daß die Milch des Wortes nur für Neubekehrte ist. Vielmehr zeigt er eine Übereinstimmung zwischen dem Wunsch des Neugeborenen und dem Bedürfnis jedes Gläubigen. Niemand möchte über die Notwendigkeit hinaus immer wieder über die grundlegenden Aussagen des Wortes nachsinnen. Es geht aber nicht darum, daß reife Christen die Milch des Wortes nicht mehr verwenden sollten, sondern das Problem besteht darin, daß unreife Christen damit zufrieden sind, nie über das Kleinkindalter hinauszukommen. Also muß die "feste Speise" der Bibel auch ein Teil der Nahrung des Gläubigen sein, damit er ein gut entwickeltes und fest gegründetes geistliches Leben haben kann.

Zwei Extreme sollte man beim Gebrauch der Bibel zur Heiligung vermeiden. Das eine könnte als geistliche Schizophrenie bezeichnet werden, eine "Art Psychose, charakterisiert durch den Verlust des Bezugs zur Wirklichkeit und durch die fehlende Einbeziehung der Persönlichkeit." Mit anderen Worten, der geistlich Schizophrene ist ein Mensch, der der Bibel nie erlaubt, mit seiner Situation in Kontakt zu treten. Seine Rechtgläubigkeit ist ohne Tadel, aber seine Praxis läßt viel zu wünschen übrig. Oder mit den Worten der Schrift: Er ist ein Hörer und nicht ein Täter des Wortes. Seine Kenntnis des Wortes findet keinen Niederschlag in den Gewohnheiten seines Lebens. Wir dürfen nie Lehre und Praxis trennen.

Über die Jahre meines Lehrdienstes habe ich einige persönliche Eigenarten entwickelt. Ich bin sicher, daß manche mir unbewußt sind, aber eine, die ich kenne, ist meine unveränderliche Reaktion auf den Gemeinderedner, der seine Botschaft wie folgt beginnt: "Heute, liebe Zuhörer, werde ich sehr praktisch in meiner Botschaft sein. Ich werde die Lehre euren Lehrern und dem Seminarraum überlassen - ich möchte nur praktisch sein." Wenn der Sprecher so weit gekommen ist, habe ich schon abgeschaltet, denn er hat den grundlegenden Fehler gemacht, die Lehre von der Praxis zu trennen. Alle Lehre ist praktisch, und alle Praxis muß auf gesunde Lehre gegründet sein. Lehre, die nicht praktisch ist, ist keine gesunde Lehre, und Praxis, die nicht lehrmäßig ist, ist nicht richtig gegründet.

Anscheinend sind es Männer (im Gegensatz zu Frauen), die diese Warnung besonders brauchen, denn Jakobus erklärt, daß derjenige, der in das Wort hineingeschaut hat und weggeht, ohne sein Leben zu ändern, wie ein Mann ist (das griechische Wort, das in Jakobus 1,23 verwendet wird, bezeichnet den Mann), der in einen Spiegel schaut und sogleich vergißt, was er gesehen hat. Das Bild ist sehr zutreffend, denn wenn ein Mann in den Spiegel schaut und etwas sieht, das nicht in Ordnung ist, bemüht er sich meistens nicht, die Situation zu beheben. Aber nichts kann eine Frau von einem Spiegel wegbringen, bis sie nicht völlig zufrieden und überzeugt ist, daß alles in Ordnung ist. So ist es unglücklicherweise auch mit der Bibel. Da die Männer weniger empfindsamer sind als die Frauen, sind sie auch weniger geneigt, sich durch das Wort ansprechen zu lassen. Auch Paulus spricht von der Verantwortung, die der Mann trägt, das Wort zu kennen und zu praktizieren. Wenn Frauen ihren Männer zu Hause biblische Fragen stellen sollen, setzt dies offensichtlich voraus, daß der Mann die Antworten kennt (1.Kor.14,35). Also müssen besonders die Männer, aber auch alle Gläubigen, das Wort kennen und ihre Erkenntnis in die Praxis umsetzen.

Das andere Extrem, das vermieden werden sollte, ist der Mystizismus. Pseudogeistliche Leute sind oft damit behaftet.

Einige der Symptome sind: "Der Herr führte mich dazu, nicht zur Gemeindeversammlung zu gehen"; "Der Herr gab mir heute morgen einen solch wunderbaren Gedanken über die und die Verse" - ein Gedanke, der bei einer Untersuchung der Verse nirgends zu finden ist; "Ich brauche niemanden, der mich die Bibel lehrt - der Heilige Geist ist der einzige Lehrer, den ich brauche." Natürlich lehrt uns der Heilige Geist die Bedeutung des Wortes, und Sein Dienst ist unentbehrlich (Joh.16,13; 1.Kor.2,12). Aber die Bibel sagt nicht, daß Sein Dienst des Lehrens immer unmittelbar ist. Tatsächlich wird in den meisten Fällen durch begabte Lehrer vermittelt, die Gott der Gemeinde gibt oder früher gegeben hat. Manchmal kann dieser Dienst direkt sein, wenn jemand beharrlich und einsichtig die Bedeutung einer Stelle erforscht. Aber oft wird Er durch die Predigt eines Bruders wirksam, durch den Unterricht des Lehrers oder eine Konkordanz oder andere Bücher von lebenden und verstorbenen Männern.

Ein rein mystischer Zugang zum Verständnis des Wortes kann zu einigen ernsten Fehlern führen. Erstens kann es zu Unwissenheit über das Wort kommen, da man eine Ausrede hat, das Wort nicht zu studieren. Menschen können warten, bis ihnen etwas "gegeben" wird, dies kann völlig falsch sein, weil sie nicht die wahre Bedeutung der Stelle kennen, über die sie nachsinnen. Man kann sich einreden, daß der Herr selbst einem diese besondere Bedeutung geoffenbart hat, und sich so selbst blenden, daß man überzeugt ist, daß dies die wahre Bedeutung oder eine tiefere Bedeutung ist, die niemand anders jemals gesehen hat. Die Schrift wird dann nicht länger ein Führer für unser Leben sein, sondern eine Ausrede für unsere Taten.

Der Mystizismus kann auch sehr seltsame oder falsche "Führung des Herrn" zur Folge haben. Ich habe pseudogeistliche Leute in führenden Stellungen gehört, die sagten, daß der Herr sie dazu geführt habe, nicht die Versammlungen der Gemeinde zu besuchen, sondern ihre eigene Versammlung zu Hause zu halten und damit in Konkurrenz zu der Gemeinde zu treten, zu der sie noch gehören und der sie dienen, wenn es ihnen gerade paßt. Wie traurig ist es für einen Studenten, der sich durch eine Morgenandacht "vom Herrn geführt" glaubt, die Schule zu verlassen (meistens ist es der Morgen nach einem schlechten Examen). Was ist mit dem Ruf Gottes für sein Leben geschehen? Welche Art von Führung war es, die ihn sicher

machte, daß Gott ihn an diese Schule führte? Es ist sehr leicht
von einer mystischen Meditation, die nicht von der Erkenntnis
bestimmt ist, zu der Behauptung zu kommen, "Der Herr führte
mich", und damit seine Handlung zu rechtfertigen bei vorhan-
dener Unwissenheit über das Wort. Das ist Wunschdenken,
nicht geistliche Führung.

Wie kann ich dann das Wort gewinnbringend studieren,
damit der Herr es als ein Mittel zur Heiligung meines Lebens
verwenden kann? Die Antwort ist sehr einfach: Es muß gelesen, verstanden und befolgt werden. Das "Geheimnis" des Le-
sens ist Beharrlichkeit, und es ist besser, täglich etwas vom
Wort zu lesen, als wöchentlich einmal einen großen Abschnitt
und dann nichts mehr. Meine eigene Meinung ist, daß der junge
Christ mit dem biblischen Buch anfangen sollte, das ihn interessiert, statt dem zu folgen, was jemand anderes ihm vor-
schreibt. Aber wichtig ist lesen, lesen und nochmals lesen.

Zum Verständnis des Wortes gibt es manche Hilfsmittel.
Das erste ist eine leicht verständliche Übersetzung. Für manche
bedeutet dies, eine der revidierten Übersetzungen zu verwenden, während andere eine der guten freieren Übersetzungen
vorziehen werden, die heute erhältlich sind.

Eine andere grundlegende Hilfe, um die Bibel zu verstehen -
die oft übersehen wird - ist ein deutsches Wörterbuch. Wörter
wie Efa, Ephod, Narde und Tamburin werden im Wörterbuch
definiert. Auch die theologischen Ausdrücke wie Pfingsten,
Gemeinde und Geheimnis werden in ihrer theologischen Bedeutung erklärt. Ich bin sicher, daß viele Leute die Bibel nicht
verstehen, weil sie die Bedeutung der deutschen Wörter, die sie
lesen, nicht verstehen. (Dies ist oft peinlich offensichtlich,
wenn man jemanden die Schrift laut im Gottesdienst lesen
hört!)

Wenn Sie die Bedeutung der Worte verstehen, die Sie lesen,
dann studieren Sie weiter aufgrund der Annahme, daß diese
Worte das meinen, was sie sagen. Nehmen Sie an, daß Gott Ihnen etwas durch Sein Wort sagen will und daß Er Sie nicht
verwirren oder irreführen will, sondern einfach zu Ihnen
spricht. Suchen Sie nicht nach "versteckten Bedeutungen" oder
irgendeiner "tieferen Auslegung". Kümmern Sie nicht um das,
was Sie noch nicht verstehen, sondern beschäftigen Sie sich mit
dem, was Sie klar verstehen. Wenn Sie beharrlich sind, werden
Sie entdecken, daß die Bibel Ihnen immer verständlicher wird.

Wenn Sie die Bibel gründlicher verstehen wollen, verwenden Sie einige der vielen ausgezeichneten Hilfsmittel, die heute erhältlich sind. Es gibt Kommentare für Laien, die gut und preiswert sind. Die Verwendung einer Konkordanz wird Sie zu Wahrheiten leiten, die Sie vorher nicht erkannt haben. Nehmen Sie einfach ein Wort (wie z. B. Angst) und verfolgen Sie seinen Gebrauch durch die Bibel. Ein Hausbibelkreis oder ein Abendkurs, der von einer Bibelschule unterstützt wird, gibt eine systematische Ausbildung und ist eine lohnende Investition. Manche Bibelschulen haben Fernkurse, die zu Hause dem eigenen Lerntempo gemäß durchgearbeitet werden können.

Aber, wie wir schon vorher bemerkt haben, Erkenntnis ohne Gehorsam ist fruchtlos. Also, antworten Sie auf das, was Sie studieren, immer so, daß Sie näher zu Gott gezogen werden, und nie so, daß Sie von Ihm weggezogen werden. Dem, der beharrlich ist und gehorcht, gibt Gott zunehmendes Verständnis für Seine Wahrheiten und Seinen Willen. Der Heilige Geist ist im besonderen geschickt worden, um uns Verständnis über Christus zu geben, und Er, der der göttliche Autor des Wortes ist, wird bei diesem Werk nicht scheitern.

2. Das Gebet

Ein zweites Mittel der Heiligung ist das Gebet. Auch das war eine Eigenschaft der frühen Gemeinde (Apg.2,42; vgl. 3,1; 4,24; 6,4; 9,40; 10,4.31; 12,5; 13,3; 16,13.16; 28,8) und ist den Gläubigen aufgetragen worden. Unser Herr wollte, daß wir "allezeit beten und nicht ermatten sollten" (Lk.18,1). Das Wort "ermatten" bedeutet "entmutigt oder müde werden". Der Apostel Paulus gebot: "Haltet fest am Gebet, und wacht darin mit Danksagung." (Kol.4,2). Er sagte auch: "Betet unablässig!" (1.Thes.5,17). Obwohl dies bekannte Verse sind, sagen sie nicht genau das gleiche. Das Wort "allezeit" in Lukas 18,1 ist das übliche Wort im Neuen Testament für "immer" und bedeutet "in jeder Situation und allen Umständen". Das Wort "festhalten" in Kolosser 4,2 ist ein zusammengesetztes Zeitwort, aufgebaut auf die Wurzel, die "Stärke" bedeutet, und meint "Stärke geben" oder auch "gib deine Kraft dem Gebet". Wir könnten auch übersetzen "gebt euch dem Gebet hin" oder sogar "verwendet eure Kraft für das Gebet". Der Grundgedanke ist, daß wir im Gebet energisch sein sollten. Der Begriff des unablässigen Betens (1.Thes.5,17) ist dem Verlauf eines trokkenen Hustens vergleichbar. Der Hustenreiz ist ständig im Hals spürbar, aber er bricht nur zu bestimmten Zeiten als Husten aus. Das ist mit dem Begriff des unablässigen Betens gemeint. Wir sollten ständig in einer Haltung des Gebets sein, und diese Haltung wird sich öfters während des Tages im Gebet ausdrükken. Gebet ist ein wesentliches Mittel zum Wachstum in der Heiligung.

Aber das praktische Problem, das die meisten im Gebet haben, ist, wie betet man im Willen Gottes, damit man eine Antwort erwarten kann? Gebetsverheißungen haben immer eine Bedingung - "nach seinem Willen" (1.Joh.5,14), "glaubend" (Mt.21,22), "wenn ihr in mir bleibt und meine Worte in euch bleiben" (Joh.15,7). Es wäre einseitig, wenn wir das Gebet nur als einen Blankoscheck darstellen, den Gott an einen Gläubigen gibt. Auch ein Blankoscheck muß richtig ausgefüllt werden, damit man ihn einlösen kann. Und um einen Scheck auszufüllen, muß man bestimmte Dinge können, z. B. schreiben, das Datum und die richtige Summe einsetzen. Keine Bank wird einen Blankoscheck einlösen, wenn er nicht richtig ausgefüllt ist, da nützt auch die Unterschrift nichts. Wenn er richtig ausgefüllt ist, kann man ihn einlösen, auch wenn die Handschrift der Unterschrift eine andere ist als die auf dem restlichen Scheck. So antwortet auch Gott nicht auf Gebete, die blanko dargeboten werden, selbst wenn Er den Scheck unterschrieben hat. Bei unserem Gebet gibt es Bedingungen, die erfüllt werden müssen.

Das Beispiel einer ungewöhnlichen Situation kann uns verstehen helfen, was es bedeutet, im Namen Christi zu beten. Als ich mich darauf vorbereitete, zum Studium ins Ausland zu gehen, mußte ich mich darum kümmern, daß meine Angelegenheiten erledigt wurden, während ich nicht im Lande war. Ich mußte dafür sorgen, daß ich Geld bekommen konnte und jemand sich um meinen bescheidenen Besitz kümmerte. Um dies zu vereinfachen, unterschrieb ich ein Dokument, das als Vollmacht bezeichnet wird. Es war ein langes und detailliertes Dokument, und es gab meinem Vater als Bevollmächtigten das Recht, alles in meinem Namen zu tun. Natürlich kann eine Vollmacht auch nur auf einige Angelegenheiten beschränkt werden. Aber meine war möglichst umfassend, damit alles, was in meiner Abwesenheit passierte, von meinem Vater als Bevollmächtigten erledigt werden konnte. Ich gebe zu, als ich das

Dokument gelesen hatte, war ich beunruhigt darüber, wieviel Macht ich in die Hände eines anderen legte, auch wenn dieser andere mein eigener Vater war. Er hätte Geld in meinem Namen borgen können, und ich wäre dafür verantwortlich gewesen. Er hätte einen teuren Urlaub machen und alle Schecks mit meinem Namen unterschreiben können, und ich wäre verantwortlich gewesen. Ich hatte ihm eine Blankovollmacht gegeben, aber ich war nicht im geringsten besorgt, denn ich wußte, daß mein Vater nie irgend etwas getan hätte, womit ich nicht einverstanden gewesen wäre. Es war ein Blankoscheck, aber ich vertraute meinem Vater, daß er ihn so ausfüllen würde, wie ich es getan hätte.

Gebetsverheißungen sind einer solchen Vollmacht vergleichbar, aber diese Macht wird von einem Kind Gottes, das in der Gemeinschaft mit seinem himmlischen Vater ist, niemals mißbraucht werden. Wenn wir versuchen, sie zu mißbrauchen, wird Gott, der letztendlich über alles die Oberherrschaft hat, unsere Bitte zurückweisen und versuchen, uns an den Punkt zu bringen, wo wir von unserer Vollmacht den rechten Gebrauch machen. Wenn Seine Wort in uns bleiben, werden wir nur um das bitten, was Er gerne haben würde - wir werden Seine Macht nur so ausüben, wie Er es tun würde. Wenn Sie sich hinknien, um die von Gott gegebene Vollmacht zu verwenden, werden Sie sich fragen: "Was will Gott in dieser Situation?" oder "Was würde für Seine Interessen am besten sein?". Dies bedeutet, nach Seinem Willen zu bitten. Das heißt, im Glauben bitten, d.h. in einem Vertrauen, das gewiß ist und auf der Erkenntnis Seines Willens beruht. Glauben entsteht nicht durch eine Art Selbsthypnose, sondern er wird dadurch gestärkt, daß wir den erkennen, an den wir glauben. Eine solche Erkenntnis bekommt man durch das Studium des Wortes Gottes und durch die Erfahrungen, die wir mit Gott während unseres Lebens machen.

3. Die Gemeinschaft und die Anbetung

Die erste Gemeinde legte nicht nur Gewicht auf Lehre und Gebet, sie verharrte auch in der Gemeinschaft und im Brotbrechen. Beides hat mit dem gemeinschaftlichen Gottesdienst der Gemeinde zu tun, was ein weiteres Mittel der Heiligung ist. "Viele Kohlen geben ein gutes Feuer", sagte Samuel Rutherford, und die Bibel bestätigt die Notwendigkeit der verbindlichen Gemeinschaft. Der Schreiber des Hebräerbriefes erinnerte seine Leser: "... und laßt uns aufeinander achthaben, um uns zur Liebe und zu guten Werken anzureizen, indem wir unser Zusammenkommen nicht versäumen, wie es bei einigen Sitte ist, sondern einander ermuntern, und das um so mehr, je mehr ihr den Tag herannahen seht" (10,24.25). Der gemeinschaftliche Gottesdienst sollte mehrere Aspekte umfassen: Ermutigung und Ermahnung (Hebr.10,25), Teilnahme am Mahl des Herrn (Apg.20,7; 1.Kor.11,17 ff.), Lesen des Wortes Gottes (Kol.4,16), Zeugnis für die Ungläubigen (1.Kor.14,24), Predigt durch spezielle Redner (Apg.20,7), Gemeinschaft (1.Kor.5,4-5) und allgemein die Betätigung der geistlichen Gaben (1.Kor.12-14). All diese Dinge sind notwendig, um das geistliche Leben zu fördern, und sie sollten von der örtlichen Gemeinde praktiziert werden.

Manchmal trifft man auf eine unausgewogene Sicht eines siegreichen Lebens, die die örtliche Gemeinde und ihre Aktivitäten geringschätzt und abwertet. Man hört etwa Argumente wie: Weil die Urgemeinde sich in Häusern traf, sollten wir es auch tun. Allzuoft fügt man hinzu: Weil die Gemeinden unsere Betonung eines siegreichen Lebens nicht teilen, sind wir gezwungen, uns auf diese Lehre in unseren Hauskreisen zu spezialisieren. Eine solche Spezialisierung ist meistens auf einen besonderen Mann, eine besondere Gruppe oder besondere Schriften ausgerichtet.

Der Irrtum einer solcher Lehre ist zweifach: Erstens traf sich die Urgemeinde in Häusern, weil sie kein Versammlungsgebäude errichten konnte. Der Ort der Zusammenkunft, wo sie zusammentrafen, ist keine charakteristische Eigenschaft einer örtlichen Gemeinde. Was eine örtliche Gemeinde von irgendeiner Gruppe von Gläubigen unterscheidet, die sich irgendwo treffen, ist, daß die Leute sich als Gläubige bekennen, daß es eine Ordnung in Form von Ältesten und Diakonen gibt und daß die Gruppe die Absicht hat, den Missionsbefehl auszuführen. Zweitens sind solche unorganisierten Gruppen von Leuten, die sich treffen, um ihre Anschauung über ein siegreiches Leben zu verbreiten, meistens im Irrtum, weil sie nicht den ganzen Ratschluß Gottes studieren und verkünden (Apg.20,27). Häufig machen sie sich nicht einmal die Mühe zu evangelisieren, sondern versuchen, lieber Anhänger von anderen christlichen Gruppen zu gewinnen. Deshalb bilden sie keine wirkliche örtliche Gemeinde, auch wenn sie sich in einem Haus treffen wie in Zeiten der Apostel, weil sie die von Gott gegebenen Aufgaben einer örtlichen Gemeinde nicht erfüllen. Gott legt im Neuen Testament starke Betonung auf die Ortsgemeinde, darum sollte uns jede Lehre, die diese Betonung zu mindern sucht, verdächtig sein.

Ein wesentlicher Bestandteil des Gottesdienstes der Gemeinde ist die Befolgung der göttlichen Verordnungen. An und für sich gewähren die Taufe und das Abendmahl keine Gnade, aber sie können vom Geist als Werkzeuge dazu verwendet werden, dem Gläubigen Segen und Hilfe zukommen zu lassen. Die Taufe sollte die zu Taufenden und die, die zuschauen, an ihre Vereinigung mit Christus und das dadurch geschenkte neue Leben erinnern (Röm.6,1-10). Beim Abendmahl erinnern wir uns an den Herrn, sowohl an Sein vollkommenes Leben als auch an die Wirksamkeit Seines Todes. Die richtige Vorbereitung für das Mahl beinhaltet die Selbstprüfung und das Bekenntnis der Sünden, die einem bewußt sind (1.Kor.11,27-32), und wenn dies so praktiziert wird, ist das offensichtlich ein sehr wichtiger Beitrag zur praktischen Heiligung. Es ist eindeutig, daß diese Verordnungen ein Mittel zu unserer Heiligung sein können. Das Tragische dabei ist, daß sie heute oft zur Routine verkommen sind und daß manche Gemeindeglieder sich kaum mit ihrer wahren Bedeutung beschäftigen.

4. Sonstige Mittel der Heiligung

Eine solche Liste aller Mittel für die Heiligung könnte sicherlich sehr lang werden, denn eigentlich kann jede Handlung und jeder Umstand des Lebens uns näher zu Gott bringen. Die allgemeinen Segnungen der Gnade Gottes anzuerkennen, wird einen dankbaren Geist fördern. Natürliche Begabungen können zur Verherrlichung des Herrn verwendet werden und damit Segen bringen für den, der sie gebraucht, und für die, die Nutzen daraus ziehen. Die Einheit zwischen Mann und Frau, die entsprechend der Beziehung zwischen Christus und der Gemeinde angelegt ist, sollte eine ständige Erinnerung daran sein, Ihm wohlgefällig zu leben. Die Beziehung zwischen Eltern und Kindern, Arbeitgebern und Arbeitnehmern, Regierenden und Regierten kann ein Mittel zur Läuterung des Lebens sein. In der Tat kann jeder Umstand Gottes Kindern zum Guten dienen

(Röm.8,28). *"Seine Gnade hat endlose Horizonte, und die Mittel, durch die sie übermittelt wird, sind so vielfältig und vielgestaltig wie das Leben selbst."* (Frank E. Gaebelein, *"Other means of Grace"*, Basic Christian Doctrines, S.267)

Die grenzenlose und vielfältige Versorgung mit Gottes Gnade steht außer Frage. Gott tut Seinen Teil. Aber wie wir gesehen haben, muß auch der Mensch seinen Teil dazu beitragen. Obwohl Gott fähig ist, Beziehungen und Umstände zu unserem Besten zu gebrauchen, können wir die Gnade Gottes in dieser Sache verhindern. Also ist es von großer Wichtigkeit, sich der Tatsache bewußt zu sein, daß Gott durch verschiedene Erfahrungen des Lebens arbeitet und daß wir versuchen, die Lektionen zu lernen, die er uns gibt. Ein sehr praktischer Vorschlag diesbezüglich ist: Versuchen Sie täglich zu beten, daß jede Reaktion auf jedes Ereignis dieses Tages Sie näher zu Gott bringt und nie von Ihm weg. Bitten Sie Ihn, alle Gefühle und Haltungen zu unterdrücken, die dem Dienst Seiner Gnade in Ihren Alltagssituationen hinderlich sind. Wir haben für unsere Heiligung Gnadenmittel in Hülle und Fülle zur Verfügung, laßt sie uns zu Seiner größtmöglichen Verherrlichung nutzen!

Kapitel 7

Hingabe

Es gibt vielleicht nichts Wichtigeres in bezug auf das geistliche Leben als die Hingabe. Und doch wird dieser grundlegende Begriff oft mißverstanden, besonders dann, wenn er zu einem Teil der "Formel" für siegreiches Leben gemacht wird. Einige bezeichnen Hingabe als die Antwort auf alle Probleme des christlichen Lebens; andere schenken ihr wenig Beachtung; und die meisten verstehen den Stellenwert der ständigen Hingabe in dieser Sache nicht. Wenn man in diesem Punkt verworrene Ansichten hat, fügt man der Lehre über das geistliche Leben als Christen Schaden zu.

Die Basis der Hingabe

Überall in der Schrift ist der Ruf zur Hingabe gegründet auf schon gewährte Segnungen. Gott ruft Seine Kinder auf, ihr Leben hinzugeben, aufgrund dessen, daß er sie reichlich gesegnet hat. In beiden Testamenten werden die Segnungen mit der Stellung Seines Volkes verbunden, entweder im Volk Israel oder in der Gemeinde, dem Leib Christi. Obwohl es viele "Erbarmungen Gottes" gibt, die den Gläubigen zur Hingabe motivieren sollten, ist die wichtigste, die uns zur Hingabe führen sollte, wohl die Erlösung. Die "Erbarmungen Gottes" aus Römer 12,1, die die Grundlage für die Aufforderung des Paulus an die Gläubigen bilden, ihren Leib als lebendiges Opfer darzustellen, beinhalten gewiß die zuvor zweimal erwähnte Erlösung. In Römer 3,24 hat der Apostel seine Leser daran erinnert, daß sie ihre Stellung in Christus, als von einem gerechten Gott Gerechtfertigte, empfangen haben "durch die Erlösung, die in Christus Jesus ist". Der gleiche Aufruf erfolgt in 1. Korinther 6,19-20: "Oder wißt ihr nicht, daß euer Leib ein Tempel des Heiligen Geistes in euch ist, den ihr von Gott habt, und daß ihr nicht euch selbst gehört? Denn ihr seid um einen Preis erkauft worden; verherrlicht nun Gott mit eurem Leib." Das Wort, das mit "erkauft" übersetzt wird, ist das griechische Wort für "erlösen" , also wird auch hier die Erlösung zur Grundlage für die Ermahnung, Gott in unserem Leib zu verherrlichen.

Weil die Erlösung für die Hingabe so grundlegend ist, sollten wir einige Aspekte näher betrachten, die dieser Begriff beinhaltet. Die Lehre des Neuen Testaments über die Erlösung ist auf drei Wörter aufgebaut, die uns die Bedeutung dieses Begriffs vermitteln. Das erste ist ein einfaches Wort, es bedeutet "kaufen" oder etwas für einen Preis erwerben, für etwas bezahlen. Es wird z. B.in dem Gleichnis vom Schatz im Acker auf alltägliche Weise verwendet; der Mann kaufte (erlöste) das Feld (Matt.13,44). In bezug auf unser Heil bedeutet das Wort, den Preis zu bezahlen, den unsere Sünde erfordert, auf daß wir erlöst werden können (Off.5,9; 2.Petr.2,1). Und nur durch das Blut Christi kann dieser Preis bezahlt werden.

Das zweite Wort für Erlösung ist dasselbe Wort wie das erste, nur mit einer Präposition als Vorsilbe. Dies verstärkt die Bedeutung in einer Weise, die leicht wiedergegeben werden kann, denn die Vorsilbe bedeutet "aus...heraus". Weil die Wurzel des Wortes "Erlösung" das Wort für Marktplatz ist (also: den Preis auf dem Markt bezahlen), bedeutet dieses zweite Wort, etwas aus dem Markt herauszukaufen. Aus diesem zweiten Wort kann man erkennen, daß der Tod Christi nicht nur den Preis unseres Heils bezahlte, sondern uns auch vom Marktplatz der Sünde herausgebracht hat, um uns die Gewißheit zu geben, daß wir nie wieder unter die Knechtschaft und Strafe der Sünde zurückgebracht werden. Christus kam auf diese Welt, "um die loszukaufen, die unter dem Gesetz waren, damit wir die Sohnschaft empfingen" (Gal.4,5). Die Verwendung des zusammengesetzten Wortes in diesem Vers versichert uns, daß wir nie diese Sohnschaft verlieren und zur Knechtschaft zurückgebracht werden können.

Das dritte Wort für Erlösung ist ein ganz anderes griechisches Wort und bedeutet, daß die gekaufte Person auch entlassen und im umfassenden Sinn des Wortes freigemacht wird. Paulus sagt, daß der Tod Christi deshalb geschah, "damit er uns loskaufe von aller Gesetzlosigkeit und sich selbst ein Eigentumsvolk reinigte, das eifrig sei in guten Werken" (Tit.2,14). Also bedeutet Erlösung im umfassenden Sinn, daß die Gläubigen durch das vergossene Blut Christi gekauft, herausgebracht und befreit sind.

Weil Erlösung den Gedanken der Freiheit beinhaltet, bedeutet dies, daß das Kind Gottes nicht automatisch ein Knecht des neuen Herrn ist, der ihn gekauft hat. Wenn dies so wäre, wäre die Knechtschaft des Sünders nur von einem Herrn (Sünde) auf einen anderen (Christus) übergegangen. Die Wahrheit ist, daß Christus uns gekauft hat, damit wir frei werden, und er nimmt keine unwilligen Knechte oder Sklaven in Seinen Dienst. Das ist auch der Grund dafür, daß wir im Neuen Testament eher Ermahnungen und Ermutigungen als Befehle lesen, wenn es darum geht, uns selbst freiwillig dem Herrn darzustellen in der Hingabe unseres Lebens. Um es anders auszudrücken, die, die frei gemacht worden sind aus der Knechtschaft der Sünde, werden aufgefordert, freiwillig in ein neues Dienstverhältnis zu treten, und diese Aufforderung ergeht aufgrund der Handlung, die sie befreit hat. Der furchtbare Kaufpreis, den der Sohn Gottes mit Seinem Leben am Kreuz bezahlt hat, sollte mehr als genügend Motivation sein, um in jedem Kind Gottes den brennenden Wunsch zu wecken, dem Herrn eben die geschenkte Freiheit zurückzugeben.

Das alles wird sehr schön versinnbildlicht durch eine Vorschrift im Gesetz des Mose. Der hebräische Sklave, der von seinem hebräischen Herrn im siebenten Jahr freigelassen werden mußte, konnte sich entscheiden, für den Rest seines Lebens im Dienst seines Herrn zu bleiben. Diese Entscheidung war natürlich vollkommen freiwillig, aber wenn er in dieses Verhältnis eines lebenslangen Sklavendienstes eingetreten war, wurde das Abkommen besiegelt, indem der Herr das Ohr des Sklaven mit einem Pfriem durchbohrte. "Und es soll geschehen, wenn er zu dir sagt: Ich will nicht von dir weggehen - weil er dich und dein Haus liebt, weil es ihm bei dir gutgeht - dann sollst du einen Pfriem nehmen und ihn durch sein Ohr in die Tür stechen, und er wird für immer dein Sklave sein; und auch deine Sklavin sollst du so behandeln" (5.Mo.15,16-17). Es gibt zwei einfache Gründe, warum ein Mann eine solche Wahl treffen könnte: Weil er seinen Herrn liebt und weil dieser Herr gut zu ihm gewesen ist. Die "Erbarmungen Gottes", die Grundlage unserer Hingabe, sind weit größer als die irgendeines menschlichen Herrn, und die Segnungen eines Lebens, das dem Dienst Gottes geweiht ist, sind weitaus reichlicher und gewisser. Es ist schwer zu verstehen, warum so viele zögern, wenn es darum geht, sich selbst Ihm hinzugeben.

Der Bereich der Hingabe

Was sollen Christen hingeben? Die Antwort ist ganz einfach - sich selbst. "Stellt euch selbst Gott zur Verfügung" (Röm.6,13), "stellt eure Leiber dar" (Röm.12,1), "verherrlicht nun Gott mit eurem Leib" (1.Kor.6,20), "unterwerft euch nun Gott" (Jak.4,7) - dies ist der einheitliche Aufruf der Schrift, und er betrifft unseren Leib. Daraus folgt, daß Hingabe die Jahre unseres irdischen Lebens betrifft, weil dies die einzige Zeit ist, in der unser Leib existiert. Hingabe betrifft das jetztige Leben, nicht das jenseitige Leben.

Heute wird Hingabe sehr oft mit Heil verwechselt. Wir wollen uns nicht allzulange mit diesem Thema aufhalten und wollen nur feststellen, daß das Heil meine persönliche Beziehung zu Jesus Christus betrifft, als dem Stellvertreter, der für meine Sünden bezahlt hat. Wenn Er das nicht getan hätte, würden sie mich in die ewige Verdammnis bringen. Hingabe betrifft die Unterwerfung meines Lebens unter Jesus Christus, solange ich lebe. Heil ist mit Frage der Sünde verbunden, Hingabe mit Unterwerfung. Zu oft machen Redner beim Thema des siegreichen Lebens die Hingabe zur Bedingung für das Heil, und damit fügen sie zu der Gnade Gottes Werke hinzu. Wir werden dies in einem späteren Kapitel näher betrachten.

Wenn Hingabe die Jahre des irdischen Lebens betrifft, ist sie hauptsächlich auf die Frage ausgerichtet, wer die Herrschaft über dieses Leben ausübt. Einfach ausgedrückt geht es darum, ob Christus mein Leben lenkt oder ob ich es tue. Hingabe betrifft nur zweitrangig die äußerlichen Angelegenheiten oder Details des Lebens, und doch werden diese oft zum wesentlichsten Teil der Hingabe gemacht. Ich will damit sagen: Hingabe stellt uns nicht vor die Frage, ob wir zum Beispiel in die Mission gehen wollen; noch fragt sie, ob wir unser Unternehmen dem Herrn übergeben. Sie stellt dem Christen nur die Frage, wer der Herr seiner gesamten Lebenszeit ist. In dieser grundlegenden Entscheidung ist dann die Frage des Missionsfeldes, des Unternehmens oder jede andere Lebensfrage eingeschlossen.

Es ist wahr, daß der Heilige Geist einen Christen oft durch zweitrangige Fragen über Details mit der grundlegenden Frage der Herrschaft konfrontiert. Oft ist es eine Geschäftsentscheidung oder eine Frage über unser Arbeitsfeld, die die Frage der

Herrschaft über unser Leben in den Mittelpunkt stellt. Aber Hingabe bedeutet nicht, eine Sache oder einen Bereich zu übergeben, sondern ist immer an den Herrn selbst gerichtet.

Sich in einen Bereich oder in bezug auf eine bestimmte Angelegenheit hinzugeben, bedeutet, daß nur dieser Bereich oder diese Angelegenheit in unserem Leben unter die Herrschaft des Herrn gestellt wird. Im Lauf der Zeit wird ein anderes Problem oder eine andere Entscheidung anstehen, und der Christ wird sich entscheiden müssen, ob er sich dem Willen des Herrn diesbezüglich beugen will oder nicht. Dann kommt eine weitere Entscheidung auf uns zu. Wieder taucht ein Scheideweg vor uns auf, und so geht es das ganze Leben weiter. Jedesmal muß sich ein Gläubiger fragen, wie seine grundlegende Beziehung zum Willen des Herrn aussehen soll. Ähnlich ist es beim Unkrautjäten: Dieses Jahr zieht man ein Unkraut heraus, im nächsten Jahr ein anderes. In der Zwischenzeit wächst noch mehr Unkraut heran, und ein Zurücklehnen gibt es nicht, wenn es um den Willen Gottes geht. Aber wenn ein Gläubiger sein ganzes Leben hingibt mit all seinen Problemen, Entscheidungen, Situationen und Umständen, den bekannten und unbekannten, kann er ausstehende Entscheidungen immer im Lichte der Tatsache treffen, daß er eine grundlegende, vollkommene und lebenslange Verpflichtung gegenüber dem Willen Gottes eingegangen ist.

Der Bereich der Hingabe umfaßt also das ganze Leben. Das betrifft dann die Einzelheiten des Lebens, aber nicht als Anstoß zur Hingabe, sondern als Folge der Hingabe.

Die Bestandteile der Hingabe

Das hingegebene Leben (die Anfangshandlung der Hingabe und das beständige Festhalten an dieser Hingabe) beinhaltet mindestens drei Bestandteile. Diese werden in Römer 12,1-2 klar beschrieben - zweifellos die wichtigste und beliebteste (obwohl nicht immer richtig ausgelegte) Stelle zu diesem Thema.

1. Ein hingegebens Leben muß vom Gläubigen begonnen werden, indem er sich Gott als lebendiges Opfer darstellt. Paulus redet seine Leser als "Brüder" an, und dennoch hält er es für nötig, sie zu ermahnen, diese Darstellung oder Hingabe zu vollenden. Der hier im Griechischen verwendete Aorist zeigt

nicht an, ob die entsprechende Handlung in der Vergangenheit, Gegenwart oder Zukunft liegt, aber in diesem Fall ist offenkundig nicht die Vergangenheit gemeint. Anderenfalls würde Paulus die Römer nicht auffordern, dies zu tun, denn sie hätten es ja schon getan. Stattdessen fordert er sie auf, eine Hingabe zu vollziehen, die sie bislang nicht vollzogen hatten. Weiterhin ist die Darstellung des Leibes vernunftgemäß oder logisch angesichts der Größe der "Erbarmungen Gottes" in der Errettung. Es ist auch ein Opfer, weil wir aufgefordert werden, in der täglichen Routine genauso für Christus zu leben wie in den ungewöhnlichen Situationen des Lebens. Wir sollten lebendige Opfer sein, nicht tote. Und natürlich sollte diese Hingabe vollständig sein. Sie betrifft unseren ganzen Leib, oder, wie es Paulus in Römer 6,13 ausdrückte, "stellt euch selbst zur Verfügung". Dies bedeutet offensichtlich eine völlige Hingabe, nicht eine Teilhingabe, und es beinhaltet alles, was wir über uns selbst zum Zeitpunkt der Hingabe wissen, und auch die unbekannte Zukunft. Es beinhaltet das Gute sowie das Böse in unserem Leben. Wir übergeben dem Herrn nicht nur die Aspekte unseres Lebens, die wir nicht beherrschen können oder von denen wir befreit werden möchten, sondern wir geben Ihm alles, einschließlich der guten Eigenschaften und der Begabungen. Und alles steht Ihm zur Verfügung, damit Er es gebraucht oder auch nicht, ganz wie Er es für richtig hält. Das ist logische, opfernde, völlige und entscheidende Darstellung oder Hingabe.

2. Ein Leben der Hingabe beinhaltet auch eine Trennung oder ein Nicht-gleichförmig-Sein gegenüber dem "bösen Zeitalter", in dem wir leben (Gal.1,4). Vielleicht können wir dieses Nicht-gleichförmig-Sein besser verstehen, wenn wir uns das Gegenteil anschauen. Die Natur der Gleichförmigkeit ist eigentlich Heuchelei, denn das Wort, welches hier verwendet wird, bedeutet, daß die äußere Erscheinung der Gläubigen der Welt gleichsieht, obwohl die Erneuerung durch die neue Geburt im Herzen schon geschehen ist. Gleichförmigkeit bedeutet also, zwei Gesichter zu haben, und ist dem Charakter Satans ähnlich, weil er, obwohl er von Anfang an innerlich ein Lügner war, fähig ist, sich in einen Engel des Lichts zu verwandeln (2.Kor.11,14; hier erscheint die gleiche Wortwurzel). Es ist traurig, aber wahr, daß viele Gläubige, obwohl sie Kinder des Lichts sind, mit einem äußeren Anstrich dieses Zeitalters überzogen sind.

Die Bedeutung von "nicht gleichförmig sein" beinhaltet auch, unmodern zu sein. Die einzige Bibelstelle, in der das Wort aus Römer 12,2a noch vorkommt, weist auf diesen Aspekt des Unmodischen oder Unangepaßten hin. Petrus verwendet es in 1.Petrus 1,14, und es wird übersetzt als "paßt euch nicht ... an". Dies ist ein sehr deutlicher Ausdruck und wirft ein Licht auf vieles, was wir erstreben, auf unsere Tätigkeiten, Ziele, Maßstäbe und Programme, die allzuoft den weltlichen Methoden entsprechen, die gerade aktuell sind, und nicht der Verherrlichung Gottes. Sich von der Welt zu trennen und ihr nicht gleichförmig zu sein, bedeutet, unmodisch zu sein, und das ist eine notwendige Eigenschaft des hingegebenen Lebens.

3. Die dritte Eigenschaft eines Lebens der Hingabe ist Verwandlung. Sowohl Hingabe als auch Verwandlung sind erforderlich. Das eine ist negativ und das andere positiv. Das eine ist mehr äußerlich, das andere innerlich. Die positive Verwandlung geschieht durch den Heiligen Geist (2.Kor.3,18), aber das Zentrum ist der Sinn. Das kommt ziemlich unerwartet, denn wir würden eher an die Notwendigkeit eines gereinigten Herzens oder Lebens denken als an den Sinn. Aber nach dieser Bibelstelle bildet der Sinn den Mittelpunkt des umwandelnden Wirkens des Geistes. Allzuoft denken wir, daß der Mensch erst vom Hals abwärts von völliger Verdorbenheit befallen ist, und wir klammern unbewußt den Kopf von den Folgen der Sünde aus. Daraus schließen wir weiter, daß unser Denken oder unsere Haltung frei von den Folgen der Sünde sind. Das ist nicht der Fall, und die Tatsache, daß die Verwandlung des Lebens sich im Sinn konzentriert, zeigt dies. Wir müssen in Gottes Maßstäben denken, damit unser Leben in Sein Bild verwandelt werden kann. Er, der Licht, Heiligkeit und Wahrheit ist, bildet unseren Maßstab, nicht die Welt mit all ihren Fälschungen. Zusammenfassend drückt der Kirchenvater Tertullian die Notwendigkeit für die Absonderung und Verwandlung so aus: "Aber unser Herr Christus hat sich selbst den Beinamen Wahrheit gegeben nicht Brauchtum (Anpassung)."

Die Häufigkeit der Hingabe

Muß der Akt der Hingabe wiederholt werden? Es ist schon mehrmals deutlich gesagt worden, daß der Autor dies nicht glaubt. Die Verwendung der Aorist-Zeitform in den Versen, die

die Hingabe betreffen, bringt einen solchen Schluß nahe. Nur die Predigten vieler Redner über das siegreiche Leben und die scheinbaren Bedürfnisse vieler Christen scheinen für eine wiederholte Hingabe zu sprechen. Wie ist es wirklich?

Die Darstellung der Bibel zeigt einen anfänglichen Akt der Hingabe, der die ganze Person und das ganze Leben umfaßt. Diese Hingabe sollte nie zurückgenommen werden; wenn also ein hingegebener Gläubiger an einen Scheideweg im Leben kommt oder vor einer Entscheidung steht, steht er nicht vor der erneuten Entscheidung, ob er wieder den Willen Gottes tun will oder nicht. Dies ist schon ein für allemal entschieden durch seine einmalige Hingabe. Er muß nur herausfinden, was der Wille Gottes in dieser Situation ist; dann wird er ihn gerne tun. Dies ist das biblische Bild eines hingegebenen Lebens. Aber natürlich kann es geschehen, daß ein Christ an einen solchen Scheideweg oder zu einer Entscheidung kommt und sich entscheidet, nicht das zu tun, was er als Wille Gottes erkennt. In diesem Fall begeht er Sünde, und die Hingabe ist gebrochen worden. Er versäumt den Willen Gottes in dieser bestimmten Situation und ersetzt ihn durch seinen eigenen Willen. Er ist von seinem Hingabegelübde abgegangen, gleich ob es sich um einen grundlegenden oder weniger wichtigen Bereich seines Lebens handelt.

Was ist in solchen Fällen notwendig, um die Situation wieder in Ordnung zu bringen? Eine erneute Hingabe? In einem gewissen Sinn könnte man es so nennen, aber es ist die Verwendung des Grundwortes "Hingabe" in einer anderen Bedeutung. Die erneute Hingabe (wenn man es so nennt), bedeutet nicht, daß wir dasselbe noch einmal tun, was zum Zeitpunkt der ersten Hingabe geschah; erneute Hingabe bedeutet, zurück auf die richtige Spur zu kommen, auf der wir zum Zeitpunkt unserer Hingabe angefangen haben. Es wäre besser, diesen Schritt Wiederherstellung zu nennen, die durch ein Sündenbekenntnis zustandekommt. Wir haben ganz reale Möglichkeiten, uns auch noch als hingegebene Christen dafür zu entscheiden, unseren eigenen Willen zu tun, weil Gott uns die freie Wahl nicht genommen hat, als wir uns Ihm hingegeben haben. Wenn wir erkennen und bekennen, daß wir gesündigt haben, ist das Heilmittel nicht erneute Hingabe, sondern Sündenbekenntnis und Wiederherstellung der Gemeinschaft. Dann können wir weiter ein Leben der Hingabe führen. Es ist nicht notwendig, wieder von vorne anzufangen; und obwohl Sünde ihre Spuren hinterläßt, bedeutet es nicht immer, daß alles verloren ist. Bekenntnis und Wiederherstellung können daher im Leben eines hingegebenen Christen häufig auftreten. Gewiß werden sie im Leben jedes Christen vorkommen, solange wir in dieser Welt leben. Aber eine erneute Hingabe (im Sinne einer Wiederholung dessen, was bei der ersten Hingabe geschah) ist keine angemessene Bezeichnung für die Abhilfe aus dieser Situation.

Aber wenn erneute Hingabe nicht wirklich ein falscher Begriff ist (wenn er Wiederherstellung bedeutet), warum diese Haarspaltereien? Weil eine falsche Betonung der erneuten Hingabe den Eindruck erweckt, man müsse diese Sünde ausmerzen, jenes Unrecht loswerden, diesen Fehler ändern, und wenn man sich häufig genug wieder hingebe, erreiche man den Zustand wirklicher Hingabe. Erneute Hingabe wird somit zum Mittel der Hingabe und nicht der Weg zur Wiederherstellung der Beziehung zu Gott. Darum ist diese falsche Betonung oft verwirrend, wenn nicht gar behindernd für das geistliche Wachstum. Jeder Prediger steht in der Gefahr, lieber auf viele Entscheidungen über einzelne Probleme im Leben hinzuwirken, als auf eine echte, völlige, wendepunktartige Hingabe zu verweisen; darum wird erneute Hingabe so oft gepredigt. Aber es ist weit besser, klar die Vollkommenheit der Hingabe zu betonen und die Menschen ausdrücklich zu fragen, ob sie diese ganze Hingabe schon vollzogen haben oder nicht. Das sollte damit verbunden werden, daß der Unterschied zwischen einer echten Hingabe und der Wiederherstellung einer gebrochenen Hingabe, die durch Bekenntnis eine Wiederherstellung erfahren darf, geklärt wird.

Also befolge ich meinen Rat und versuche, klar und eindeutig zu sein. Jeder Gläubige steht auf der einen oder der anderen Seite der Hingabe. Entweder sind wir diese lebenslange Verpflichtung eingegangen oder nicht. Entweder haben wir uns der Grundfrage, wer der Herr unseres Lebens sein soll, gestellt, oder wir haben eine Sünde nach der anderen bekannt. Wenn es im Leben des Lesers bisher noch keine Hingabe des ganzen Lebens gegeben hat, ist dies der nächste Schritt, der getan werden sollte. Gab es sie, ist es immer von Vorteil, den jetzigen Zustand eines Lebens der Hingabe zu überprüfen. Wenn die Hingabe aus irgendeinem Grund auf irgendeinem Gebiet verletzt wurde, besteht die Abhilfe darin, Gott das zu bekennen und von Gott wiederhergestellt zu werden. Auch das kann jederzeit geschehen - sogar beim Lesen dieser Worte.

Die Folgen der Hingabe

Die Folgen der Hingabe sind vielfältig, aber hier wollen wir uns auf zwei Hauptgebiete des Lebens konzentrieren. Erstens ist die Hingabe mit Gottes Willen verbunden. Römer 12,2 sagt, daß die Folgen der Darstellung, Absonderung und Verwandlung darin besteht, "daß ihr prüfen mögt, was der Wille Gottes ist, das Gute und Wohlgefällige und Vollkommene." Hingabe bewirkt also, daß wir Gottes Willen in diesem Leben erkennen, in die Tat umsetzen und uns an Ihm erfreuen. Ein Leben, das im Licht des Willen Gottes gelebt wird, ist kein sündloses Leben, aber es ist ein Leben, das auf den richtigen Weg ausgerichtet ist; es ist ein Leben, das Tag für Tag wächst und reift.

Hingabe ist aber auch verbunden mit der Fülle des Geistes. Mit dem Geist erfüllt zu sein, heißt, durch den Geist beherrscht zu werden. Sein Leben Gott hinzugeben, bedeutet, Ihm die Herrschaft zu übergeben. Also erlaubt die Hingabe dem Heiligen Geist, das Leben des Gläubigen zu erfüllen. Ein nicht hingegebenes Leben behält sich die Herrschaft selbst vor und hindert so den Geist, diesen Menschen ganz zu erfüllen. Wenn die Hingabe verletzt wird, wird die erfüllende Wirkung des Geistes verhindert; aber ohne eine anfängliche Hingabe kann es kaum eine echte Erfahrung dieses entscheidenden Wirkens des Geistes geben. Hingabe ist also eine Voraussetzung dafür, mit dem Geist erfüllt zu sein; dies ist nicht alles, was damit verbunden ist, aber das andere wird in einem weiteren Kapitel behandelt.

Das sind einige Aspekte der Hingabe und des hingegebenen Lebens. Es ist der Startpunkt für ein siegreiches Leben. Ohne die Hingabe gibt es keinen Sieg; mit ihr aber ist die Grundlage für den Sieg gelegt.

Kapitel 8

Geld und die Liebe zu Gott

Eines der wichtigsten Zeichen der wahren geistlichen Gesinnung wird in Büchern selten oder kaum behandelt. Nur allzu leicht neigen wir dazu, uns unter geistlichem Leben tiefes Bibelwissen, lange Gebetszeiten oder eine herausragende Rolle im Werk des Herrn vorzustellen.

Das ist nicht nur ein Trugschluß, sondern es muß auch für den durchschnittlichen Gläubigen sehr entmutigend wirken, der sich nicht vorstellen kann, daß diese Eigenschaften einmal in seinem Leben verwirklicht werden. Gewiß gehört zu einem gesunden und geistlichen Leben die Gemeinschaft mit dem Herrn, in Seinem Wort, im Gebet und auch im Dienst für den Herrn in Seinem Werk. Unsere Liebe zu Gott kann aber durch etwas bewiesen werden, das im Leben eines jeden Gläubigen eine wichtige Rolle spielt, und zwar durch die Verwendung unseres Geldes. Wie wir unser Geld verwenden, zeigt die Wirklichkeit unserer Liebe zu Gott. In gewisser Hinsicht beweist es unsere Liebe schlüssiger als tiefe Erkenntnis, lange Gebete oder ein bedeutender Dienst. Diese Dinge können vorgetäuscht werden, aber die Verwendung unseres Besitzes bringt die Tatsachen ans Licht, auf die wirklich Wert zu legen ist.

Geben

Der Apostel Johannes verbindet Geld mit der Liebe Gottes: "Wer aber der Welt Güter hat und sieht seinen Bruder Mangel leiden und verschließt sein Herz vor ihm, wie bleibt die Liebe Gottes in ihm?" (1.Joh.3,17). Diesem Vers geht ein anderer voraus, der sagt, daß wir unser Leben für unsere Brüder hingeben sollten, um den endgültigen Beweis der Liebe zu bringen. Natürlich werden die meisten Christen nie die Gelegenheit haben, dies zu tun, selbst wenn sie die Gelegenheit wahrnehmen wollten. Wie kann ein Gläubiger dann unter normalen Umständen zeigen, daß er seinen Bruder liebt und damit auch Gott? Die Antwort ist einfach: dadurch, daß er seinem Bruder Geld und Güter gibt. Wenn er dies unterläßt, zeigt er nicht nur, daß er seinen Bruder nicht liebt, sondern auch, daß er Gott nicht liebt. Es gibt kaum jemanden, der nicht geben kann; also können alle ihr Maß an Liebe zu Gott auf diese Weise zeigen. Geld und Wertgegenstände zu geben, ist zugleich Äußerung und Verpflichtung eines echten geistlichen Lebens.

Wie können wir diese Verpflichtung richtig erfüllen?

Das Neue Testament behandelt das Thema des Gebens recht ausführlich. Es gibt Gebote, praktische Vorschläge, Warnungen, Beispiele und Aufforderungen, die diesen wichtigen Dienst betreffen. Überall in der Bibel werden Geiz, Gier und Habsucht verurteilt, während Großzügigkeit, Gastfreundschaft und Freigebigkeit gepriesen werden. Geld ist kein fleischliches oder weltliches Thema, das man vermeiden oder nur dann besprechen sollte, wenn man die "wichtigeren Angelegenheiten" bereits erörtert hat. Das gleiche Wort, daß für unsere Gemeinschaft mit dem Herrn verwendet wird, wird auch für die gemeinsame Geldsammlung verwendet (2.Kor.8,4). Dies unterstreicht eindeutig den geistlichen Charakter des Gebens. Zudem ist das Geben eine geistliche Gabe (Röm.12,8), die alle Gläubigen erhalten und einsetzen können. Und es ist eine Gabe, die alle Christen unabhängig von ihrer finanziellen Stellung ausüben können.

Wenn wir die Abschnitte in der Bibel lesen, in denen es um Geld oder reiche Leute geht, neigen wir immer dazu, sie auf jemand anders anzuwenden. Wir denken unwillkürlich an jemanden, der sich in der nächst höheren Einkommensstufe befindet, und legen die Lehre solcher Stellen auf ihn an. Wir vergessen dabei, daß es auch solche gibt, die weniger Einkommen als wir haben und die uns zur Anwendung dieser Lehre heranziehen! Jeder von uns ist für jemand anders ein reicher Mensch; also betreffen diese Lehren uns alle.

Wie sieht die Richtschnur des Gebens aus für die, die unter der Gnade stehen? Die neutestamentliche Stelle, die die grundlegenden Prinzipien des Gebens zweifellos am prägnantesten bekanntmacht, ist 1. Korinther 16,2: "An jedem ersten Wochentag lege jeder von euch bei sich zurück und sammle an, je nachdem er Gedeihen hat, damit nicht erst dann, wenn ich komme, Sammlung geschehe." In diesem einzelnen Vers werden vier Prinzipien des Gebens festgelegt.

1. Geben obliegt jeder einzelnen Person - "lege jeder von euch zurück". Gnade stellt Geben nicht frei; es ist ein Privileg und eine Verantwortung jedes Christen und ist die konkrete Äußerung seiner Liebe zu Gott. Geben ist eine persönliche Sa-

che, in der jeder Gläubige eine direkte und individuelle Verantwortung dem Herrn gegenüber trägt, als ob er der einzige Christ in der Welt wäre. Was du gibst, ist deine persönliche Angelegenheit, solange du gibst und es in Beratung mit Ihm tust, vor dem alle Handlungen bloß liegen und aufgedeckt sind.

2. Geben soll angemessen sein - "je nachdem er Gedeihen hat". Unter den neutestamentlichen Prinzipien über das Geben findet sich keine feste Regel für den Betrag. Dies steht in deutlichem Gegensatz zu den Vorschriften des Alten Testaments, die fordern, daß ein Zehntel von allem den Leviten gegeben wurde (3.Mo.27,30-33), die dann wiederum den zehnten Teil davon den Priestern gaben. Zusätzlich waren die Juden der Auffassung, daß ein zweiter Zehnter (ein Zehntel der verbleibenden neun Zehntel) abgesondert werden und bei einem heiligen Mahl in Jerusalem verzehrt werden sollte (5.Mo.12,5-6.11.18); diejenigen, die weit weg von Jerusalem wohnten, konnten dann Geld bringen. Zusätzlich wurde jedes dritte Jahr noch ein Zehntel für die Leviten, Fremde, Waisen und Witwen genommen (5.Mo.14,28-29). Der zu gebende Anteil war auf diese Weise festgelegt; jeder Israelit war verpflichtet, ungefähr 22 Prozent seines Jahreseinkommens dem Herrn zu bringen. Im Gegensatz dazu sagt das Neue Testament einfach, "je nachdem er Gedeihen hat". Das könnte 8, 12, 20, 50 Prozent bedeuten, es hängt von jedem einzelnen Fall ab. Es könnte auch eine Schwankung des Anteils von Jahr zu Jahr bedeuten, denn der Anteil, der für ein Jahr passend ist, ist nicht notwendigerweise auch für das nächste Jahr noch genügend. Wenn ein Christ zu Wohlstand gelangt, sollte er ihn nutzen, um mehr zu geben und nicht unbedingt mehr für sich zu verbrauchen. Jedesmal, wenn ein Christ gibt, sollte er über Gottes Segen in seinem Leben nachdenken und den Anteil bestimmen, den er bereit ist, Gott zurückzugeben. Eine Veränderung des Anteils bedeutet genau das - nicht nur eine Vergrößerung oder Verminderung des gegebenen Betrags, sondern eine Änderung des Anteils am Einkommen, der dem Herrn gegeben wird (dies wird natürlich auch die Summe ändern).

3. Geben soll ein privates Zurücklegen sein - "lege jeder von euch bei sich zurück und sammle an". Im Gegensatz zur üblichen Ansicht wird dem Christen nicht gesagt, daß er seine Gabe jeden Sonntag in die Gemeindekasse tun sollte. Das griechische Wort "sammle an" bedeutet sammeln, zurücklegen,

aufhäufen. Das rückbezügliche Fürwort "bei sich" zeigt, daß die Gabe zu Hause, nicht in der Öffentlichkeit hinterlegt werden sollte. Das Bild in diesem Vers zeigt deutlich einen privaten Spendenfonds, in den jeder Gläubige seine anteilsmäßig festgelegten Gaben hineinlegt und aus dem er für bestimmte Zwecke spendet. Dies bedeutet nicht, daß die Einzahlung in einen solchen Fonds oder die Auszahlung daraus unregelmäßig sein sollte. Es bedeutet auch nicht, daß regelmäßiges Geben oder Spendenverpflichtungen gegen die neutestamentlichen Prinzipien des Gebens verstoßen (vgl. 2.Kor.8,10-11, wo eine Verpflichtung eingegangen wurde und Paulus ermutigte, diese Verpflichtung zu erfüllen). Aber es bedeutet, daß es einen - wenn auch vielleicht kleinen - Vorrat an Geld geben sollte, das man dann so ausgeben kann, wie der Geist es führt, regelmäßig oder auch nur gelegentlich.

4. Geben sollte regelmäßig sein - "an jedem ersten Wochentag". Es wurde schon gezeigt, daß Geben keine Angelegenheit der Laune ist. Das Zurücklegen in den private Vorrat sollte sonntags geschehen. Der Tag des Herrn ist der von Gott bestimmte Tag, an dem Buch geführt, der Spendenanteil bestimmt und angesammelt werden sollte. Die Schrift sagt nicht viel darüber, was der Christ am Sonntag tun oder nicht tun sollte, außer daß er sich mit anderen Gläubigen zum Gottesdienst versammeln (Hebr.10,25) und geben sollte (1.Kor.16,2). Obwohl man daraus kein Ritual machen muß, sollte man die Sache auch nicht auf die leichte Schulter nehmen. Hier ist ein von Gott gegebenes Gebot, das wir beachten sollten. Ich habe mir dies zur Gewohnheit gemacht, und, so komisch es auch klingen mag, dies am Tag des Herrn zu tun, bringt offensichtlich zusätzlichen Segen. Oft bietet der Tag des Herrn auch eine bessere Gelegenheit, um frei von den Ablenkungen und Pflichten der Woche klarer und sorgsamer über diese wichtige Sache nachzudenken. Einer meiner Studenten probierte das ein Jahr lang aus und bezeugte den daraus für seine Familie entstandenen Segen; denn sich als Familie am Sonntagnachmittag zu versammeln und gemeinsam nachzudenken und zu beten über die Gaben für den Herrn, stärkt die geistliche Verbindung mit dem Herrn. Wenn Gott es so vorgeschlagen hat, ist es gewiß wert, ausprobiert zu werden.

Jetzt könnte die Frage gestellt werden: Warum so viel Mühe? Warum nicht einfach einen Zehnten von dem Gehalt nehmen und ihn in die Sammlung des folgenden Sonntags legen? Das Wort Zehnten wird nur achtmal im Neuen Testament verwendet (Mt.23,23; Lk.11,42; 18,12; Hebr.7,5-6.8-9). In den Evangelienstellen wird es in Verbindung mit der Erfüllung des mosaischen Gesetzes durch die Pharisäer gebracht. In den Hebräerbriefstellen wird es verwendet, um die Unterlegenheit des levitischen Priestertums gegenüber dem Priestertum von Melchisedek zu beweisen. Weil Levi in Abraham den Zehnten an Melchisedek zahlte, weist es auf die anerkannte Erhabenheit Melchisedeks und seines Priestertums hin. Die Stelle wird nicht angeführt, um auszusagen (wie oft behauptet), daß wir Gläubige an Christus als unseren Hohenpriester genau den Zehnten abgeben sollten.

Es ist offensichtlich, daß der Zehnte Bestandteil des mosaischen Gesetzes war (3.Mo.27,30-33) und ein sehr wichtiges Element in der Haushaltung Israels. Das Gesetz wurde nie den Heiden gegeben und ist für Christen ausdrücklich aufgehoben (Röm.2,14; 2.Kor.3,7-13; Hebr.7,11-12). Auch die Worte in Maleachi 3 gelten nicht für Christen, denn welcher Gläubige behauptet, ein Sohn Jakobs zu sein (V.6)? In keiner Stelle in der Bibel wird materieller Segen als automatische Belohnung für Treue auf einem Gebiet des christlichen Lebens versprochen, auch nicht beim Geben. Geistlicher Segen (Eph.1,3) und die Befriedigung der materiellen Bedürfnisse (Phil.4,19) sind das, was Gott verspricht. Materieller Wohlstand ist nicht notwendigerweise ein Zeichen von tiefer Frömmigkeit oder von Treue im Geben des Zehnten; umgekehrt ist Armut kein Zeichen dafür, daß man nicht nach Gottes Willen gehandelt hätte (vgl. das Beispiel des Paulus in Phil.4,12).

Aber, so könnte man fragen, wird das oben Gesagte nicht durch die Tatsache gegenstandslos, daß der Zehnte bereits vor Einführung des Gesetzes gegeben wurde? Ist der Zehnte nicht doch das richtige Prinzip, dem man beim Geben folgen sollte? Abraham und Jakob haben ja beide den Zehnten gegeben, und das geschah vor dem Gesetz - wird dadurch das Geben des Zehnten nicht von seiner Bindung an das Gesetz befreit und für uns heute anwendbar? Die Antwort wäre ja, wenn keine anderen Anleitungen für das Geben im Neuen Testament gefunden würden. Wenn das Neue Testament in dieser Sache keine Anweisungen geben würde, würden wir irgendwo in der Bibel danach suchen; aber weil das Neue Testament uns klare

Prinzipien bezüglich unseres Gebens aufzeigt, besteht keine Notwendigkeit, zurück zu zwei Einzelfällen im Alten Testament vor der Gesetzgebung zu gehen. Die Tatsache, daß etwas vor dem Gesetz getan wurde, was später im Gesetz eingebaut ist, macht diese Sache nicht unbedingt zu einem nachahmenswertem Vorbild für heute, besonders wenn das Neue Testament weitere Anleitung in dieser Sache gibt. Nicht einmal der eifrigste Geber des Zehnten würde sagen, daß der Sabbat heute gehalten werden sollte, weil er vor dem Gesetz eingehalten wurde (2.Mo.16,23-36), aber genau dieses Argument wird verwendet, um das Geben des Zehnten zu empfehlen. Das Neue Testament lehrt uns, daß es eine neue Ordnung für den Gottesdienst gibt, und es gibt neue Anweisungen für das Geben. Heute den Zehnten zu geben, wie die Männer es vor dem Gesetz taten, würde bedeuten, daß nur 10 Prozent des Einkommens dem Herrn zur Verfügung gestellt würden, und das nur zu bestimmten Angelegenheiten; den Zehnten gemäß der Lehre des Gesetzes zu geben, würde bedeuten, daß wir dem Herrn 22 Prozent spenden; aufgrund der Prinzipien des Neuen Testaments könnte jeder beliebige Prozentsatz gewählt werden, und zwar in bewußter Anerkenntnis der Tatsache, daß Gott 100 Prozent gehören. Dem Werk des Herrn wird es nie an Unterstützung fehlen, wenn wir die neutestamentlichen Prinzipien des Gebens predigen und praktizieren.

Angemessenes Geben bedeutet nicht, mit dem Zehnten anzufangen und dann je nachdem mehr zu spenden. Angemessenes Geben ist Geben, wie Gott uns gegeben hat. Wenn jemand, nachdem er darüber gebetet hat, zu dem Schluß kommt, daß das richtige Verhältnis für ihn 10 Prozent sein sollte, würde ich vorschlagen, daß er 9 oder 11 Prozent gibt, nur um sich aus dem alten Trott des Gebens von 10 Prozent zu befreien. Eine Person, die 9 oder 11 Prozent gibt, wird feststellen, daß sie viel empfindsamer für eine gottgewollte Veränderung ihres Anteils ist, als wenn sie 10 Prozent gibt.

Jeder Gläubige schuldet Gott 100 Prozent von dem, was er ist und was er hat. Die Frage ist nicht nur, wieviel ich spende, sondern auch, wieviel ich für mich ausgebe. Angemessenes Geben allein kann die richtige Antwort auf diese Frage sein, und zwar für jedes Stadium des Lebens. Wir geben, weil Er gab, nicht weil Er es befiehlt; wir geben, weil wir es wollen, nicht weil wir müssen; wir geben, weil wir Ihn lieben und wir diese Liebe am konkretesten auf diese Weise zeigen können. Wenn Gott uns dann wieder materiell segnet, preisen wir Ihn; wenn nicht, preisen wir Ihn immer noch. Das bedeutet Geben unter der Herrschaft der Gnade und als Beweis unserer Liebe zu Gott.

Vor Jahren schrieb Lewis Sperry Chafer einige exzellente Worte über das Thema "Geistgeleitetes Geben". Er definierte es, als "ganz vom Geist Gottes abhängig zu sein, der die Gaben jedes einzelnen in die richtige Richtung lenkt, und dann bereit zu sein, an den Auswirkungen dieses Vertrauens und dieser Zuversicht festzuhalten." Obwohl er die Notwendigkeit, über Bedürfnisse gut informiert zu sein nicht leugnet, äußerte er sich besorgt, daß "zu viele von unseren Gemeinden dazu erzogen wurden, nur auf drängende Appelle an die Menschlichkeit zu reagieren, und dazu bedarf es, wie bei mancher Medizin, einer immer höheren Dosis, um die gewünschte Wirkung zu erzielen." D. M. Stearns praktizierte diese Information ohne Überredung, indem er seiner Gemeinde Botschaften von Dienern des Herrn vorlas und sie dann anwies, ihre Gaben zurückzuhalten, es sei denn, daß es ihre Seelen belasten würde, nicht zu geben. "Wie eifersüchtig sollte der Geber sich gegen alle und jede Form von menschlichem Druck schützen, der ihn vielleicht in der Ausübung seiner von Gott gegebenen Verantwortung irreführt, der Verantwortung, den genauen Willen Gottes zu finden und zu befolgen! ... Gibst du im Gehorsam gegen die ruhige und feine Stimme des Geistes Gottes? Bist du auch ein Teil des großen göttlichen Glaubenssystems?" Dies ist Geben entsprechend der Gnade, weil es geistgeleitetes Geben ist, und es ist eine der gesegnetsten Erfahrungen, die ein Gläubiger machen kann.

Kaufen

Geben ist aber nur die eine Seite unserer Beziehung zum Geld und unserer Liebe zu Gott. Wenn alles vom Herrn kommt und Ihm gehört und wir uns selbst Ihm hingegeben haben, ist nicht nur das wichtig, was wir Ihm geben, sondern auch das, was wir für uns selbst ausgeben, ist ein Gradmesser unserer Liebe. Es ist falsch zu denken, daß, wenn wir einen Teil unseres Einkommens dem Herrn geben, der Rest uns gehört. Alles gehört Ihm; wir verwenden nur einen Teil für uns selbst.

Obwohl das durchschnittliche Familieneinkommen wesentlich höher ist als vor einigen Jahren, hört man allgemein die Klage: "Ich habe nicht genug Geld." Jeder scheint mehr zu wollen; das ist an sich nicht unbedingt verkehrt. Man fragt sich aber: Für welchen Zweck wollen wir mehr Geld? Es scheint, daß nur sehr wenige dieses Ziel erstreben, um mehr für das Werk des Herrn geben zu können. Wenn man alles in Betracht zieht, ist der Zweck in vielen Fällen der, sich selbst immer mehr zu bereichern. Heute ist es zur Notwendigkeit geworden, im Überfluß zu leben.

Manche mögen denken: Was ist daran falsch, mehr materielle Güter zu haben? Was ist so böse daran, daß der Luxus der letzten Generation auch zur Notwendigkeit der gegenwärtigen Generation wird? Ist das nicht der Fortschritt? Und will Gott nicht, daß wir alles genießen? Schließlich verdammt die Bibel nicht Dinge - nur die Liebe zu den Dingen.

Fraglos ist der Christ, wenn es um die Verwendung seines Geldes geht, den Einflüssen und Verlockungen von allen Seiten ausgesetzt, ob von der Werbeindustrie, von unseren eigenen Lüsten oder von der Welt um uns. Jedes Gotteskind braucht Hilfe, um zu erkennen, was hinsichtlich der Verwendung des Geldes richtig oder falsch ist, besonders in einer Zeit des Wohlstandes und der Vollbeschäftigung. Wenn die Zeiten hart wären und das Geld knapp werden würde, würden viele dieser Probleme automatisch verschwinden. Es ist wahr, daß es leichter ist, durch Glauben zu leben, wenn man kein Geld hat, als wenn man es hat. Wenn man nichts hat, hat man nicht das Problem zu entscheiden, wie man leben soll. Man ist eher geneigt, wenn nicht gar gezwungen, in völliger Abhängigkeit vom Herrn zu leben. Wenn man aber Geld im Überfluß hat, hat man die Wahl zwischen zwei Möglichkeiten. Man kann es im Glauben ausgeben, oder man kann es aus eigensüchtigen Motiven ausgeben. Deshalb ist es gerade in einer Situation des Überflusses am allerwichtigsten, Reichtum, den Gott uns gibt, richtig zu verwenden.

Was sagt die Bibel über die Verwendung von Geld? Ist Luxus weltlich? Darf ich zum Beispiel nach dem Willen Gottes ein neues Auto haben, auch ein großes? Natürlich sagt die Bibel nicht, ob es richtig oder falsch ist, bestimmte Gegenstände zu kaufen und zu besitzen. Aber die Schrift gibt einige einfache Prinzipien, die uns bei der Verwendung von Geld leiten sollten, denn Gott ist nicht nur für die Prozente zuständig, die wir Ihm geben, sondern für die ganzen 100 Prozent, die wir besitzen.

Die Stelle der Schrift, die uns die Prinzipien gibt, wenn es sich um Geld handelt, wird selten berücksichtigt. Es ist 1. Timotheus 6. Eine interessante Besonderheit des 1. Timotheusbriefs ist die Verbindung zwischen falschen Lehrern und Geld. Diese Verbindung ist auf den ersten Blick nicht sehr erstaunlich, denn falsche Lehrer sind meistens geldsüchtig, und falsche Lehre wird die Verwendung von Geld sehr schnell beeinflussen, wie auch jeden anderen Aspekt des Lebens. Eine unbiblische Haltung gegenüber dem Geld ist eine große geistliche Gefahr.

Im Gegensatz zu den falschen Lehrern gibt Paulus uns folgenden allgemeinen Leitsatz in bezug auf Reichtum: "Die Gottseligkeit mit Genügsamkeit aber ist ein großer Gewinn" (1.Tim.6,6). Man hat nicht unbedingt einen großen Gewinn, wenn zwei Autos in der Garage stehen, aber aus der Gottseligkeit und Genügsamkeit kann man ihn reichlich schöpfen. Dieses Wort "Gewinn" bedeutet auch "grundlegende Bedürfnisse". Gottseligkeit mit Genügsamkeit sind die grundlegenden Bedürfnisse des geistlichen Lebens. Ganz gleich, was der Mensch außerdem noch hat, wenn er das aus seinem Leben ausklammert, ist es nur ein Überbau ohne Fundament.

Was ist Gottseligkeit? Es beinhaltet das, was Paulus in Vers 11 als Gerechtigkeit, Glauben, Liebe, Ausharren und Sanftmut bezeichnet. Genügsamkeit meint die inneren Kraftquellen, die durch die Gnade in das Leben eines Gläubigen gelegt wurden und ihn durch alle wechselnden Stimmungen und Umstände des Lebens hindurch zufrieden erhalten. Es ist die Genügsamkeit, die weiß "sowohl erniedrigt zu sein ... als auch Überfluß zu haben" (Phil.4,12). Dies bedeutet nicht, daß ein Mensch nicht versuchen sollte, seine Lebenslage zu verbessern, aber zur Genügsamkeit gehört es, den Willen Gottes lieben zu lernen, unabhängig davon, in welche Lebensumstände dies uns bringt. Wir sollten im Mangel und im Überfluß genügsam sein - wobei wir nicht vergessen dürfen, daß es manchmal viel schwerer ist, im Überfluß genügsam zu sein als im Mangel. Dies ist das erste große Prinzip, das den Gläubigen durch das Labyrinth des Lebens im Überfluß führt.

Für unser Alltagslebens bedeutet dieses Prinzip unter anderem, daß der Erwerb der neusten Gegenstände nicht das Wichtigste im Leben ist. Der Gläubige, der nicht mit allen Neuigkeiten ausstaffiert ist, sollte nicht bedrückt sein, auch wenn Nachbarn und andere Christen auf das Äußere schauen, denn Gott schaut immer noch auf das Herz. Im Herzen Seiner Kinder will der Herr zuerst Gottseligkeit und Genügsamkeit finden. Zu viel zu kaufen, könnte eine Äußerung unserer Liebe zu den Sachen sein und ein Beweis für unseren Mangel an Liebe zu Gott.

Damit niemand denkt, dieses Prinzip berechtige ihn dazu, den ganzen Tag untätig in frommen Betrachtungen zu verbringen, ohne seiner finanziellen Verantwortung nachzukommen, sagt Paulus sehr deutlich, daß der Christ verpflichtet ist, seine Ältesten (1.Tim.5,17-18) und seine Familie (5,8) zu unterstützen. Dies zu unterlassen, bedeutet, sich schlimmer als ein Ungläubiger zu verhalten.

Es gibt noch ein anderes wichtiges Prinzip in diesem Kapitel: Liebe nicht das Geld noch das, was man dafür kaufen kann. "Denn die Wurzel alles Bösen ist die Liebe zum Geld" (6,10). Einerseits bedeutet es, daß der Christ weder das Geld begehren sollte noch das, was man damit kaufen kann. Andererseits bedeutet das nicht, daß der Christ die Sachen nicht genießen soll, die Gott ihm gegeben hat, wenn sie nur den richtigen Stellenwert einnehmen und im Willen Gottes gekauft wurden. Wichtig ist auch die Tatsache, daß dieser Vers nicht sagt, daß Geld an sich böse ist, sondern nur, daß unsere Haltung zum Geld schlecht sein kann. Paulus sagt in diesem Kapitel, daß Gott uns alles zum Genuß gegeben hat (V.17). Manche pseudo-fromme Leute sind sehr stolz oder übertrieben demütig wegen Dingen, die sie nicht haben! Falsche Demut oder Schamgefühl sind keinesfalls gerechtfertigt, wenn Gott etwas gibt. Und wenn es im Willen Gottes etwas Neues ist, seien Sie dankbar, genießen Sie es und seien Sie nicht beschämt, weil Sie etwas Schönes oder Neues von Gott geschenkt bekommen haben. Andererseits, wenn irgendein altes Automodell immer noch intakt ist, aber andere Christen das neueste Modell haben, laßt Gottseligkeit mit Genügsamkeit das Herz regieren und nicht Liebe zu diesen Dingen. Es ist auch wichtig, sich daran zu erinnern, daß etwas nicht unbedingt richtig sein muß, nur weil man es billiger bekommt. Manche Dinge können zu jedem Preis falsch sein.

Natürlich sind viele "Sachen" an sich weder gut noch böse. Es ist die Haltung eines Gläubigen zu den materiellen Dingen und nicht die Dinge selbst, die gut oder böse sind. Ein Auto ist nicht böse. Ein neues Auto ist nicht böse. Das beste Modell eines neuen Autos ist nicht böse. Aber für den Christen, der schon in Schulden steckt und in seiner Gebefreudigkeit für Gott geizig ist, kann der billigste Gebrauchtwagen schamlos böse sein. Das Weltsystem schließt Gott aus; also ist ein Kauf, bei dem Gott ausgeschlossen wird, eine Liebelei mit dem Weltsystem. Logik: "Es ist ein so günstiges Geschäft"; Vernunftgründe: "Aber es war ein Sonderangebot"; das sind keine Rechtfertigungen, etwas zu kaufen oder Geld gegen den Willen Gottes auszugeben.

Eine Lehre, wie man einkauft und unsere Liebe zu Gott in jeder wirtschaftlichen Situation beweist, ist die:

1. Lerne Genügsamkeit im Willen Gottes in allen Umständen des Lebens; und

2. liebe Gott mehr als irgendein "Ding", das du schon besitzt oder dir wünschst.

Wenn sich Wohlstand einstellt, wie es bei vielen Christen der Fall ist, wird der geistliche Christ ihn dazu verwenden, um mehr zu geben, nicht um mehr zu kaufen (dabei geht es um das Verhältnis, nicht um den Betrag).

Paulus schließt diesen Abschnitt über die Prinzipien des Umgangs mit persönlichen Finanzen mit einem Denkzettel (und erinnern Sie sich, daß diese Worte nicht nur an die Wohlhabenderen gerichtet sind - sie richten sich an die meisten Christen heute): "Den Reichen in dem gegenwärtigen Zeitlauf gebiete, nicht hochmütig zu sein, noch auf die Ungewißheit des Reichtums Hoffnung zu setzen - sondern auf Gott, der uns alles reichlich darreicht zum Genuß, Gutes zu tun, reich zu sein in guten Werken, freigebig zu sein, mitteilsam, indem sie sich selbst eine gute Grundlage auf die Zukunft sammeln, um das wirkliche Leben zu ergreifen" (1.Tim.6,17-19).

Ein geistlicher Christ wird volles Geben praktizieren bei einem vollen Arbeitsverhältnis, in einer Inflation wird er sein Geben anpassen, und er wird achtsam kaufen zu allen Zeiten. Und durch die Verwendung seines Geldes wird er seine Liebe zu Gott beweisen oder widerlegen.

Kapitel 9

Unsere Gaben gebrauchen

Eine der Hauptverwendungen des Wortes "geistlich" betrifft die geistlichen Gaben, die Gott Seinen Kindern gibt (Röm.1,1; 1.Kor.12,1; 14,1). Es sind geistliche Gaben, da der Geist sie schenkt; der rechte Gebrauch dieser Gaben ist die Verantwortung desjenigen, der ein geistliches Leben leben will. Und doch gibt es viele Gläubige, die keine Vorstellung von der Bedeutung der geistlichen Gaben haben; sie haben nicht die leiseste Ahnung, was ihre Gaben sein könnten, und sie wissen nicht, wie sie ihre Gaben am besten im Dienst für andere verwenden können; folglich können sie das geistliche Leben nicht in vollen Ausmaßen ausleben. Im Gegensatz dazu wird der geistliche Mensch seine geistlichen Gaben kennen und gebrauchen.

Was ist eine geistliche Gabe?

Obwohl das griechische Wort für geistliche Gaben mehrere Bedeutungen im Neuen Testament hat, bezieht es sich meistens auf die besonderen Gaben oder Fähigkeiten, die Gott einem Menschen gibt. Mit Ausnahme von 1. Petrus 4,10 wird das Wort im Neuen Testament nur von Paulus verwendet. Es gibt drei Stellen, in denen das Thema im Detail besprochen wird - Römer 12, 1. Korinther 12 und Epheser 4. Eine geistliche Gabe ist eine von Gott gegebene Fähigkeit für den Dienst. Diese einfache Definition verbindet die Quelle der Gaben (von Gott gegeben), die Bedeutung der Gaben (Fähigkeiten) und den Zweck der Gaben (Dienst). Wenn wir uns immer vor Augen halten, daß eine geistliche Gabe in erster Linie eine Fähigkeit ist, wird dies uns vor vielen Verwirrungen bewahren, die sich in den Gedanken vieler Leute zu diesem Thema finden. Viele denken, daß eine geistliche Gabe ein Amt in der Gemeinde sei, das nur einige Privilegierte innehaben können. Oder sie betrachten geistliche Gaben als weit außerhalb ihrer Reichweite. Das Höchste, das sie erhoffen, ist, daß sie zufällig einmal eine kleine Gabe entdecken und es ihnen erlaubt wird, in einer bescheidenen Weise zu dienen. Beide Gedanken sind falsch.

Eine geistliche Gabe ist in erster Linie eine dem einzelnen gegebene Fähigkeit. Dies bedeutet, daß die Gabe keine Stellung (kein Amt) zum Dienst ist, denn die Gabe ist die Fähigkeit selbst, nicht der Platz, an dem sie ausgeübt wird. Die Gabe des Hirten wird z. B. meistens mit dem Amt oder der Stellung verbunden, die eine Person im Ältestenrat innehat. Aber die Gabe ist die Fähigkeit, für Leute wie ein Hirte zu sorgen, ganz gleich, wo es getan wird. Der Mann, der das Amt des Hirten innehat, sollte natürlich die Gabe des Hirten besitzen und auch ausüben, aber der Dekan einer christlichen Schule sollte dies auch tun. Warum sollte - auch wenn dies auf den ersten Blick anstößig erscheint - eine christliche Frau nicht die Gabe eines Hirten haben, um sie unter Kindern in der Nachbarschaft oder in der Kinderstunde oder als Lehrerin an einer Mädchenschule zu verwenden. Ich sage nicht, daß Frauen Hirten der Gemeinde werden sollten, um zu predigen und die Leitung der Gläubigen zu übernehmen. Ich glaube, daß das Amt oder die Stelle des Pastorats nur für Männer bestimmt ist; aber das bedeutet nicht, daß Gott die Gaben oder Fähigkeiten nicht auch Frauen gegeben hat. Kennen Sie nicht auch eine Frau, die in dieser Weise Besuchsdienst für eine Gemeinde macht - und oft auf der Lohnliste einer Gemeinde steht?

Ein anderes gutes Beispiel, das den Unterschied zwischen der Gabe und dem Ort, an dem sie ausgeübt wird, hervorhebt, ist die Gabe des Lehrens. Viele verbinden die Gabe des Lehrens mit der formalen Situation. Sie soll gewiß auch dort ausgeübt werden, aber diese Gabe kann auch unter vielen anderen Umständen verwendet werden. Übt eine Frau nicht die Gabe des Lehrens aus, wenn sie geduldig und willig den Bibelkurs leitet, den meine Kinder jede Woche in der Garage eines Freundes besuchen? Das ist keine offizielle Schulsituation, aber an diesem Ort wird gelehrt. Die Schrift ermutigt ältere Frauen, "damit sie die jungen Frauen unterweisen, ihre Männer und ihre Kinder zu lieben" (Tit.2,4). Hier wird Lehren auf eine persönliche Basis gebracht. Die Gabe ist die Fähigkeit, nicht die Stellung, in der diese Fähigkeit ausgeübt wird. Welchen Nutzen würde es der Gemeinde Christi bringen, wenn jedes Gemeindeglied erkennen würde, daß es geistliche Gaben jederzeit und unter vielen verschiedenen Umständen verwenden kann! Eine geistliche Gabe ist nicht in erster Linie eine Stellung zum Dienst noch ein Dienst an einer bestimmten Altersgruppe. Oft hört man, daß jemand sagt, er habe die Gabe der Jugendarbeit. Tatsächlich gibt es keine solche Gabe (wie es auch keine Gabe der Arbeit mit Älteren gibt - ich habe auch noch nie gehört, daß jemand behauptet hätte, diese Gabe zu besitzen). Die verschiedenen Altersgruppen sind alle die Empfänger der Ausübung von Gaben. Gewiß gibt es spezielle Techniken für verschiedene Altersgruppen, aber die geistliche Gabe ist die grundlegende, von Gott gegebene Fähigkeit, die durch verschiedene Techniken an andere weitergeleitet wird. Es gibt auch zahlreiche Methoden, die bei der Ausübung der Gaben angewandt werden können, aber diese Methoden sind nicht die Gaben selbst. Zum Beispiel ist Schreiben eine Methode, aber Lehren und Ermahnung sind Gaben, die entweder in einem schriftlichen oder mündlichen Dienst verwendet werden. Also ist die geistliche Gabe die Fähigkeit selbst und nicht die Stellung oder die Methode, in der oder mit der die Fähigkeit ausgeübt wird.

Ein Beispiel dazu kann vielleicht deutlicher machen, was eine geistliche Gabe ist. Ich kannte einen Mann, der ganz offensichtlich eine handwerkliche Gabe hatte. Er konnte alles machen. In seinem Haus gab es ein wunderschön getäfeltes Zimmer, das er mit eigenen Händen verkleidet hatte. Möbel fertigzustellen oder zu restaurieren, war kein Problem für ihn. Diese Art der Arbeit war aber nicht sein Beruf. Er war Zahnarzt, und zwar einer sehr guter, denn die gleiche Fähigkeit, die sich zu Hause zeigte, ließ ihn auch goldene Plomben anfertigen, die in die Zähne paßten. Was war seine Gabe? Weder die Zahnheilkunde (das war sein Amt oder seine Stellung) noch Holz- oder Goldarbeiten (das waren die Mittel, die er verwendete). Es war die Fähigkeit, mit seinen Händen zu arbeiten. Ebenso sind geistliche Gaben nicht Stellungen, die wir in der Gemeinde innehaben, noch Methoden, die wir verwenden; es sind die grundlegenden, von Gott gegebenen Fähigkeiten für einen bestimmten Dienst.

Was sind die geistlichen Gaben?

Die Bibel listet mehr als ein Dutzend verschiedener Gaben auf. Die besonderen geistlichen Gaben, die in der Bibel angesprochen werden, (die aber nicht jeder Generation gegeben werden) sind folgende: Aposteldienst, Prophetie, Wunder, Zungen, Evangelisation, Hirten, Dienen, Lehren, Glauben, Ermutigung, Unterscheidung der Geister, Barmherzigkeit, Geben und Leitungen. Römer 12, 1. Korinther 12 und Epheser 4 geben dafür die grundlegende Belehrung im Neuen Testament. Drei Gaben könnten wahrscheinlich alle Christen haben und gebrauchen, wenn sie es wollten: Dienen, Geben und Barmherzigkeit (Röm.12,7-8). Das in Römer 12,7 erwähnte "Dienen" steht in Beziehung zu der in 1. Korinther 12,28 erwähnten Gabe der Hilfeleistung. Es ist die grundsätzliche Fähigkeit, anderen Leuten zu helfen, und es gibt keinen Grund, weshalb nicht jeder Christ diese Gabe haben und verwenden kann. Ein wirklich geistlicher Christ muß das sogar tun. "Barmherzigkeit üben" ist verwandt mit der Gabe des Dienens und beinhaltet, denen zu helfen, die krank oder niedergeschlagen sind. "Ein reiner und unbefleckter Gottesdienst vor Gott und dem Vater ist dieser: Waisen und Witwen in ihrer Drangsal zu besuchen. ..." (Jak.1,27). Nicht alle werden in dem gleichen Ausmaß Gelegenheit haben, dies zu tun, aber ohne diese Art der Tätigkeit kann es kein wahres geistliches Leben geben. "Geben" oder "Mitteilen" (Rö.12,8) ist die Fähigkeit, sein eigenes Geld mit anderen zu teilen. Es sollte in "Einfalt" oder "Geradheit" getan werden, d.h. ohne Hintergedanken an irgendeinen Gewinn oder Verlust für sich selbst. Wir haben schon im vorigen Kapitel gesehen, wie das Geben die geistliche Gesinnung des einzelnen in Gottes Augen beweisen oder aber widerlegen kann.

Man darf daher wohl annehmen, daß jeder Gläubige mehr als nur eine geistliche Gabe haben kann. Es scheint, daß jeder drei Gaben zur Verwendung im Dienst Gottes haben kann, außer wenn Ungehorsam vorhanden ist. Viele werden im Lauf ihres Lebens mehrere Gaben in verschiedenen Kombinationen besitzen. Gaben können zu verschiedenen Zeiten im Leben eines Gläubigen ans Licht treten, aber ein geistlicher Christ wird die Kombination der Gaben, die ihm gegeben sind, zur Verherrlichung Gottes gebrauchen. Ein Dienst,der losgelöst vom Gebrauch geistlicher Gaben getan wird, ist kein geistlicher Dienst; es ist nur eine Äußerung eigener Aktivität.

Die Entwicklung geistlicher Gaben

Obwohl Gott uns geistliche Gaben gibt und obwohl der Geist uns zu ihrem Gebrauch bevollmächtigt, kann der Gläubige einen gewissen Einfluß auf die Entwicklung seiner geistlichen Gaben nehmen. Auch die aufopferndste Hingabe garantiert nicht den besten Gebrauch der geistlichen Gaben. Sich hinzugeben kann nicht den Mangel an richtiger Entwicklung der Gaben wettmachen, obwohl eine richtige Entwicklung niemals ohne Hingabe geschehen kann.

Die Bibel gibt zwei Richtlinien für die richtige Entwicklung der geistlichen Gaben. Die erste wird so ausgedrückt: "Eifert aber um die größeren Gaben"(1.Kor.12,31). Hier ist das Wort "eifert" ganz offensichtlich nicht im schlechten Sinn verwendet. Die grundsätzliche Bedeutung des Wortes ist "für etwas eifern", das kann für gute oder schlechte Zwecke geschehen. In diesem Vers bedeutet es ein eifriges Streben nach den besseren Gaben. Diese besseren Gaben sind gerade von Paulus in Vers 28 aufgezählt worden, wo er eine Rangordnung für wichtige geistliche Gaben aufstellt.

Wie kann man die beste Gabe anstreben? Bestimmt nicht, indem man sich hinsetzt und versucht, genügend Glauben zu bewirken, damit die Gaben wie ein Blitz vom Himmel auf einen herniederfallen. Das Wort "aber", das den Vers eröffnet, zeigt, daß wir dabei aktiv werden müssen.

Vers 31a korrigiert die Schlußfolgerung, die ein träger Charakter oder eine schwache Urteilsfähigkeit aus V.29ff. ziehen könnte, nämlich die Vorstellung, daß Gottes souveräner Ratschluß Bemühungen des Menschen überflüssig mache. Unser Streben spielt gemeinsam mit Gottes Handeln in der Verleihung, beim Erwerb geistlicher Güter eine bedeutende Rolle. Darum das kontrastierende "aber".
(G.G.Findlay, , *"The First Epistle of Paul to the Corinthians"*, Expositior's Greek Testament, II, S.896)

In manchen Kreisen wird es als undenkbar angesehen, daß der Mensch irgendeinen Einfluß auf die Entwicklung solcher Gaben hat. Es wird uns gesagt, daß dies allein Gottes Werk wäre. Aber wie kann man diesen Vers sonst verstehen? Eifern um die besten Gaben bedeutet fleißige Selbstvorbereitung, um dem Herrn die besten Fähigkeiten darbieten zu können, die dann bei der Ausübung der geistlichen Gaben, die Er gibt, angewandt werden. Wenn man der Gabe des Lehrens nacheifert, die auf der Liste von Paulus an dritter Stelle steht, muß man zweifellos einige Jahre damit zubringen, diese Gabe richtig zu entwickeln. Ein Bibellehrer, der die Originalsprache der Schrift kennt, wird ein besserer Lehrer sein können als einer, der sie nicht kennt (wenn alle anderen Voraussetzungen stimmen). Griechisch und

Hebräisch zu lernen, ist aber keine Sache des Glaubens, sondern es erfordert sehr harte Arbeit. Ein guter Lehrer wird auch um die besten Methoden wissen, die Wahrheit an andere weiterzugeben. Gewiß kann er das auch aus Erfahrung lernen, aber auch diese Methode erfordert disziplinierte Selbstvorbereitung, genauso wie die formelle Bibelschulmethode.

Es scheint mir, daß auch das Erstreben einer so elementaren Gabe wie der Hilfeleistung sorgfältige Selbstvorbereitung erfordert. Sie steht auf der Prioritätenliste von Paulus und ist eine Gabe, die jeder Gläubige haben kann. Aber viele Leute werden nie fähig sein, die Gabe der Hilfeleistung zu verwenden, einfach deshalb, weil sie sich keine Zeit nehmen, um etwas für andere zu tun, sie sind zu sehr mit ihren eigenen Angelegenheiten beschäftigt. Und doch ist das eigentliche Problem nicht der Mangel an Zeit - es ist ein Mangel an Disziplin. Es gibt viele Gläubige, die sich nicht überwinden können, z. B. einen Zeitplan aufzustellen und auch einzuhalten, der ihnen dann nicht nur Zeit für andere geben würde, sondern auch für ihre eigenen Probleme. In diesem Beispiel ist es die Disziplin einer Zeitplanung, die notwendig ist, um der Gabe der Hilfeleistung eifrig nachzujagen.

Dies ist die erste Richtlinie zur Entwicklung geistlicher Gaben. Der geistliche Christ wird den Herrn gewiß öfter fragen, ob er auch wirklich alles in seiner Macht Stehende tut, um die Gaben, die Gott ihm gegeben hat, zu entwickeln.

Die zweite Richtlinie ist die: Aufmerksamkeit dem Dienst anderer gegenüber. Einer der Gründe, weshalb Paulus nach Rom gehen wollte, war der, "damit ich euch etwas geistliche Gnadengabe mitteile, um euch zu befestigen" (Röm.1,11). Paulus wollte offensichtlich das Verständnis der Römer für die Absichten Gottes erweitern, und zwar durch die Ausübung seiner Gabe des Lehrens. Paulus konnte keine Gaben *verleihen*, aber er konnte ihnen die segensreichen Auswirkungen seiner geistlichen Gaben *mitteilen*. Aber wenn die römischen Christen den vollen Segen auch wirklich empfangen wollten, mußten sie dem Apostel aufmerksam zuhören. Es würde einem Gläubigen keinen Nutzen bringen, wenn er zu Hause bliebe, während Paulus in der Gemeinde diente. Wenig Nutzen würde jemand daraus ziehen, der zwar in der Versammlung anwesend war, aber dessen Gedanken ganz woanders waren, während Paulus redete. Diese ganz einfachen Dinge - fehlende Anwesenheit und fehlende Aufmerksamkeit - sind heute immer noch Gründe, weshalb manche nie ihre geistlichen Gaben voll entwickeln. Gott hat der Gemeinde begabte Menschen gegeben "zur Ausrüstung der Heiligen für das Werk des Dienstes, für die Erbauung des Leibes Christi" (Eph.4,12). Dieser Prozeß sollte ein nie aufhörender Kreislauf sein. Begabte Leute dienen anderen, die sich dadurch entwickeln können, die dann anschließend wieder anderen dienen, die wiederum dadurch so erbaut werden, daß sie ihre entwickelten Gaben für andere ausüben können, die dann wieder ... Wir sind die einzigen, die diesen Kreislauf brechen können, entweder dadurch, daß wir unsere Gaben, die Gott uns durch seine Gnade verliehen hat, nicht verwenden oder nicht völlig entwickeln.

Diese zweite Richtlinie zeigt uns also, daß kein Christ, nicht einmal der geistlichste, soweit kommen kann, daß er keinen Nutzen mehr von der Ausübung der Gaben der anderen hätte. Dies sind die Richtlinien für die Entwicklung der geistlichen Gaben.

Wie kann ich meine Gabe entdecken?

Darauf möchte jeder eine Antwort haben, und die Frage ist nicht leicht zu beantworten. Trotzdem können drei Vorschläge vielleicht weiterhelfen.

Der erste lautet: Seien Sie informiert. Mit anderen Worten, erkennen Sie, was geistliche Gaben sind. Dadurch könnten Sie entdecken, daß Sie eine oder zwei Gaben haben. Mancher wurde belehrt, daß jeder Gläubige nur eine Gabe hat, aber jetzt hat er vielleicht erkannt, daß es möglicherweise drei Gaben gibt, die man haben und anwenden kann. Andere haben vielleicht nicht gewußt, daß Güte zu erweisen, eine geistliche Gabe ist.

Ein ehemaliger Kollege erzählte mir eine lustige Geschichte, die er selber erlebt hatte. Er und seine Frau wollten einmal eine eindrucksvolle Aussicht aus einem sehr teuren Hotel genießen. Weil sie aber ein streng kalkuliertes Budget hatten, kamen sie zu dem Schluß, daß der einzige Weg zur Erfüllung ihres Wunsches der war, in dem Hotel zu frühstücken, da dies die billigste der drei Mahlzeiten war. Dies taten sie auch, und sie bestellten das preiswerteste Frühstück auf der Speisekarte. Als mein Freund anschließend die Rechnung bezahlte, schien sie ihm zu hoch für einen Pfannkuchen zu sein. Sie hatten sich schon vorher gewundert, weil es auf der Speisekarte keinen einzigen Preis für irgendein Essen gab, aber sie glaubten, daß Pfannkuchen sicher eines der billigsten Essen sein würde. Und dann entdeckten sie zu ihrem Verdruß, daß sogar dieses scheinbar sehr billige Essen sehr teuer war. Schließlich erfuhren sie die Wahrheit. Es war eine besondere Regelung in diesem Hotel, daß sie alles hätten essen können, was sie wollten, und doch immer den gleichen Preis hätten zahlen müssen. Es war aber schon zu spät, um alles nochmal zu genießen, was angeboten wurde. So ist es heute leider mit viel zu vielen Christen. Sie wissen nicht oder wollen es manchmal nicht wissen, was Gott ihnen an geistlichen Gaben geben könnte. Also seien Sie informiert.

Das zweite ist: Seien Sie willig. Wenn wir auf irgendeinem Gebiet nicht willig sind, wird Gott vielleicht nicht zulassen können, daß wir eine bestimmte Gabe gebrauchen, und umgekehrt, wenn wir völlig willig sind, alles zu tun oder überall hinzugehen, kann der Herr Gaben in uns zum Vorschein bringen, von denen wir nie geträumt hätten. Ich erinnere mich, daß ich einen Studenten eines Tages fragte, was er nach seiner Promotion tun wolle. Er antwortete, daß er glaube, die Gabe des Lehrens zu besitzen, und fragte mich, ob ich irgendeine offene Stelle auf diesem Gebiet kennen würde. Ich sagte ihm, daß ich eine Stelle wüßte, wo er gleich anfangen könnte, auf Englisch zu unterrichten. Mir schwebte eine Lehrerstelle auf einem anderen Kontinent vor, bei der er anfangen könnte, Englisch zu unterrichten, während er eine zweite Sprache lernte. Als ich ihm aber antwortete, wurde er sofort mißtrauisch und teilte mir mit, daß er sich nicht auf das Missionsfeld berufen fühle. Ich fragte ihn, welch einen Unterschied dies ausmachen würde. Fühlte er sich vielleicht nicht berufen zu lehren? Welch einen Unterschied macht es aus, wo er es tut? Er war aber nicht willig, etwas über die Küsten der Vereinigten Staaten hinaus zu erwägen, also nahm er diese Gelegenheit nicht wahr. Die Folge daraus ist, daß er in seinem langjährigen Dienst noch keine einzige Aufgabe als Lehrer wahrgenommen hat. Mir scheint, als hätte sein Widerwille den Herrn eingeschränkt, was die Anwendung der Gabe des Lehrens betrifft.

Man braucht kein so dramatisches Beispiel, um diesen Punkt zu veranschaulichen. Es gibt viele einfache Gemeindemitglieder, die den vollen Gebrauch ihrer Gaben versäumen, weil sie sich nicht an eine regelmäßige Kinderstunde binden oder keine einfache Verwaltungsarbeit in der Gemeinde tun wollen.

Der dritte Vorschlag ist der: Seien Sie aktiv. Die Ausübung einer Gabe kann zur Entdeckung anderer Gaben führen. Zum Beispiel, welche Gabe hatte Philippus? Bei seiner Vorstellung in der Apostelgeschichte übt er die Gabe des Dienens aus (6,5). Man könnte ihn einen Diener nennen (obwohl es unwahrscheinlich scheint, daß dieses Amt zu dieser Zeit schon eingeführt war), er teilte Hilfsgelder an eine Gruppe von Frauen aus, sicherlich keine herausragende Arbeit. Offenbar tat er sie aber treu, und da er sich in der schwierigen und niedrigen Arbeit bewährte, offenbarte der Herr die zusätzliche Gabe des Evangelisten in seinem Leben (8,5). Wenn Philippus zu den Aposteln gesagt hätte, daß er sich nicht berufen fühle, Witwen zu dienen, hätte der Herr ihm vielleicht niemals erlaubt, die Samariter zu evangelisieren. Treue Tätigkeit in einem Bereich führte zu der Entdeckung einer Gabe in einem anderen Bereich.

Die allererste Gabe, von der wir bei Philippus hören, war die elementare Gabe des Dienens oder der Hilfeleistung. Gibt uns dies nicht einen Hinweis für unser Leben? Statt abzuwarten, welche geistlichen Gaben uns vielleicht gegeben wurden, sollten wir anfangen, die Gabe der Hilfeleistung zu gebrauchen oder die Gabe der Barmherzigkeit oder sogar die Gabe des Gebens. Wenn wir diese elementaren Gaben treu gebrauchen, wird Gott vielleicht noch andere Gaben in unserem Leben zum Vorschein bringen.

Dies ist die Lehre der geistlichen Gaben. Der geistliche Christ wird Gott durch die volle Ausübung seiner ihm geschenkten Gaben dienen. Diese Art der Tätigkeit ist eine der wichtigsten Verantwortungen im geistlichen Leben.

Kapitel 10

Treue im Alltag

Allzuoft konzentrieren sich Predigten über das geistliche Leben auf Wendepunkte und Krisenerfahrungen im Leben eines Gläubigen. Solche Botschaften rufen normalerweise dazu auf, Entscheidungen zur Lebenswende zu treffen. Wenn ein Christ Jahr für Jahr solche Predigten hört, wird er entweder unempfindlich, da die Alarmglocke ständig läutet, oder er verbindet Geistlichkeit nur mit Krisensituationen. Wir brauchen sicherlich öfter Aufrufe zur Entscheidung, und ganz bestimmt sollten in den Krisen im Leben eines Gläubigen geistliche Prinzipien angewendet werden. Es ist aber genauso wahr, daß wir die meiste Zeit unseres Lebens mit Alltäglichem verbringen, darum sollten wir die geistliche Lebensweise auch in diesem Bereich anwenden.

Der Maßstab für die Beurteilung der Christen ist Treue, und darum "sucht man hier an Verwaltern, daß einer treu erfunden werde" (1.Kor.4,2). Es ist auch wahr, daß die meisten Aktivitäten der Christen aus alltäglichen Angelegenheiten bestehen. Deshalb ist vor allem im Alltag Treue nötig. Ist uns jemals aufgefallen, daß Paulus, wenn er die Lebensführung des Christen zusammenfaßte, eine Verbindung zu den gewöhnlichen Tätigkeiten des Lebens herstellte: "Ob ihr nun eßt oder trinkt oder sonst etwas tut, tut alles zur Ehre Gottes" (1.Kor.10,31)? Es wäre für ihn kaum notwendig gewesen, etwa zu sagen: "Ob ihr nun betet oder Zeugnis gebt, tut alles zur Ehre Gottes." Wir denken natürlich bei solchen Angelegenheiten eher an die Ehre Gottes als beim Essen und Trinken. Also sind es sowohl die alltäglichen Lebensläufe wie auch die Krisen, in denen der Christ Treue zeigen soll. Dabei sind die alltäglichen oft die schwierigsten Gebiete.

Nicht nur für das geistliche Leben ist der Bereich des Alltäglichen ein Problem, sondern auch die Beständigkeit in der Praxis. Es gibt wenige, die sich für das Ungewöhnliche nicht wappnen können. Die meisten können etwas schaffen, wenn sie dazu gezwungen werden. Das trifft auch auf geistlichem Gebiet zu. Wenn wir aufgerufen werden, in der Öffentlichkeit ein Gebet zu sprechen, wenn wir gebeten werden, an einem größeren Einsatz für den Herrn teilzunehmen, oder wenn wir in unserem

Glaubensleben in die Enge getrieben werden, finden die meisten von uns einen Weg, diese Situation zu bewältigen. Aber im täglichen Leben tendieren wir dazu, nicht wachsam zu sein. Und wenn wir uns lange im gleichen Trott befinden, werden wir unvermeidlich müde und oft entmutigt, weil der Alltag "uns fertig macht". Aber wenn die biblischen Prinzipien des geistlichen Lebens überhaupt wirken, dann sollten sie auch im alltäglichen Leben wirken, und das beständig.

Gott sagt darüber etwas sehr Wichtiges, das beachtet werden muß, wenn wir ein geistliches Leben führen wollen. Was Er zu sagen hat, wird im Neuen Testament mit einem Wort zusammengefaßt, es wird auf verschiedene Weise übersetzt, aber grundsätzlich heißt es "ermatten". Dies ist keine physische Schwäche, auch keine bloße Schlaffheit, sondern eine innerliche Abneigung, die manchmal der Feigheit nahekommt. In der Verwendung dieses Wortes (und es wird im Neuen Testament nur sieben Mal verwendet) ist es, als ob Gott Seinen Finger auf einige grundsätzliche Bereiche des Lebens legt, denen wir besondere Aufmerksamkeit schenken sollten, um den Mut nicht zu verlieren.

Treue in Problemen

"Deshalb ermatten wir nicht, sondern wenn auch unser äußerer Mensch aufgerieben wird, so wird doch der innere Tag für Tag erneuert" (2.Kor.4,16). Paulus war mit einem Problem sehr belastet, als er diese Worte schrieb. In Verbindung mit seinem Dienst an den Korinthern hatte er viel gelitten. Als er diese Stadt das erste Mal betrat, leisteten ihm die Juden öffentlich solchen Widerstand, daß er bereit war, abzureisen und anderswo hinzugehen. Nur die Erscheinung des Herrn in einer nächtlichen Vision hielt Paulus zurück, und er blieb eineinhalb Jahre in Korinth (Apg.18,6-11). Nach dieser Zusicherung des Herrn wurde er vor den Richterstuhl des Gallion gerufen, weil er von den Juden angeklagt wurde. All dies geschah am Ende seiner zweiten Missionsreise. Als die dritte begann, befand sich Paulus in Ephesus, und er verglich seine Probleme dort mit einem Kampf mit wilden Tieren (1.Kor.15,32). In dieser Stadt widersetzten sich ihm nicht nur die Juden, sondern auch heidnische Bürger wurden durch die Silberschmiede aufgehetzt und hielten eine riesige Protestversammlung gegen die Christen ab. Als

Paulus 2. Korinther 4,16 schrieb, hatte er dies alles gerade erlebt.

Wenn irgendein Mensch das Recht hätte, den Mut zu verlieren, so wäre es Paulus angesichts solcher Probleme gewesen. Er aber sagte, daß er das aus zwei Gründen nicht tun würde. Erstens ist alles des Leidens wert um der Sache des Dienstes willen. Wenn Gottes Gnade durch das Leben derer gesehen werden kann, denen geholfen wird, sind Probleme leicht auszuhalten. Zweitens ermutigte sich Paulus selbst durch die Verheißung, daß Gott den inneren Menschen täglich erneuert, obwohl der äußere Mensch allen Arten von Druck und Problemen ausgesetzt wird.

Wir sollten aus diesem Beispiel unsere Lehren ziehen. Ein geistlicher Christ zeigt Beharrlichkeit und nicht Mutlosigkeit im Angesicht von Schwierigkeiten. Er gibt nicht auf, wenn der Alltag seine Seele zu zerreiben droht. Vielmehr wird er konsequente und ausdauernde Treue für die Aufgabe, zu der er berufen ist, zeigen.

Ungefähr sechs Jahre später befand sich Paulus in anderen Umständen. Er wurde vom Kaiser in Rom, an den er appelliert hatte, unter Hausarrest gestellt und mußte auf die Gerichtsverhandlung warten. Das römische Gesetz verordnete, daß in solchen Fällen der Angeklagte auf das Gericht warten mußte, bis seine Ankläger erschienen. Falls die Ankläger den Fall nicht weiter verfolgen wollten, mußte der Gefangene volle 18 Monate warten, bevor die Anklage fallengelassen werden konnte. Die Juden, die Paulus angeklagt hatten, hatten sich offensichtlich entschlossen, den Prozeß platzen zu lassen, da Paulus dieses Mal zwei Jahre in Rom blieb. Eigentlich war dies das klügste, was sie tun konnten; hätten sie die Sache vor Gericht gebracht, wäre Paulus ohne Zweifel freigesprochen worden, und sein Dienst wäre somit gerechtfertigt gewesen. Aber indem sie keine Anklage erhoben, zogen sie Paulus nicht nur für zwei Jahre aus dem Verkehr, sondern sie ließen das Urteil über seinen Dienst offen, da er weder freigesprochen noch für schuldig befunden wurde. Mittlerweile mußten Paulus und sein Freundeskreis geduldig sein. Er schrieb folgende Worte an diese Freunde in Kleinasien, die mit ihm ausharrten: "Deshalb bitte ich, nicht mutlos zu werden durch meinen Drangsal für euch" (Eph.3,13). Er wollte nicht, daß sie aufgrund seiner Lage den Mut verloren. Zweifellos beteten viele für seinen baldigen Freispruch und seine Freilassung, und sie brauchten Geduld und Ermutigung angesichts dieser Probleme. Es wäre sehr leicht und natürlich für sie gewesen, entmutigt zu werden, wenn sie die Monate dahinziehen sahen. Wie oft sagen wir von einem Problem: "Ich wünschte, es würde endlich auf die eine oder andere Art entschieden werden. Es macht mir nicht einmal mehr etwas aus, wenn es gegen mich ausgeht - Hauptsache, es ist vom Tisch." Genauso hätten auch Paulus und seine Freunde sagen können. Aber statt dessen geht die Ermutigung an uns alle, treu zu sein angesichts ungelöster Probleme, sie dem Herrn anzuvertrauen und geduldig auf eine Lösung zu warten. Diese Art der Treue kennzeichnet den geistlichen Christen.

Treue im Gebet

Das zweite Gebiet, auf dem wir im Alltag treu sein müssen, weil wir alle zur Mutlosigkeit neigen, ist unser Gebetsleben. Unser Herr sagte, daß wir zu jeder Zeit beten und nicht ermatten sollten (vgl. Luk.18.1). Das Publikum, das diese Worte zuerst hörte, waren die, zu denen er von seinem zweiten Kommen sprach (Lk.17,20ff.). Das macht diese Ermahnung besonders auch für uns zutreffend, denn wir leben in einer Zeit, in der die Entrückung der Gemeinde jederzeit geschehen könnte. Manchmal können wir, die wir diese gesegnete Hoffnung im Herzen haben, zurecht beschuldigt werden, in der Arbeit für den Herrn faul zu sein, während wir auf Sein Kommen warten. Das sollte eigentlich nicht so sein, wir sollten vielmehr umso eifriger wirken. Gebet ist der wichtigste Teil jedes christlichen Dienstes.

Die Geschichte des Gleichnisses in Luk.18,1-8 ist eine Fallstudie der Gegensätze. Eine Witwe, deren Rechte in der damaligen Gesellschaft gleich null gewesen wären, wird einem ungerechten Richter gegenübergestellt (wörtlich: einem Richter der Ungerechtigkeit), der niemandem verantwortlich ist. Die ungerecht behandelte Witwe suchte Rechtshilfe, und nur weil sie immer wieder zum Richter kam, erhielt sie schließlich das, was sie erbeten hatte. Aus dieser Geschichte leitet der Herr drei Verheißungen für das Gebet ab.

Die erste besteht darin, daß wir im Vergleich zum ungerechten Richter, der sich nicht im geringsten um die kümmerte, die zu ihm kamen, einen himmlischen Vater haben, der sich unendlich um die sorgt, die zu Ihm kommen. Die zweite ergibt sich logisch aus der ersten: wir haben nicht eine völlig rechtlose Stellung wie die Witwe, sondern wir sind Gottes Auserwählte mit all den Vorrechten, die eine solche Beziehung mit sich bringt. Wir kommen zu einem himmlischen Vater als die, die vom Vater dazu auserwählt worden sind, die Erben aller Dinge zu sein. Warum sollten wir dann jemals im Gebet den Mut verlieren?

Manchmal meinen wir, daß Gott unsere Gebete nicht zu hören scheint, geschweige denn, sie zu erhören. Die dritte Verheißung beantwortet diese Einwände; der Herr verspricht, daß Er "ihnen schnell Recht verschafft". Das Wort, das mit "schnell (ohne Verzug)" übersetzt wird, schließt eine Verzögerung nicht aus, es bedeutet einfach eine schnelle Erhörung - wenn die Stunde für die Antwort gekommen ist. Die Verheißung ist nicht die, daß die Antwort sofort auf die Bitte folgt; die Verheißung ist die, daß, wenn die Zeit für die Antwort gekommen ist, plötzlich alle Puzzleteile richtig zusammengefügt werden. Der gleiche Ausdruck wird in Offenbarung 1,1 verwendet, und die Verheißung bedeutet hier, daß die Ereignisse, die in diesem Buch offenbart sind, plötzlich passieren werden, wenn die Zeit gekommen ist. Die Verheißung sagt nicht, daß die Ereignisse schon zu Lebzeiten von Johannes beginnen werden. Verzögerungen in der Antwort auf unsere Gebete widersprechen nicht der Verheißung, daß die Rechtfertigung schnell kommen wird. In der Zwischenzeit sollten wir nie den Mut im Gebet verlieren, wissend, daß die Antwort zu der Zeit, die Gott für richtig befindet, plötzlich kommen wird.

Die drei Verheißungen sind, daß wir einen himmlischen Vater haben, eine himmlische Stellung und eine himmlische Verheißung. Das sind die Ermutigungen zur Treue im alltäglichen Gebet. Der geistliche Christ wird im Gebet den Mut nicht verlieren.

Treue in guten Werken

Haben Sie je einen Christen kennengelernt, der zu geistlich ist, um anderen helfen zu können? Manchmal hört man, daß einer so himmlisch gesinnt ist, daß er zu Irdischem nicht taugt. Der Herr spricht diese Dinge an, indem Er uns im Neuen Testament zweimal daran erinnert, die guten Werke nicht zu vernachlässi-

gen (Gal.6,10; 2.Thes.3,13). In der Stelle im Galaterbrief wird
die Reichweite dieser guten Taten abgedeckt: "Allen gegenüber
das Gute tun, am meisten aber gegenüber den Hausgenossen
des Glaubens". Diese Art der Güte ist eine Nachahmung des
Lebens Christi, "der umherging und wohltat" (Apg.10,38). In
der Thessalonicherstelle zielt die Ermahnung zu guten Werken
auf das gegenteilige Verhalten einiger Gläubigen in dieser Gemeinde. Offensichtlich hatten manche unter dem Vorwand einer falschen Frömmigkeit aufgehört zu arbeiten, um auf das
Kommen des Herrn zu warten. Diese Leute waren nicht untätig,
aber sie waren Wichtigtuer. Anscheinend versuchten diese
Gläubigen auch, andere für ihre Idee zu gewinnen, daß auch
sie, angesichts der bevorstehenden Wiederkunft des Herrn, ihre
Arbeit aufgeben sollten (V.11). Dieser pseudogeistlichen Überredung zu widerstehen, war nicht sehr einfach, da man den An-
schein erwecken würde, man sei gegen ein erwartungsvolles
Harren auf die Wiederkunft des Herrn. Paulus deckte solch unsinniges Verhalten auf und ermutigte die, die im Alltag des Lebens treu waren.

In diesem Bereich haben christliche Arbeiter Probleme. Es
ist sehr leicht für diejenigen, die in vollzeitiger christlicher Arbeit stehen, sich zu rechtfertigen, daß sie für "gewöhnliche"
gute Werke keine Zeit hätten, da sie in der Arbeit für den Herrn
zu beschäftigt wären. Der Fehler einer solchen Denkweise liegt
darin, daß "gewöhnliche" gute Werke das Werk des Herrn sind,
und niemand von uns, einschließlich der vollzeitigen Mitarbei-
ter und der geistlichen Christen, sollte jemals davon ablassen,
diese Werke zu tun.

Treue im Zeugnisgeben

Ein Leben der guten Werke muß mit der direkten und positiven
Verkündigung des Evangeliums verbunden sein (2.Kor.4,1).
Gutes zu tun, ohne Zeugnis für die Botschaft zu geben, ist ein
soziales Evangelium; Zeugnis zu geben, ohne gute Werke zu
tun, ist ein Evangelium ohne Zweck und Anziehungskraft.
Wenn wir auf diesem Gebiet ermatten, wie tragisch werden die
Folgen für andere und wie leer wird unser eigenes geistliches
Leben sein. In diesem Vers werden zwei Gründe dafür genannt,
daß die Botschaft bei jeder Gelegenheit verkündet werden
sollte: Der erste ist die Botschaft selbst. Nach 2. Korinther 3 ist

es eine Botschaft des Lebens, der Herrlichkeit, der Gerechtigkeit, der Freiheit und der umwandelnden Kraft. Der zweite Grund ist der, daß wir selbst diese umwandelnde Kraft erfahren haben, und weil wir aus unserer eigenen Erfahrung wissen, was dieses Evangelium bewirken kann, sollten wir bestrebt sein, es anderen zu erzählen.

Ergebnisse (Bekehrungen) aus diesem Zeugnisgeben sind etwas, was nur Gott obliegt. Aber das Zeugnis müssen wir geben. Unser Herr warnt uns, daß es viele geben wird, die anscheinend die Botschaft annehmen werden, die aber keine Frucht bringen und damit beweisen, daß sie nicht wirklich an die Errettung geglaubt haben (Lk.8,4-15). Paulus warnt uns, daß es in den letzten Tagen eine große Frömmigkeit geben wird, die sich aber nicht in Neuheit des Leben zeigen wird, weil sie kraftlos ist (2.Tim.3,5). Aber unsere Verantwortung bleibt dieselbe - nämlich den Samen des Wortes auszusäen. Einer, der auf diesem Gebiet ermattet, hat kein echtes und kräftiges geistliches Leben.

Das sind vier Bereiche des Lebens, in denen wir unsere geistliche Gesinnung oder deren Mangel täglich zeigen können: Zu wissen, wie man siegreich angesichts der Probleme leben kann, beharrlich im Gebet zu sein, auch wenn die Antwort sich verzögert, einfach den Menschen Güte zu erweisen - und treu Zeugnis für das Evangelium der Gnade zu geben, das sind die Bereiche, in denen wir durch unsere Treue im Alltag das Maß unserer göttlichen Gesinnung zeigen können.

Um es auf eine andere Art auszudrücken (ich hoffe, ohne Anstoß zu erregen): Diese Lehre, über die Wichtigkeit, nicht zu ermatten, soll uns deutlich machen, daß es wichtiger ist, uns für den Alltagstrott zu wappnen, als uns nur für die großartigen Ereignisse des Lebens in Schwung zu bringen. Je länger ich lebe, um so mehr bin ich überzeugt, daß ein echtes geistliches Leben nicht wirklich auf der Kanzel, in einem Seminarraum, in der Sonntagsschule oder in der Vorstandssitzung bewiesen wird, sondern es wird am besten durch ein konsequentes Leben vor Gott gezeigt, und zwar vor denen, die uns in der Familie am nächsten stehen. Eine gewisse Art von Geistlichkeit kann zur Schau gestellt werden; die Art, die Gott will, wird im Alltag entwickelt und konsequent und beharrlich praktiziert.

TEIL III: PRAKTISCHE PROBLEME

Kapitel 11

Wie kann ich wissen, ob ich mit dem Heiligen Geist erfüllt bin?

Die Formel für den geistlichen Sieg wird oft umschrieben mit: "Laßt euch vom Geist erfüllen" (Eph.5,18) - und das ist richtig. In der Tat bedeutet ein geistliches Leben, erfüllt zu sein mit dem Geist. Aber was bedeutet es eigentlich, mit dem Geist erfüllt zu sein? Was sind die Eigenschaften eines geisterfüllten Lebens? Kann ein Mensch wissen, ob er mit dem Geist erfüllt ist? Diese Fragen, so wichtig sie auch sind, sind nicht leicht zu beantworten; und wenn sie beantwortet werden, sind die Antworten meistens nicht klar. Wir müssen aber versuchen, klare Antworten aus dem Wort zu finden, denn die Erfüllung mit dem Geist ist wichtig für ein ausgewogenes geistliches Leben.

Was ist Erfüllung mit dem Heiligen Geist?

Wie bei den meisten Begriffen ist auch hier eine klare Definition wichtig, nicht nur, um den grundsätzlichen Gedanken zu verstehen, sondern auch, um die richtigen Schlußfolgerungen daraus abzuleiten. Was auf einen bestimmten Gedanken aufgebaut wird, kann nur so gut sein wie die Definition dieses Gedankens, die das Fundament bildet.

Die Richtlinie finden wir in Epheser 5,18. "Und berauscht euch nicht mit Wein, worin Ausschweifung ist, sondern werdet voll Geist." Es ist einfach der Vergleich zwischen Betrunkenheit und Geisterfüllung. Damit soll nicht bestritten werden, daß es einen scharfen Gegensatz zwischen diesen beiden Zuständen in diesem Vers gibt. Der Vergleich gibt uns aber einen Schlüssel für die richtige Definition der Erfüllung mit dem Geist. Der grundsätzliche Schlüssel ist der Gedanke der Herrschaft. Das sehen wir in dem Vergleich, denn beide, der Betrunkene und der Geisterfüllte, sind beherrschte Personen - der eine wird durch den Alkohol beherrscht, der andere durch den Geist, den er empfangen hat. Unter dem Einfluß und der Herrschaft des Alkohols denkt und benimmt sich ein Mensch anders als normal. Ähnlich wird ein Christ, der durch den Geist beherrscht wird, anders denken und handeln, als es für ihn natürlich ist. Das besagt nicht, daß sein Leben unberechenbar oder abnormal wird. Es bedeutet, daß sein Leben nicht mehr von dem bestimmt wird, was für ihn natürlich ist, d. h. von seiner alten Natur. Mit dem Heiligen Geist erfüllt zu sein, bedeutet also, von dem Geist beherrscht zu werden.

Ein anderer Aspekt der Erfüllung mit dem Geist, der ebenfalls in Epheser 5,18 angedeutet wird, ist eine wiederholte Erfahrung. Die Zeitform des griechischen Wortes in diesem Vers ist das Präsens, was auf eine fortlaufende Handlung schließen läßt, im Gegensatz zu einer einzigen Handlung, die nur einmal geschieht. Mit anderen Worten kann ein Christ erfüllt und erfüllt und wieder erfüllt werden. Dies wird durch die Erfahrung der Apostel während der ersten Tage der Gemeinde veranschaulicht. Zu Pfingsten wurden sie mit dem Geist erfüllt (Apg.2,4). Kurz nach dem ersten Gebetstreffen wird die gleiche Gruppe wieder erfüllt (Apg.4,31). Es ist interessant und sehr wichtig, daß die Apostel nicht deshalb ein zweites Mal erfüllt werden mußten, weil gewisse Sünden in den Tagen seit Pfingsten in ihrem Leben vorhanden gewesen wären. Diese zweite Erfüllung war notwendig, weil sie die Herrschaft in einem neuen Bereich (Freimut) angesichts eines neuen Problems (das Redeverbot des Hohen Rates) benötigten. Mit anderen Worten kann wiederholte Erfüllung notwendig sein, weil im Leben immer neue Bereiche in Erscheinung treten, die unter die Herrschaft des Heiligen Geistes gestellt werden müssen. Selbstverständlich ist es ebenso wahr, daß ein Christ immer wieder erfüllt werden muß, wenn Sünde (durch welche ich beherrscht werde) die Herrschaft des Geistes durchbricht.

Ein weiterer Aspekt zu diesem Thema wird in Epheser 5,18 deutlich. Die Erfüllung mit dem Geist wird von einem Christen verlangt (" werdet erfüllt" ist ein Imperativ). Es wird erwartet, daß Gläubige mit dem Heiligen Geist erfüllt sind; das ist keine Angelegenheit ihrer eigenen Entscheidung. Wieder wird dies in der Apostelgeschichte veranschaulicht, denn die Erfüllung mit dem Geist wird dort mindestens neunmal erwähnt und immer in Verbindung mit der gewünschten oder vorbildlichen Stellung des einzelnen oder der Gemeinde vor Gott. Und der Heilige Geist ist bereit, heute das gleiche für die Gemeinde zu tun.

Wie kann man mit dem Heiligen Geist erfüllt werden?

Oft wird der Empfang der Erfüllung mit dem Heiligen Geist in Verbindung mit Warten und Flehen gebracht, weil die Jünger die Weisung erhalten hatten, bis Pfingsten in Jerusalem zu warten (Apg.1,4). Warten und Flehen sind aber keine Voraussetzungen für die Erfüllung mit dem Geist. Es wurde ihnen aufgetragen, auf das zu warten, was der Herr "die Verheißung des Vaters" nannte. Diese Verheißung aber beinhaltete, "mit dem Heiligen Geist getauft zu werden" (Apg.1,5). Sie warteten auf die Taufe des Heiligen Geistes, welche sie zu Pfingsten empfingen - verbunden mit der Geisterfüllung (Apg.11,15-16 vgl. 2,4).

Gerade die Verwechslung hinsichtlich der Taufe und der Erfüllung mit dem Heiligen Geist führt zu falschen Vorstellungen über die Geisterfüllung.

Taufe mit/im Hl. Geist	Erfüllung mit Hl. Geist
Geschieht nur einmal im Leben jedes Gläubigen	Ist eine wiederholte Erfahrung
Geschah nie vor Pfingsten	Geschah auch im Alten Testament
Trifft auf alle Gläubigen zu	Wird nicht unbedingt von jedem erfahren
Kann nicht ungeschehen gemacht werden	Kann verloren gehen
Ergebnis ist eine neue Stellung	Ergebnis ist Kraft
Geschieht, wenn wir an Christus glauben	Geschieht durch ein geheiligtes Leben
Keine Voraussetzungen (außer Glauben an Christus)	Hängt von Hingabe ab

Die Apostelgeschichte beschreibt zwar Ereignisse, bei denen die Taufe mit dem Geist geschah, nämlich am Pfingsttag und im Haus des Kornelius (Apg.1,5; 11,15-16), aber es wird nicht erklärt, was geschieht, wenn man getauft wird. Nur in 1.Korinther 12,13 wird die Bedeutung des Werkes des Geistes in der Taufe erklärt; es ist das Werk, durch das wir mit dem Leib Christi vereint werden. Darum können wir sagen, daß die

Taufe etwas Einmaliges ist (weil kein Christ, wenn er einmal mit Christus vereint ist, jemals wieder von ihm getrennt werden kann), daß sie zum Zeitpunkt der Errettung geschieht (sonst würde es errettete Leute geben, die nicht mit Christus vereint sind) und daß sie schwerpunktmäßig eine Sache der Stellung ist und nicht der Kraft. All dies wird durch den erklärenden Vers 1. Korinther 12,13 bestätigt, die Zeitform des Wortes "getauft" zeigt, daß ein abgeschlossenes Ereignis gemeint ist, in das "alle" Gläubigen eingeschlossen sind (unter denen manche nicht in Zungen gesprochen haben -1.Kor.12,30), und die daraus folgende Stellung des Christen wird klar gekennzeichnet als ein Platz am Leib Christi.

Weiter wird im Neuen Testament nach dem Pfingsttag an keiner Stelle mehr angedeutet, daß Warten eine Voraussetzung für die Geistestaufe ist. Der einzige andere spezifische Fall von Taufe in der Apostelgeschichte kam im Haus von Kornelius vor (10,45; 11,15-16), und hier geschah die Taufe in einem Augenblick, in dem die Leute gläubig wurden, während Petrus ihnen seine Botschaft verkündete. Das Beispiel dafür, wie Heiden in den Leib Christi aufgenommen werden, wie es uns durch die Ereignisse im Haus des Kornelius gegeben wird, setzte kein Gebet, kein Flehen oder Warten voraus, nur den Glauben an Jesus Christus, auf den Gott sofort antwortete, indem er die Glaubenden mit dem Geist taufte. Auch heute noch folgt Gott diesem Beispiel.

Aber was ist mit der Erfüllung durch den Geist? Was sind die Voraussetzungen dafür? Wir forschen auf den Seiten des Neuen Testaments vergeblich nach einem Beispiel von Gläubigen, die nach den Pfingsttagen für die Erfüllung mit dem Heiligen Geist beteten. Das Gebet des Paulus für die Gläubigen in Ephesus käme einem solchen Beispiel noch am nächsten (Eph.1,17). Doch auch dies ist kein Gebet für die Erfüllung mit dem Geist. Es gibt dafür tatsächlich kein Beispiel, obwohl die meisten Leute denken, dies sei der Weg, um mit dem Geist erfüllt zu werden.

Obwohl Gott von uns nicht erwartet, daß wir warten oder daß wir verzweifelt im Gebet für die Erfüllung mit dem Geist ringen, bedeutet dies nicht, daß die Erfüllung ohne Voraussetzungen ist. Eine Voraussetzung dafür ist Gehorsam, und Beten kann zwar dazu beitragen, den Anforderungen des Gehorsams nachzukommen, aber Hingabe ist die Vorbedingung für die Erfüllung. Genau das beinhaltet auch der Gedanke der Herrschaft. Da der Heilige Geist uns Seine Herrschaft über unser Leben nicht aufzwingt, müssen wir uns Seiner Herrschaft hingeben, und daraus folgt, daß wir mit dem Geist erfüllt oder von Ihm beherrscht werden.

Hingabe beinhaltet sowohl den einmaligen, vollständigen und wendepunktartigen Akt der Hingabe (wie in Kapitel 7 erläutert) wie auch einen täglichen Wandel in Abhängigkeit von der Kraft des Geistes. Der zweite Aspekt wird in Galater 5,16 beschrieben: "Ich sage aber: Wandelt im Geist, und ihr werdet die Lust des Fleisches nicht erfüllen." Hier wird das griechische Wort in der Gegenwart benutzt, und das zeigt eine andauernde Abhängigkeit vom Geist an. "Wandeln" ist eigentlich seiner ganzen Bedeutung nach eine Reihenfolge von abhängigen Handlungen. Wenn ein Fuß gehoben wird, um ihn vor den anderen zu setzen, wird dies im Glauben getan, daß der Fuß, der noch auf der Erde verbleibt, das volle Gewicht des Körpers trägt. Jeder Fuß wirkt abwechselnd als Träger, während der andere Fuß vorwärts bewegt wird. Laufen kann nur durch den Glauben an die Kraft der eigenen Füße erfolgreich bewältigt werden. In gleicher Weise kann der christliche Wandel nur durch andauernde Abhängigkeit von der Herrschaft des Heiligen Geistes erfolgreich sein.

Geisterfüllt zu sein bedeutet, vom Heiligen Geist beherrscht zu werden. Und so beherrscht zu werden bedeutet, ein hingegebenes Leben zu führen und eine tägliche Abhängigkeit von der Kraft des Geistes. Gebet und menschliche Bemühungen können dazu mithelfen, daß diese Bedingungen erfüllt werden, aber wenn sie erfüllt werden, ist die Herrschaft (und damit die Erfüllung) durch den Heiligen Geist automatisch gegeben.

Daraus folgt eine sehr praktische Frage: Kann man überhaupt sagen, daß man mit dem Geist erfüllt ist? Wenn Sie jemals in einer Versammlung wären, in der der Redner diejenigen aufforderte, die mit dem Geist erfüllt sind, zu bezeugen, daß sie das auch wüßten, würden Sie feststellen, daß die meisten dies nur ungern tun würden. Ist dieses Zögern gerechtfertigt, oder sollten wir unsere Hand nicht zurückhalten, wenn es darum geht bekanntzugeben, daß wir mit dem Heiligen Geist erfüllt sind? Manche Leiter in einer Gemeinde denken, daß es keinen Grund für dieses Zögern gibt, und sie spornen Gotteskinder dazu an 1. sich hinzugeben und 2. aufzustehen und bekanntzugeben, daß sie vom Geist erfüllt sind. Was ist richtig - die Zurückhaltung, die die meisten scheinbar haben, oder die aggressive Behauptung, die viele gerne hören möchten?

Beide Betonungen sind in einem gewissen Sinn richtig. Es ist wahr, daß, wenn sich jemand der Herrschaft des Geistes unterworfen hat, der Geist die Herrschaft übernimmt und ihm Anweisungen für sein Leben gibt. Das ist Erfüllung, und ein Gläubiger kann sicher sein, daß er vom Geist beherrscht oder erfüllt wird, wenn er sich bewußt dem Geist zur Verfügung stellt. Warum dann aber diese Zurückhaltung? Weil wir erkennen, daß keiner von uns schon am Ziel angelangt ist und daß es im Lauf unseres Lebens immer Lebensbereiche gibt, die vor uns auftauchen und erneut unter die Kontrolle des Geistes gestellt werden müssen. Wandeln heißt nicht, die Vollkommenheit zu erlangen. Jeder Schritt muß in Abhängigkeit von Ihm gemacht werden, und jeder Schritt beinhaltet die Möglichkeit des Strauchelns. Die Leute sind also zurückhaltend, weil sie mehr oder weniger deutlich erkennen, daß die Probleme und Umstände von morgen neue Prüfungen der Hingabe bringen werden, die immer wieder entschieden werden müssen.

Über diese Sicherheit und Unsicherheit schreibt Paulus im selben Vers: "Denn ich bin mir selbst nichts bewußt, aber dadurch bin ich nicht gerechtfertigt. Der mich aber beurteilt, ist der Herr" (1.Kor.4,4). In bezug auf die Erfüllung mit dem Heiligen Geist brauchen manche die Versicherung, daß sie Seine Herrschaft erfahren können; andere wiederum müssen davor gewarnt werden, in einem falschen Selbstvertrauen zu glauben, daß es keine Kämpfe um die Hingabe mehr zu bestehen gäbe.

Was sind die Kennzeichen eines geisterfüllten Lebens?

Wie kann man wissen, ob man vom Geist erfüllt ist? Wie wird das Leben dann sein? Auf welche Weise werden geisterfüllte Christen den anderen Christen ähnlich sein, und inwiefern werden sie anders sein? Die Antworten auf diese Fragen sind wichtig, damit wir angemessene Leitlinien für das geisterfüllte Leben bekommen. Wir müssen vermeiden, ein subjektives Schema aufzustellen und die Gläubigen dazu zu zwingen, diesem Schema zu entsprechen, um zu beweisen, daß sie geisterfüllt sind.

1. *Christusähnlichkeit.* Ähnlichkeit mit Christus ist die wichtigste Auswirkung des Erfülltseins mit dem Heiligen Geist. Es ist auch ein allgemeingültiges Kennzeichen dafür; d.h. alle, die geisterfüllt sind, werden die Eigenschaften der Ähnlichkeit mit Christus in ihrem Leben zeigen. Aber was ist Christusähnlichkeit? Wir tendieren dazu, unsere Vorstellung von Christusähnlichkeit entsprechend unserer eigenen Persönlichkeit zu formen, statt unsere Persönlichkeit zu ändern, damit sie dem biblischen Bild der Christusähnlichkeit entspricht. Extrovertierte denken unvermeidlich, daß Christus ein aggressiver Extrovertierter war. Introvertierte können Ihn sich nur als einen milden und sanftmütigen Mann vorstellen, der sich nie behaupten konnte. Der erfolgreiche christliche Geschäftsmann denkt, daß Christus ein Millionär gewesen wäre, wenn Er sich für eine Wirtschaftskarriere entschieden hätte, während der gewöhnliche schüchterne Gläubige genauso sicher ist, daß der Herr so wenig wie möglich mit Geschäften, Börse oder finanziellen Angelegenheiten zu tun gehabt hätte. Wir neigen unwillkürlich dazu, uns selbst in unserer Vorstellung von Christusähnlichkeit zu projizieren.

Was ist echte Ähnlichkeit mit Christus? Was auch immer es beinhaltet oder auch nicht beinhaltet, die meisten sind sich darin einig, daß es die Frucht des Geistes ist; und diese nennt nach Galater 5,22-23 neun Eigenschaften. Wenn der Heilige Geist das Leben beherrscht, wird die Frucht des Geistes geoffenbart, und das bedeutet Ähnlichkeit mit Christus. Aber die Frucht des Geistes wird oft in einer sehr oberflächlichen Art und Weise mißverstanden, und somit ergibt sich eine mangelhafte Vorstellung von Christusähnlichkeit.

Was ist wirklich mit den neun Eigenschaften der Frucht des Geistes gemeint? Was z. B. ist Liebe? Sicher nicht eine Art rückgratloser Sentimentalität. Liebe bedeutet, den Willen Gottes zu tun, und das kann alle möglichen, ganz unterschiedlichen Handlungen beinhalten. Unser Herr, der ein Gott der Liebe ist, hat sicherlich nichts Liebevolles getan, als Er die Geldwechsler aus dem Tempel vertrieb. Liebe kann die Sünde manchmal zudecken, indem sie sie einfach nicht aufdeckt, aber sie wird die Sünde nicht entschuldigen. Ähnlichkeit mit Christus beinhaltet eine grundsätzliche Liebe, den Willen Gottes zu tun, wobei dies sich in Handlungen zeigen kann, die äußerlich lieblos erscheinen.

Freude ist etwas, das nicht von oberflächlichen Umständen abhängt, sondern sie wird in der Schrift damit verbunden, die Fortschritte von anderen Gläubigen in der Erkenntnis der Wahrheit zu sehen (3.Joh.4; Phil.2,2; 1.Thes.2,19). Mit anderen Worten, die Freude, die christusähnlich ist, kommt aus einem wirksamen Dienst an anderen Leuten, so wie Christus ihn tat (Hebr.12,2).

Wahrer Friede ist die Ruhe, die nur ein Gläubiger kennen kann, weil er in der richtigen Beziehung zu Gott steht (Röm.5,1; Eph.2,17). Dieser Friede kommt nicht aus irdischer Sicherheit, auch Besitz kann keinen Frieden garantieren (Mt.8,20). Friede mit Gott kann auch mitten in der größten Disharmonie anderer irdischer Beziehungen erfahren werden (Mt.10,34), denn wahrer Friede ist auf unsere direkte Beziehung zu dem Herrn gegründet. Gewiß kann es auch Folgen für unsere irdischen Beziehungen geben, aber die Bibel warnt uns, daß es nicht immer möglich sein wird, mit allen Menschen in Frieden zu leben (Röm.12,18).

Langmut ist die Seelenruhe im Charakter und im Verhalten eines Gläubigen, die ihn dazu veranlaßt, niemals Rachegefühle zu zeigen. Sie beinhaltet das Merkmal der Geduld, aber auch die positive Zurückhaltung in der Arbeit mit Menschen, um die Herrlichkeit Gottes in ihnen zu fördern. Sie kann auch jemanden zurechtweisen (Joh.14,9), aber immer mit dem Ziel, sein Wachstum in der Gnade zu stärken.

Freundlichkeit und Güte sind zwei Seiten derselben Münze. Die eine Seite bedeutet gütige Gedanken und die zweite liebevolle Taten. Offensichtlich war unser Herr immer christusähnlich, also kann auch Seine Tat, eine Schweineherde zu vernichten, nicht im Gegensatz zur Güte stehen.

Treue bedeutet, beständig zu dienen und alle Gelegenheiten, die Gott uns gibt, wahrzunehmen. Es beinhaltet den regelmäßigen Ablauf des Arbeitens, des Gottesdienstes und des Zeugnisgebens. Natürlich beinhaltet es auch die Krisen des Lebens, aber für uns alle ist Treue zum größten Teil eine Frage der Gottesfurcht im zermürbenden Alltag des Lebens. Unser Herr zeigte dies unter Umständen, in denen Er sehr zu leiden hatte (Lk.2,52; 22,42; Hebr.5,8), und diese Frucht des Geistes wird von allen Gläubigen gefordert (1.Kor.4,2).

Sanftmut ist ein feiner Wesenszug. Sie bedeutet nicht Schwachheit (man beachte, wie unser Herr Seine Gegner in

Mt.15 behandelte). Von Mose, dem großen Führer, ist gesagt worden, daß er der sanftmütigste Mann auf der ganzen Erde war (4.Mo.12,3). In unseren Tagen ist Leiterschaft oft auf eine dynamische Persönlichkeit aufgebaut oder auf persönliche Anziehungskraft; biblische Größe ist auf Sanftmut aufgebaut.

Selbstbeherrschung ist die Selbstdisziplin auf allen Gebieten des Lebens, besonders auf dem Gebiet der Moral. Es bedeutet, alle Seiten von uns selbst unter disziplinierte Unterwerfung zu bringen, damit das Leben so glatt wie nur möglich geschliffen wird, um den Willen Gottes tun zu können. Es bedeutet bestimmt keine Faulheit, keine Schlampigkeit, keine Ziellosigkeit und auch keine Genußsucht.

Alle diese neun Eigenschaften sind zusammengenommen die Frucht des Geistes. Die Tatsache, daß sie *die Frucht*, nicht die Früchte des Geistes sind, erinnert uns daran, daß alle neun zur gleichen Zeit vorhanden sein müssen, völlig zu einem Ganzen vereint und miteinander wirkend, um ein ausgeglichenes, geistgeleitetes und fruchtbares Leben zu schaffen.

Hier kommen wir zu einer praktischen Frage. Ich möchte es auf diese Weise veranschaulichen. Ich habe viele Zeugnisse von neuen Studenten gehört, die sich etwa wie folgt anhören: "Als ich in der Bibelschule anfing, ging ich zu Dozent X in die Klasse, und ich bewunderte ihn sehr. Ich dachte, daß ich genau wie er sein wollte. Dann ging ich zu einem anderen Professor, und dieser fesselte mich so sehr, daß ich genau so wie er werden wollte. Das ging so weiter in allen meinen Klassen, und jeder Professor schien genau der zu sein, nach dem ich mein Leben ausrichten wollte. Aber bald wurde ich entmutigt, weil ich erkannte, daß ich nicht wie alle gleichzeitig sein konnte, und ich sah ein, daß Gott mich am besten als Vertreter meiner selbst haben wollte. Und das versuche ich jetzt."

Der offensichtliche Fehler in dieser Schlußfolgerung ist der, daß Gott will, daß ich der beste Vertreter Christi bin. Und dennoch gibt es gottgegebene Unterschiede zwischen Ihnen und mir. Das praktische Problem der Ähnlichkeit mit Christus, das entsteht, ist also: wenn alle Gläubigen christusähnlich wären, worin wären wir einander ähnlich und worin unterschiedlich?

Die Antwort liegt in der Wechselbeziehung zwischen der Christusähnlichkeit, den natürlichen Gaben, den geistlichen Gaben und der Persönlichkeit. Unterschiede in der natürlichen Begabung, auch persönliche Charakterzüge, sind ein Teil von uns allen. Manche von diesen Unterschieden sind moralisch indifferent; das heißt, sie sind in sich selbst weder böse noch gut. Aber manche werden auch durch die Sündennatur verursacht und durch das Ausmaß, in dem sie beherrscht oder ausgelebt wird. Als Gläubige sind wir weiterhin mit geistlichen Gaben in verschiedenen Kombinationen ausgestattet. Die alte Natur ist in einem Gläubigen nicht ausgelöscht, und sie kann weiter ihre Eigenschaften in seinem Leben zum Ausdruck bringen. Natürliche Unterschiede werden nicht unbedingt verschwinden, wenn wir Christen werden. Und doch ist die Ähnlichkeit mit Christus etwas Absolutes, das nicht für jeden Gläubigen unterschiedlich ist. Alle Gläubigen sollten die Art des Charakters und die Haltung zeigen, die die Frucht des Heiligen Geistes hervorbringt. Jeder wird es durch seine eigene, unterschiedliche Persönlichkeit und mit seinen von Gott gegebenen und besonderen Gaben tun. Es wird Unterschiede geben wegen unseren Begabungen; es sollte Ähnlichkeiten geben durch die Herrschaft des Geistes. Es kann keine Entschuldigung dafür geben, daß wir uns weigern, dem Herrn Raum für Veränderungen unserer Persönlichkeit einzuräumen, oder dafür, daß wir der Sündennatur in uns erlauben, die Herrschaft zu übernehmen.

Um konkreter zu werden, der Gläubige mit einem niedrigeren IQ sollte Liebe, Friede, Freude u.s.w. in seinem Wirkungsbereich zeigen, genauso wie der Gläubige mit einem hohen IQ. Der Gläubige mit geringeren Gaben sollte diese einsetzen, damit er die Frucht des Geistes hervorbringt, ebenso der Gläubige mit "größeren" Gaben. Ein extrovertierter Mensch, der andere einfach wegen seiner überwältigenden Persönlichkeit "überrollt", sollte dem Heiligen Geist Raum geben, ihn zu verändern und sanftmütig zu machen. Der faule Christ darf nie seine Fehlhaltungen als anlagebedingt entschuldigen, er sollte es zulassen, daß der Heilige Geist in seinem Leben die Frucht der Disziplin hervorbringt. Der christusähnliche Charakter und die Haltung der Christen sollten immer deutlicher übereinstimmen; die gott-gegebenen und moralisch indifferenten Unterschiede in uns machen uns verschieden; aber sündhafte Unterschiede in uns sollten nie geduldet werden. Ich sollte der beste Vertreter meiner selbst sein, zu dem der Herr mich machen kann, solange sich diese Darstellung der Christusähnlichkeit in meinem von Gott geleiteten Lebensstil offenbart. Solch ein Leben wird vom Heiligen Geist geleitet und erfüllt.

2. *Ein Leben des Dienstes.* "An dem letzten, dem großen Tag des Festes stand Jesus und sprach: 'Wenn jemand dürstet, so komme er zu mir und trinke. Wer an mich glaubt, aus dessen Leibe werden, wie die Schrift gesagt hat, Ströme lebendigen Wassers fließen.' Dies aber sagte er von dem Geist, den die empfangen sollten, die an ihn glaubten; denn noch war der Geist nicht da, weil Jesus noch nicht verherrlicht worden war" (Joh.7,37-39). Während der vorhergehenden sieben Tage des Laubhüttenfestes wurden Trankopfer dargebracht, aber am achten Tag, an dem unser Herr diese Worte sprach, wurden diese Trankopfer anscheinend nicht dargebracht, was Seine Behauptung, daß Er es ist, der den Durst löschen kann, noch bemerkenswerter macht. Aber Er sagte nicht nur, daß Er den Durst befriedigen könnte; zusätzlich sagte Er voraus, daß der Heilige Geist im Leben des Gläubigen überfließen und der Gläubige damit den Segen verbreiten werde, den er bekommen hat. Natürlich muß es dazu dem Heiligen Geist erlaubt sein, die Herrschaft über das Leben eines Gläubigen zu übernehmen.

Wie sieht der Dienst aus, den der geisterfüllte Gläubige tut? Die allgemeine Antwort ist die, daß er durch die Kraft des Heiligen Geistes seine besondere Kombination der geistlichen Gaben ausüben wird. Aber es gibt eine spezifischere Antwort. Sie leitet sich aus einer interessanten Begleiterscheinung des Erfülltseins mit dem Geist ab und steht in der Apostelgeschichte. Achten Sie auf Stellen, in denen Erfüllung erwähnt wird und was auf sie folgt.

Auf die Erfüllung am Pfingsttag (Apg.2,4) folgte die Bekehrung von dreitausend Menschen (2,41). Petrus wurde wieder erfüllt, als er zum Hohen Rat sprach (4,8). Nachdem diese ihn davor warnten, weiter von Jesus zu predigen, baten die Jünger um Freimut, damit sie weiter das tun konnten, wovor sie gewarnt worden waren. Wieder wurden sie mit dem Geist erfüllt (4,31), und Menschen wurden errettet (5,14). Aus der Erwählung der Sieben, die den Aposteln helfen sollten, (Kapitel 6; eine Vorraussetzung für die, die erwählt wurden, war, mit dem Geist erfüllt zu sein; V.3) folgte eine große Zahl von Priestern, die sich zum Herrn bekehrten (6,7). Aus dem Tod von Stephanus, der einer dieser Sieben war, folgte die Bekehrung des Paulus (8,1; vgl. 9,5). Am Anfang seines neuen Lebens in

Christus wurde Paulus mit dem Geist erfüllt (9,17), und die Frucht seines Lebens ist wohl bekannt (vgl.13,9). Den Aufzeichnungen über die Erfüllung im Leben von Barnabas folgt im gleichen Vers "eine zahlreiche Menge wurde dem Herrn hinzugetan" (11,24).

In jedem Beispiel des Erfülltseins mit dem Geist in der Apostelgeschichte bewirkte diese Geistesfülle, daß die Jünger im Dienst für ihren Herrn geleitet und dabei Seelen errettet wurden. Diese Verbindung zwischen Geisterfüllung und Seelengewinnen sollte im Leben der meisten Gläubigen direkter sein. Das war in der Urgemeinde so, und es bleibt auch heute eine Auswirkung der Geistesfülle. Es gibt aber sicher auch indirekte und doch gleich wichtige Verbindungen. Gewiß wurde so manche Hilfeleistung in der Urgemeinde benötigt, um die spektakulären Folgen, die in der Apostelgeschichte aufgezeichnet sind, zu bewirken. Die, die beteten (4,24), hatten einen Anteil an der Bekehrung von anderen, ebenso diejenigen, die ihren Besitz hergaben, damit es keinen finanziellen Mangel gab (4,34): ganz bestimmt eine wichtige Voraussetzung, um viele zu Christus zu bringen. Aber die Gemeinde, in der jeder seine besonderen Gaben unter der Leitung des Geistes gebrauchte, erlebte die Errettung vieler Seelen, als ihre Glieder vom Geist erfüllt wurden. Wir müssen daraus schließen, daß ein geistlicher Dienst, der Leute zu Christus führt, eine Eigenschaft des geisterfüllten Lebens ist.

3. *Preisen, Anbetung, Danksagung und Unterwürfigkeit.* Nach dem klassischen Vers über die Erfüllung mit dem Geist in Epheser 5,18, wird eine Liste von vier Eigenschaften aufgezählt, die diese Art des Lebens kennzeichnen. Die erste Eigenschaft ist der äußere Ausdruck des Lobpreises, "indem ihr zueinander in Psalmen, Lobliedern und geistlichen Liedern redet". Die zweite ist eine innere Haltung der Anbetung "und dem Herrn in euren Herzen singend und spielend". Die dritte ist: "Sagt allezeit für alles dem Gott und Vater Dank". Dieser Ausdruck ist so umfassend wie nur möglich und wurde von einem Mann geschrieben, der zu der Zeit in Rom unter Hausarrest gestellt war. Die vierte Eigenschaft läßt sich mit "Unterwürfigkeit untereinander" beschreiben und beinflußt alle Beziehungen des Lebens, damit Friede und Eintracht zwischen Mann und Frau, Eltern und Kindern, Arbeitgeber und Arbeitnehmer herrschen wird.

Jede dieser vier Eigenschaften des geisterfüllten Lebens ist ein Prüfstein, um festzustellen, ob jemand mit dem Geist erfüllt ist oder nicht. Keine innere Freude und kein äußerlicher Ausdruck dieser Freude durch Singen und Zeugnisgeben bedeutet, daß keine Leitung durch den Geist vorhanden ist. Eine klagende Haltung kommt aus dem Ich, nicht vom Heiligen Geist, der uns allezeit dankbar machen möchte. Und Mißklang im Haus oder bei der Arbeit kommt nicht vom Herrn, sondern von uns selbst. Hier sind wir wieder dort, wo wir begonnen haben, denn am Anfang sagte ich, daß die geistliche Haltung am besten im Familienkreis erkannt werden kann.

Wie kann ich wissen, ob ich vom Geist erfüllt bin? Die einfachste Antwort ist eine einzige Prüfung: Habe ich, nach bestem Wissen und so gut ich kann, die Herrschaft meines Lebens dem Herrn übergeben? Wenn die Antwort ja ist, dann sind Sie erfüllt. Aber dies bedeutet nicht, daß dies auch nur einen Tag lang so bleiben muß. Denn morgen kann ein anderes Problem entstehen oder ein neuer Umstand, wo wir selbst die Herrschaft übernehmen, und auf diesem Gebiet werden wir dann nicht vom Geist erfüllt sein.

Das grundlegende Kriterium ist das der Herrschaft; die schlagkräftigen Beweise des Erfülltseins mit dem Geist sind die Eigenschaften, die gerade besprochen wurden. Wenn sich Christusähnlichkeit entwickelt (sie wird in diesem Leben nie vollkommen oder völlig entwickelt sein), wenn Ihr Leben für den Dienst der Errettung anderer hingegeben ist und wenn Preisen, Anbeten, Danksagen und Unterwürfigkeit in Ihrem Herzen und Ihrem Handeln sichtbar sind, hat der Geist die Herrschaft über Sie. Sie brauchen nicht nach einer sensationellen Erweisung des Erfülltseins mit dem Geist zu suchen und auch keine ekstatische Erfahrung zu erflehen. Übergeben Sie die Herrschaft Gott; lassen Sie sie dort, und verwenden Sie alle vorhandene Kraft, um die biblischen Eigenschaften des geisterfüllten Lebens zu entwickeln.

Kapitel 12

Die Listen des Teufels

Laut Lexikon ist eine List "ein Trick, ein Kunstgriff, eine schlaue Vorrichtung oder ein Betrug." Die listigen Angriffe des Satans sind für Christen, die ein geistliches Leben führen wollen, eine gefährliche Angelegenheit. Doch genauso wie auf anderen Gebieten des geistlichen Lebens ist dies ein Gebiet, wo Ausgewogenheit benötigt wird. Es gibt manche Gläubige, die Satan in jeder Einzelheit des Lebens am Werk sehen, andere wiederum erkennen sein Wirken überhaupt nicht. Manche verleugnen sogar tatsächlich, oder zumindest in der Praxis, seine wirkliche Existenz. Anscheinend gibt es manche, die meinen, daß Satan nur in den Gedanken der Menschen existiert und daß daher die Tatsache, daß wir denken, er existiert, die einzige echte Existenz ist, die er wirklich hat. Die Schrift lehrt aber, daß Satan existierte, bevor der Mensch überhaupt geschaffen wurde. Also existierte er schon, bevor sich ein menschlicher Gedanke seine Existenz auch nur vorstellen konnte (Hes.28,13.15). Auch jeder Hinweis unseres Herrn auf den Bösen ist ein Beweis seiner wirklichen Existenz (Mt.13,39; 25,41; Lk.10,18; Joh.12,31; 16,11). Ansonsten müßte man daraus schließen, daß Christus nicht wußte, wovon er redete. Die moderne Theologie erklärt diese Hinweise damit, daß Christus sich der Unwissenheit der Leute damals anpaßte; aber solch eine Anpassung würde Seine ganze Botschaft für ungültig erklären - wenn es wirklich so wäre. Satan existiert. Die Bibel und unser Herr bestätigen diese Tatsache.

Aber zurück zu den Listen und Tricks Satans - wie kann Satan so klug sein? Es gibt mindestens drei Elemente, die zu seiner Kunst des Betruges beitragen. Zunächst gehört er zu einer Ordnung von Geschöpfen, die höher als der Mensch anzusiedeln ist (Hebr.2,7). Er ist ein Engel, obwohl er inzwischen gefallen ist, und unter den Engeln war er ein Cherubim (Hes.28,14). Das scheint Satan eine veranlagungsmäßige Erhabenheit über den Menschen zu geben.

Dann ist Satans Erfahrung weit größer, als die irgendeines Menschen je sein kann. Durch seine Langlebigkeit hat Satan Tiefen und Breiten der Erfahrung gewonnen, die er gegen das begrenzte Wissen der Menschen ausspielt. Er hat andere Gläubige in jeder denkbaren Lage beobachtet und kann daher vorhersagen, wie wir unter bestimmten Umständen reagieren werden. Obwohl Satan nicht allwissend ist, gibt ihm seine lange Erfahrung und seine Beobachtung der Menschen während einer langen Erdgeschichte ein Wissen, das dem irgendeines Menschen weit überlegen ist. Anscheinend kennt Satan auch die Bibel, also hat ein Gläubiger auch auf diesem Gebiet keinen besonderen Vorteil ihm gegenüber.

Ein dritter Vorteil, den Satan gegenüber den Menschen hat, ist seine Fähigkeit, sich zu verwandeln. Er hat die Fähigkeit, sich als Engel des Lichts zu präsentieren und seine Diener als Diener der Gerechtigkeit (2.Kor.11,14-15), aber auch als Drache mit Hörnern und einem Schwanz (Off.12,3). Obwohl oft gesagt wird, daß diese letztere Erscheinung nicht in der Bibel steht, ist es aber doch so. Es steht dort, um uns die Wildheit der Natur Satans erkennen zu lassen, wie er in seinem letzten Kampf Gottes Kinder verfolgt.

Zusammenfassend: Satan ist wegen seiner veranlagungsmäßigen Überlegenheit, seinem großen Wissen und seinem chamäleonartigen Charakter ein Feind, dessen Listen ein Christ niemals auf die leichte Schulter nehmen darf.

Satans Plan

Satans Plan und Zweck ist von seiner ersten Sünde bis hin zu seiner endgültigen Vernichtung immer der, eine Gegenherrschaft gegen Gottes Reich zu errichten. Er fördert ein System, dessen Haupt er ist und das im krassen Gegensatz zu Gott und seiner Herrschaft im All steht.

Um dieses Programm voranzutreiben, geht Satan nach einem Plan vor, der wegen seiner Gerissenheit sehr verführerisch ist. Statt ein Reich zu gründen, dessen Eigenschaften genau im Gegensatz zu den Eigenschaften Gottes sind, versucht er, Gottes Plan in der Welt verfälscht nachzuahmen. Diesen Plan verfolgte er schon immer und wird es, solange er in Freiheit ist, auch weiterhin tun.

Eine Fälschung hat den einzigen Zweck, etwas zu schaffen, das dem Original so ähnlich wie nur möglich ist. Wenn man amerikanische Dollarnoten fälschen will, würde man nicht Lincolns Bild darauf drucken, denn damit wären sie sofort als Fälschung aufgedeckt. Man würde Washingtons Bild aufdrucken, um sie dem echten Gegenstand so ähnlich wie möglich zu machen. Aber man würde irgendeinen Mangel nicht vermeiden können - vielleicht in der Gravur oder in der Strichätzung, die dann fehlerhaft sind -, und so wird die Arbeit für die Experten als Fälschung zu erkennen sein. Aber in allen Charakteristiken ihres Aussehens würden die Noten genau den echten gleichen.

Satans Plan ist eine Fälschung von Gottes Plan - das ist die wichtigste Tatsache, die Sie über all seine Absichten in dieser Welt wissen müssen. Wenn Sie das begreifen, werden Sie sich gut und erfolgreich gegen ihn verteidigen können. Wenn nicht, wird es dem Satan um so leichter sein, Sie irrezuführen. Er ist ein Meisterfälscher, und er versucht etwas anzupreisen, das fast genauso wie der Plan und Wille Gottes aussieht. Aufgrund seiner Intelligenz und seiner langen Erfahrung erkennt Satan, daß wenn er einem Christen etwas in den Weg stellt, das offensichtlich böse ist, der Christ demgegenüber wachsam sein wird, denn der geistliche Christ merkt, aus welcher Richtung es kommt und wird dementsprechend auf der Hut sein. Aber wenn Satan etwas anbieten kann, das, obwohl es in sich nicht gut ist, als begehrenswert erscheint, wird er eher den Sieg über einen Gläubigen erringen.

Satan kündete diese Fälschungstaktik freimütig an, als er erstmals sündigte. In Jesaja 14,14 steht geschrieben, daß er seinen Widerstand gegen Gottes Weg verkündigte: "Ich will ... dem Höchsten mich gleich machen." Es ist eine Fälschung - er will sich dem Höchsten gleich, nicht ungleich machen.

Wir haben schon untersucht, wie Satan diese Methode Adam und Eva im Garten von Eden in 1. Mose 3 verkaufte. Er bot Eva den aufreizenden Gewinn an, Gott ähnlich zu werden, Gutes und Böses erkennend, und verführte sie dazu, etwas zu nehmen, das gut zur Speise, eine Lust für die Augen war und Wissen hervorbringen sollte. Es schien alles gut zu sein, aber es war gegen Gottes offenbarten Willen, von dieser Frucht zu nehmen.

Bei der Versuchung Christi setzte Satan die gleiche Fälschungstaktik ein. Das Angebot des Essens war an sich nicht böse. Der Vorschlag, daß Christus sich von der Zinne des Tempels werfen sollte, ohne sich weh zu tun, hätte Ihm (wenn Er es getan hätte) Ansehen vor den Leuten gebracht, was Sein gutes Recht gewesen wäre. Die Welt zu besitzen, ist Christi Vorrecht, und über all dies wird Er in der Zukunft sowieso herrschen. An sich waren die Angebote, die Satan Christus unterbreitete (Nahrung, Anerkennung und Macht), nicht falsch, noch waren es Dinge, die Christus nicht besitzen sollte. Was falsch war, war der Weg, wie Satan den Herrn mit diesen Dingen konfrontierte; denn er versuchte den Herrn, daß Er diese Herrlichkeiten sich aneignen sollte, ohne das Leid, das mit dem Erwerb nach Gottes Gedanken verbunden war, besonders das Leid des Todes am Kreuz. Was Satan anbot, war nicht falsch, und es war für Christus bestimmt; aber die Mittel beinhalteten falsche Wege, die das Kreuz umgingen. Es war eine schlaue Fälschung und damit ein Beispiel für Satans übliche Methode.

Je mehr wir uns dem Ende dieses Zeitalters nähern, fördert Satan durch seine Dämonen falsche Lehren (1.Tim.4,1) mit dem Zweck, in den Menschen eine Form der Gottseligkeit ohne die echte Kraft Gottes vorzutäuschen (2.Tim.3,5). Das ist wieder eine Fälschung - ein Schein der Gottseligkeit, nicht Gottlosigkeit, aber etwas, das die Kraft Gottes umgeht.

Aber fördert Satan nicht auch Böses? Ja, das tut er. Ananias' und Saphiras lügnerische Heuchelei wurde durch Satan veranlaßt (Apg.5,3), und Untreue ist eine Versuchung vom Teufel (1.Kor.7,5). Und natürlich sind alle seine auf den ersten Blick gut scheinenden Fälschungen durch und durch böse. Der Punkt, den man beachten muß, ist, daß Satan alles in seiner Macht Stehende versuchen wird, um Gottes Plan zu zerstören. Fälschungen in Form von etwas scheinbar Gutem, das den Plan Gottes ersetzen soll, sind wahrscheinlich seine bevorzugten Methoden, aber er kann sie nicht immer einsetzen. Also wird er alles Denkbare tun, um gegen die Menschen auf jedem denkbaren Weg, an jedem Punkt und auf jeder Ebene etwas auszurichten, ob nun durch böse oder "gute" Mittel.

Satans Mittel

Bei der Ausführung seines Vorhabens, Gottes Plan zu verfälschen, verwendet Satan viele Mittel. Er wird diese Mittel zu jeder Zeit und auf verschiedenste Art und Weise einsetzen. Aber wenn wir vorgewarnt sind, sind wir auch dagegen gerüstet.

1. Wir haben schon betont, daß Satan der Meisterfälscher ist. Das ist sein Mittel der Täuschung. In unserer heutigen Zeit sät er Lolch mitten unter den Weizen (Mt.13,24-30; 36-40). (Lolch ist eine Pflanze, die am Halm nicht vom Weizen zu un-

terscheiden ist.) Weil Lolch für Menschen ungenießbar ist, muß es vom Weizen getrennt werden. Ist das Getreide reif, kann dies mit großer Leichtigkeit getan werden. Unter der römischen Regierung war es ein Verbrechen, aus irgendeinem Grund Lolch in ein Feld zu säen. Im Gleichnis vergleicht unser Herr den Lolch, den Satan sät, mit Kindern des Teufels, während der Weizen die Kinder Gottes symbolisiert. Indem er den Lolch mitten unter den Weizen in ein Feld sät (das die Welt symbolisiert), verführt der Teufel heute viele. Menschen, die in Wirklichkeit Lolch sind, können dazu verführt werden, zu glauben, sie seien Weizen, weil sie ein Bekenntnis zum Christentum abgelegt haben und manche Eigenschaften der Gläubigen zeigen. Das gibt ihnen eine falsche Sicherheit. Es gibt viele Lolchpflanzen, die auf den Gemeindestühlen sitzen und im Gemeindevorstand dienen und nicht erkennen, daß sie auf den "Feuerofen" zusteuern, wo "das Weinen und das Zähneknirschen" sein wird (Mt.13,42). Ich glaube, daß Satan weitaus zufriedener mit den ungläubigen Menschen ist, die in eine Gemeinde gehen, als mit denen, die Golf spielen oder einen Kater ausschlafen. Diejenigen, die in eine Gemeinde gehen, denken eher, daß bei ihnen alles in Ordnung ist, als diejenigen, die nicht in der Gemeinde sind, denn diese haben eher ein Gefühl dafür, daß etwas bei ihnen nicht stimmt. Dies ist einer der Wege, wie Satan die Welt verführt.

2. Manchmal setzt Satan offeneren Widerstand gegen das Werk Gottes ein, um dessen Fortschritt zu durchkreuzen. Es gibt viele Beispiele dafür in der Bibel.

Als Paulus in Korinth war und seinen ersten Brief an die Thessalonicher schrieb, drückte er sein Verlangen aus, nach Thessalonich zurückzukehren, um die junge Gemeinde zu stärken; aber er sagte: "Satan hat uns gehindert" (1.Thes.2,18). Dies ist offensichtlich ein Hinweis auf die Bürgschaft oder Kaution, die Jason abgeben mußte und die eine Abmachung beinhaltete, daß Paulus nicht wieder in diese Stadt zurückkehren dürfe, um kein öffentliches Ärgernis zu werden (Apg.17,9). Paulus sah diese Handlung der Obersten von Thessalonich als eine Handlung Satans.

Etwas später warnte der auferstandene Herr die Gemeinde in Smyrna: "Siehe, der Teufel wird einige von euch ins Gefängnis werfen, damit ihr geprüft werdet" (Offb.2,10). Hier wurde von Satan offener Widerstand angestiftet; er gebrauchte

Ungläubige, um manche der Gläubigen zu ergreifen und einzusperren.

Zur gleichen Zeit wurde von der Gemeinde in Pergamon gesagt, daß sie wohne, "wo der Thron Satans ist" (Offb.2,13). Dies könnte entweder auf die Anbetung des römischen Kaisers verweisen, auf die Anbetung des Zeus bei seinem großartigen Altar auf der Akropolis, oder auf die Anbetung der griechischen Götter im Tempel. Der Begriff "Satans Thron" könnte aber auch eine Anspielung auf alle drei Formen heidnischer Anbetung sein. In diesem Fall entfachte Satan offenen Widerstand dem Evangelium gegenüber in Form von falschen Religionen - eine Taktik, die er heute noch anwendet, entweder durch antichristliche Religionen oder durch die sogenannten "christlichen" Sekten. Die Art der Rituale mag sehr schön sein, die Maßstäbe können sogar moralisch sein, aber wenn der errettende Tod Jesu Christi ausgelassen wird, ist es ein falsches und satanisches System.

3. Satan verwendet oft eine systematische Theologie, um an den intellektuellen Stolz des Menschen zu appellieren und so seine Ziele versteckt oder offen zu fördern. Die Gemeinde in Thyatira wurde vor der Annahme der tiefen Lehren Satans gewarnt (Offb.2,24). Anscheinend war eine falsche Prophetin in dieser Gemeinde (deren eigentlicher Name Isebel sein könnte, aber nicht muß), die Unzucht und Götzendienst dadurch förderte, daß sie diese Sünde in ein kirchliches System einbaute, wodurch dieses Geschehen wahrscheinlich als nicht sündhaft erschien. Paulus warnt, daß die letzten Tage durch die "Lehren von Dämonen" gekennzeichnet werden (1.Tim.4,1), die seltsamerweise unter anderem die Askese als einen Weg lehren, Gott zu gefallen und Seine Gunst zu gewinnen. Enthaltung statt Genußsucht wird Teil der satanischen systematischen Theologie der letzten Tage sein.

Manchmal wird gesagt, daß man Satan eher in einer Bibelschule an der Arbeit finden wird als an einer Bar. Gewiß wird er dort arbeiten, wo er eine Gelegenheit sieht, aber er muß sich weniger um eine Bar kümmern, wo die menschlichen Lüste automatisch Überhand gewinnen. Kämpft er aber erfolgreich in einer Bibelschule um die Gedanken der Menschen, kann er den Strom an der Quelle vergiften.

4. Eines der am häufigsten verwendeten Mittel des Satans ist, auf verschiedenen Wegen Druck auf Gläubige auszuüben.

Es mag Druck sein, der aus der Unfähigkeit stammt, den richtigen Kurs eines Handelns beizubehalten. Dies war bei einigen Frauen der Fall, die sich auf ein Leben der Selbstverleugnung eingelassen hatten, das sich als zu schwer für sie erwies. In ihrem Versagen waren sie Satan gefolgt. Der Druck eines Lebens in der Selbstverleugnung war zu groß, und die Beschämung, die ein Geständnis hervorgerufen hätte, wäre unterträglich; deshalb gaben sie dem satanischen Druck nach (1.Tim.5,14-15).

In einem anderen Fall warnt Paulus, daß Satan die angemessene Reue eines sündenbeladenen Gewissens in einen Anlaß für weitere Sünden verwandeln könnte (2.Kor.2,11). Um das zu verhindern, mußte die Gemeinde nicht nur vergeben, sondern auch dem Bruder, der bekannte und sich von der Sünde wandte, helfen, wiederhergestellt zu werden. Sonst könnte Satan den Mann unter den Druck der fortlaufenden Selbstanklage setzen, was ihn wieder zur Sünde verleiten würde. Andauernde Selbstprüfung kann oft der Anfang für zusätzlichen satanischen Druck auf einen Gläubigen sein.

Diese zwei Beispiele zeigen, daß Druck die Folge davon sein kann, daß man selbst den Willen Gottes verläßt (1.Tim.5) oder daß andere den Willen Gottes nicht tun (2.Kor.2). Oft muß Satan nicht häufig oder gleich auf der Bildfläche erscheinen, weil wir von unserer eigenen Lust verführt werden können, oder wir können in Umstände verwickelt sein, die wir nicht selbst verursacht haben. Stolz oder Habsucht verleiten einen Gläubigen manchmal dazu, etwas zu erwerben, was an sich weder gut noch böse ist. Aber um es zu erwerben, muß er vielleicht zusätzlich arbeiten, und das führt oft zur Vernachlässigung der Familie. Das kann als Folge Druck erzeugen, den Satan einsetzen kann, um diesen Christen zu besiegen. Die immer komplexer werdenden Lebensumstände im zwanzigsten Jahrhundert verlangen mehr und mehr Führung vom Herrn. Der einzelne muß wissen, wann er ja und wann nein zu sagen hat, damit er nicht unter Druck gerät, den Satan als Hebel gegen ihn verwenden könnte.

5. Andere Mittel des Satans, die wir uns später genauer anschauen werden, sind z. B. Entmutigung, Ablenkung, Versuchung, Trägheit und natürlich jede nur denkbare List, die den Gläubigen von der normalen und richtigen Reife im geistlichen Leben abhalten kann.

Des Gläubigen Verteidigung

Allzuoft fallen Christen in ihren Ansichten über Satan und seine Angriffe auf den Gläubigen in zwei Extreme. Manche beschäftigen sich zu viel mit ihm; sie sehen Satan aktiv und sind innig besorgt über jedes Problem oder jede Situation, die in ihrem Leben schiefgeht. Ich hörte vor kurzem von einem jungen christlichen Kämpfer, der jedesmal, wenn er versagte, dachte, daß er sich nicht mehr im Willen Gottes befinde und unter Satans Beschuß geraten sei. So bekommt Satan Anerkennung für vieles, mit dem er eigentlich nichts zu tun hat. Wir müssen uns daran erinnern, daß wir innerhalb unseres Wesens die Fähigkeit zur Sünde haben, sie zu fördern und sie auch tun. Bringt man die Welt mit der Sündennatur zusammen, hat man zwei Feinde, die mehr als fähig sind, den Christen zu überwältigen, ohne daß Satan dabei mit ihm Spiel wäre. Eine Überbeschäftigung mit Satan kann auch zu krankhafter Selbstprüfung führen, in der nicht nur jede Tat, sondern auch jedes Motiv genau untersucht wird, um eine mögliche Verbindung zu Satan zu finden. Andererseits schafft diese übertriebene Beschäftigung mit Satan einem Menschen oft unberechtigte Entschuldigungen für die eigenen Taten. "Satan hat es getan", wird zu einem Ausweg für den Menschen, um ihn von der Verantwortung für die Sünde zu entlasten. Aber natürlich hat Satan es durch den Menschen getan, der die Verantwortung für die Tat trägt, und nicht gegen seinen Willen.

Die entgegengesetzte Haltung zur übertriebenen Beschäftigung mit dem Satan ist die, die Aktivitäten des Satans im Leben des Gläubigen zu unterschätzen. Satan ist erfreut, wenn er solche Täuschungen fördern kann, denn wenn der Gläubige nicht Satan als die Quelle des Problems erkennt, kann er es nicht richtig angehen. Die heutige Tendenz, alles mit natürlichen Phänomenen zu erklären, hat Satan ohne Zweifel eine Maske verschafft, unter der er ungestört wirken kann. So werden z. B. persönliche Gefühlsschwierigkeiten, Gemeindeprobleme und ungünstige Umstände selten Satan zugeschrieben. So etwas scheint uns fast töricht zu sein, aber es kann noch törichter sein, dies nicht zu tun!

Irgendwo zwischen diesen beiden Extremen liegt ein richtiges Gleichgewicht, aber dies zu erreichen, ist nicht immer leicht. Wir müssen wachsam gegen alle möglichen Mittel des

Satans sein, denn er ist unermüdlich am Werk, indem er den Gläubigen irreführt, betrügt und versucht, den Gläubigen bei jeder Gelegenheit zu besiegen. Gott sei Dank sind wir dem nicht wehrlos ausgesetzt. Gott hat Vorkehrungen gegen diese Angriffe getroffen.

1. In zwei Stellen im Neuen Testament wird uns gesagt, daß der Herr Jesus im Himmel lebt, um für die Seinen Fürbitte zu tun (Röm.8,35; Hebr.7,25). Anscheinend hat dieser Dienst des Gebets für uns zwei Aspekte: heilend und vorbeugend. Die heilende Fürbitte ist notwendig, um die Gemeinschaft wiederherzustellen, wenn wir sündigen (1.Joh.2,1); die vorbeugende Fürbitte trägt dazu bei, uns vor der Sünde zu bewahren, wenn wir von Satan angegriffen werden. Der Herr zeigt uns dies durch eine Bitte, die Er vor seiner Kreuzigung aussprach, als Er zum Vater sagte: "Ich bitte nicht, daß du sie aus der Welt wegnimmst, sondern daß du sie vor dem Bösen bewahrst" (Joh.17,15). Das Wort "böse" in diesem Vers kann entweder sächlich (böse Sache) oder männlich (der Böse - Satan) gemeint sein. Johannes zieht in seinen Schriften offensichtlich die letztere Bedeutung vor (1.Joh.2,13-14; 3,12; 5,18-19). Also bittet Christus den Vater, die Gläubigen vor dem Satan zu bewahren. Wie wir dadurch vor den Angriffen des Satans geschützt werden, können wir in diesem Leben nicht völlig erkennen, aber im Himmel werden wir sehen, was das fürbittende Werk unseres Herrn alles bewirkt hat, damit der Feind besiegt wurde. Diese Verteidigung ist ganz allein das Werk des Herrn. Wir können nichts dazu beitragen, nur seine segensreichen Auswirkungen empfangen.

2. Eine zweite Verteidigungslinie für den Gläubigen besteht in dem Wissen, daß Gott Satan manchmal gebraucht, um uns eine bestimmte Lektion zu lehren. In diesem Fall besteht unsere Verteidigung darin, die Lektion zu lernen, die uns Gott gibt, auch wenn Er Satan dazu benutzen sollte, sie uns beizubringen. Dies geschah bei Hiob, wo Gott zuließ, daß der Satan benutzt wurde, um Gottes Absichten im Leben des Hiob zu verwirklichen. In einer ähnlichen Situation fand sich Paulus wieder (2.Kor.12,7-10), als der Herr einen Boten Satans schickte, um ihm einen "Dorn für das Fleisch" aufzuerlegen, damit er nicht stolz werde wegen der Offenbarungen Gottes, die ihm gegeben wurden. Die Lektion, die Paulus lernte, war die, daß Gottes Gnade genügte. Vertrauen auf diese Gnade war der einzige

Weg, wie er Satan besiegen und sich dem Willen Gottes unterwerfen konnte. Ein solches Zusammenwirken von Gottes Willen, von Satan und dem Gläubigen ist oft unerforschlich; doch es kommt immer wieder vor.

3. Es ist vor allem wichtig, die richtige Haltung gegenüber Satan einzunehmen, damit man ihn besiegen kann. Obwohl wir die Kraft Gottes auf unserer Seite haben, ist es nicht sehr weise anzunehmen, daß der Sieg automatisch garantiert ist. Wir müssen uns immer wieder daran erinnern, daß wir einen mächtigen Feind haben, nämlich eines der größten Geschöpfe, die Gott je geschaffen hat. Dann haben wir die richtige Haltung Satan gegenüber. In Judas 9 gibt es dazu ein Beispiel. Wir werden daran erinnert, daß auch ein so mächtiger Engel wie der Erzengel Michael es nicht wagte, Satan allein anzugreifen, sondern den Herrn rief, daß Er ihn schelten möge. Also sollte ein Christ niemals das Gefühl haben, daß er weise oder mächtig genug ist, um es allein mit Satan aufnehmen zu können. Das ist nur in der völligen Abhängigkeit vom Herrn möglich.

4. Um den Sieg zu erringen, muß der Gläubige einen festen Stand gegenüber dem Satan einnehmen. Warum? Ist das nicht selbstverständlich? Viele Christen werden den Sieg über den Teufel nie verwirklichen, weil sie sich nie dazu entschieden haben, ihm klar zu widerstehen. Sie flirten mit der Sünde und den Versuchungen, die Satan ihnen in den Weg stellt. Sie beten vielleicht sogar ernstlich für den Sieg und reden fromm von ihrer Sehnsucht nach Befreiung, aber in ihrer Herzen ist immer noch der Wunsch vorhanden, sich eher ihrer Lieblingssünde hinzugeben, und sei es auch nur gelegentlich. Nur eine eindeutige Entscheidung, dem Bösen klar und entschieden zu widerstehen, kann Ihnen helfen, den Weg zum Sieg einzuschlagen.

Davon schrieb auch Jakobus, und er verwendete eine Zeitform, die die Entschlossenheit des Widerstandes betont: "Widersteht aber dem Teufel, und er wird von euch fliehen" (4,7). Den Gläubigen wird auch eine Waffenrüstung gegeben, um gegen den Widersacher bestehen und widerstehen zu können (Eph.6,11.13-14). Ein solch fester Stand ist als Basis für den beständigen Kampf, der auf uns zukommt, unentbehrlich. Wenn man diese Basis hat, verschafft uns der Herr den Sieg, aber nicht ohne fortdauernden Kampf.

5. Eine ziemlich einfache und schlüssige Formel für den Sieg über Satan wird in Offenbarung 12,11 gegeben: "Und sie

haben überwunden um des Blutes des Lammes und um des Wortes ihres Zeugnisses willen, und sie haben ihr Leben nicht geliebt bis zum Tod." Es gibt drei Elemente in der Formel. Die Basis für den Sieg über Satan ist das Blut des Lammes. Dies ist keine mystische oder magische Anwendung von buchstäblichem Blut, das der Gläubige "in Anspruch nimmt" oder mit dem er sich "unter das Blut stellt". Das Blut des Lammes wurde auf einem Hügel außerhalb von Jerusalem vergossen, und das war der klare Beweis für den eingetretenen Tod. Der gekreuzigte Christus ist im Himmel, und als solcher hat Er Satan besiegt (Kol.2,15). Und Sein Sieg macht unseren Sieg möglich. Das ist gemeint, wenn man davon spricht, den Teufel durch das Blut des Lammes zu überwinden.

Das zweite Element in dieser Formel ist etwas, das wir tun können, um Christi in unserem Leben wirksam zu machen - wir sollten entschieden und beständig für unseren Herrn Zeugnis ablegen. Es ist ein verhängnisvoller Fehler zu glauben, daß der Glaube an den Tod Christi erforderlich, aber das Zeugnisgeben für Christus freigestellt ist. Kein Zeugnis zu geben durch sein Leben und mit dem Mund bedeutet, daß Satan keine Niederlage erleidet. Der Herr erinnert seine Jünger: "Ihr seid das Licht der Welt; eine Stadt, die oben auf einem Berg liegt, kann nicht verborgen sein. Man zündet auch nicht eine Lampe an und setzt sie unter den Scheffel, sondern auf das Lampengestell, und sie leuchtet allen, die im Hause sind" (Mt.5,14-15). Wie eine Kerze unter einem Scheffel wirkt ein Zeugnis, das von Feigheit, Kompromissen, Weltlichkeit oder gleichgültiger Vernachlässigung geprägt ist, langsam verlöschend. Manchmal (und ich hoffe, daß ich nicht mißverstanden werde) braucht ein oft besiegter Christ nicht mehr zu beten oder mehr in seiner Bibel zu lesen - er muß hinausgehen und mehr Zeugnis geben.

Das dritte Element der Formel für den Sieg ist eine grundlegende Haltung zum Leben selbst - eine Haltung der Selbstaufopferung bis hin zu dem Punkt, sich völlig willig für Christus in den Tod zu begeben. Eine solche Haltung wird die Werte im Leben einer Person in die richtige Perspektive rücken. Um Satan zu besiegen, benötigen wir einen Märtyrergeist. "Denn wer sein Leben erretten will, der wird es verlieren; wer aber sein Leben verliert um meinetwillen und um des Evangeliums willen, der wird es erretten" (Mt.8,35).

6. Schließlich wird der ständige Gebrauch der Waffenrüstung, mit der Gott den Christen ausgerüstet hat, zum Sieg über Satan benötigt (Eph.6,11-18). Dazu gehört die Wahrheit, die wie ein Gürtel alles zusammenhält und die richtige Orientierung im Leben gibt. Hier geht es selbstverständlich um die Wahrheit Gottes, nicht um die Wahrheit der Menschen, und sie muß die Grundlage für unsere Sicht von allem sein. Finanzen und Freundschaften, Aktivitäten und Einstellungen, Familie und Freizeit, Wissenschaft und Psychologie, alle müssen von der Wahrheit Gottes, wie sie in der Schrift offenbart wird, geleitet sein.

Gerechtigkeit ist der Brustpanzer, der die lebenswichtigen Organe schützt. Ist dies die zugerechnete Gerechtigkeit, die wir dadurch haben, daß wir in Christus sind? Natürlich! Ist dies die Gerechtigkeit, die wir im täglichen Leben verwirklichen? Natürlich! Beide sind gemeint, denn ein gerechtes Leben muß auf einer gerechten Stellung basieren, und eine gerechte Stellung, die sich nicht im gottesfürchtigen Leben offenbart, ist wahrscheinlich nicht echt.

Unsere Füße sollten bereit sein, den Willen und das Werk Gottes zu tun, weil wir den Frieden Gottes, den das Evangelium bringt, erfahren haben. Stolpern und Langsamerwerden sollten nicht die Merkmale des Verhaltens eines Gläubigen sein.

Glauben ist wie ein großes Schild, das vollen Schutz bietet. Hier handelt es sich nicht um den Glauben in den Krisen des Lebens, sondern um den Glauben, der den Versucher im alltäglichen Leben überwindet. Wir wandeln durch Glauben, nicht durch Schauen.

Auf dem Kopf haben wir den Helm des Heils. Viele Christen glauben, sie brauchen die Errettung nur vom Hals abwärts! Wir haben schon vermerkt, daß das hingegebene Leben mit einem erneuerten Sinn anfängt (Röm.12,2); unser Gedankenleben muß die Wirkung des Heils erfahren.

Die einzige Angriffswaffe ist das Schwert des Geistes, welches das Wort Gottes ist. Dies ist nicht einfach das geschriebene Wort, denn der besondere Begriff, der hier verwendet wird, bedeutet das gesprochene Wort. Das Schwert des Geistes ist das gesprochene Bekenntnis des geschriebenen Wortes. Es bedeutet nicht einfach, ein Neues Testament in der Tasche mit sich herumzutragen, wie gut dies auch immer sein mag, sondern es ist das gesprochene Zeugnis, das wir mit unseren Lippen geben. Das Schwert des Geistes aus Epheser 6,18 ist das Wort des Zeugnisses aus Offenbarung 12,11.

Die letzte Eigenschaft der Waffenrüstung ist das Gebet, nicht einfach das Aussprechen von Bitten, sondern das geistgeleitete Gebet.

Das ist die Waffenrüstung, die für unseren Schutz sorgt, aber Gott wird uns nicht gewaltsam anziehen. Wir haben die Verantwortung dafür, sie anzulegen (Vs.13), und wir werden unser ganzes Leben lang mit ihr ausgestattet sein müssen. Gewiß können wir alles in einem Augenblick anziehen, aber Geschicklichkeit in ihrem Gebrauch zu entwickeln, benötigt lebenslange Übung. Wir können sicher sein, daß Satan in seinem unaufhörlichen und schonungslosen Kampf gegen uns die Lücken in unserer Rüstung suchen wird.

Damit schließe ich das Kapitel über die Listen des Teufels und erinnere Sie an drei Verse, die ein Prediger vor vielen Jahren aufgeschrieben und für mich zusammengestellt hat und die ein echter Quell der Gewißheit sind: "Christus lebt in mir" (Gal.2,20); "Der, welcher in euch ist, ist größer als der, welcher in der Welt ist" (1.Joh.4,4); "Er wird mich nicht versäumen noch verlassen" (Hebr.13,5). Unser Herr ist unser Sieg. Vertrauen Sie Ihm und gebrauchen Sie alle Mittel, die Er gegeben hat, um den großen Feind unserer Seelen zu besiegen.

Kapitel 13

Versuchung

Jeder Mensch kennt Versuchung. Eine freiere Übertragung von 1.Kor.10,13a sagt es so: "Denkt daran: die falschen Begierden, die in euer Leben kommen, sind nichts Neues oder Andersartiges. Viele andere vor euch haben genau demselben Problem gegenübergestanden." Auch die berühmtesten Helden der Bibel erfuhren Schande. Erinnern Sie sich an Noahs Trunkenheit? - Oder an die Feigheit Abrahams und seine Lügen vor dem heidnischen Herrscher? - Oder an Moses Selbsterhebung, die ihn dazu veranlaßte, den Fels zu schlagen und die als Folge hatte, daß er nicht mit in das verheißene Land ziehen durfte? - Oder an die Listen Jakobs? - Oder an die Mißhandlung von Joseph durch seine Brüder? - Oder an das Murren Elias? - Oder an Davids zweifache Sünde? - Oder an Hiskias Prahlerei? - Oder an den Treuebruch des Johannes, genannt Markus? - Oder an den Streit zwischen Paulus und Barnabas? Manche der edelsten Männer der Bibel haben nicht nur Versuchung erlebt, sondern sind ihr auch erlegen.

Manches, was wir über das geistliche Leben hören oder lesen, vermittelt den Eindruck, daß der sogenannte siegreiche Christ nie Versuchungen erfährt; oder wenn er sie doch erfährt, ist es eine leichte und flüchtige Erfahrung, die ihm wirklich keine Probleme macht. Ich habe gerade ein halbes Dutzend Bücher über das geistliche Leben sorgfältig gelesen. Nur in einem von ihnen wurde das Thema "Versuchung" erwähnt, und das nur in zwei Absätzen. Vielleicht ist diese unrealistische Haltung gegenüber der Wirklichkeit der Versuchung die Ursache für die Entmutigung unter manchen Gläubigen. Sie denken, daß sie das "Geheimnis" des Sieges schon haben, und sehen sich plötzlich nicht nur der Versuchung gegenübergestellt, sondern auch von ihr besiegt.

Aber obgleich die Versuchung alle Menschen betrifft, muß der Gläubige ihr nicht nachgeben, denn Gott in Seiner Barmherzigkeit schafft uns einen Ausweg, damit wir sie ertragen können. Obwohl der Gläubige nie an den Punkt kommt, wo die Versuchung nicht mehr an ihn herantreten kann, muß er ihr nicht erliegen. Geistliche Gläubige sind der Versuchung sogar vermehrt ausgesetzt.

Es ist treffend bemerkt worden, daß geistliche Christen die Ehre haben, im Krieg an der Front zu kämpfen. Dort verspürt man den heftigsten Druck des Feindes. Aber sie sind auch priviligiert, die vernichtende Niederlage des Feindes mitzuerleben; so überreich ist die Kraft Gottes, und so hoch wird der geistliche Gläubige geehrt.

(Lewis Sperry Chafer, *He That Is Spiritual*, S.182)

Zweck der Versuchung

Wenn Versuchung üblich ist, muß es einen Grund dafür geben - möglicherweise sogar einen guten Grund. Und den gibt es. Gott wird seine Kinder durch Versuchungen prüfen und erproben. Petrus erinnerte einige leidende Heilige des ersten Jahrhunderts daran: "Darin frohlockt, die ihr jetzt eine kleine Zeit, wenn es nötig ist, in mancherlei Versuchungen betrübt worden seid, damit die Bewährung eures Glaubens viel kostbarer erfunden wird als die des vergänglichen Goldes, das aber durch Feuer erprobt wird, zu Lob und Herrlichkeit und Ehre in der Offenbarung Jesu Christi" (1.Pet.1,6-7). In dieser Stelle werden die zwei grundsätzlichen Wörter für Versuchung oder Erprobung verwendet. Das eine am Ende des 6. Verses wird als "Versuchung" übersetzt und bedeutet grundsätzlich erfahren, ergründen, versuchen, und darum wird es mit dem Begriff des Versuchens oder Erprobens bezeichnet. Wenn diese Art des Erprobens oder Versuchens von Gott stammt, wie es anscheinend bei den Lesern des Petrusbriefes der Fall war, kann es keine Verlockung zum Bösen sein, sondern eine Erprobung, um die christliche Gesinnung derer, die erprobt werden, zu beweisen. Jakobus sagte klar, daß "Gott nicht versucht werden kann vom Bösen, er selbst aber versucht niemand" (1,13). Also, wenn Gott versucht oder erprobt, so dient es dazu, wie Petrus im Vers 7 sagt, um den Glauben zu erproben. Dieses Wort beinhaltet normalerweise die Vorstellung einer Prüfung oder Erprobung, die erfolgreich bestanden wurde und die folglich dem Erprobten Anerkennung und Bewährung bringt. Paulus verdiente sich solche Bewährung durch die Prüfungen in den frühen Jahren seines christlichen Lebens, noch bevor er seine erste Missionsreise begann. Nachdem er die Erprobungen und Prüfungen durchgestanden hat, war er fähig zu sagen, daß er von Gott, der sein Herz prüfte (1.Thes.2,4), tauglich befunden wurde. Diese Art der Prüfung geschieht nicht, um das Schlechte in uns zum Vorschein zu bringen, sondern um das Gute herauszuheben.

Dennoch kann auch Satan die Quelle der Versuchung oder Prüfung sein (das betreffende Wort, das zum Beispiel in 1.Kor.7,5 verwendet wird), und sein erklärtes Ziel ist es, uns zu Fall zu bringen. Wenn wir einer solchen Versuchung nachgeben, können wir nicht von Gott für bewährt befunden werden; stattdessen werden wir für untauglich befunden. Das andere Wort "erproben, bewähren" wird nie in Beziehung mit der Versuchung Satans verwendet, weil er offensichtlich keine Absicht hat, dem Gläubigen eine Möglichkeit zur Tauglichkeit zu geben.

Ich glaube, die grundlegende Schwierigkeit, bei der Klärung der unterschiedlichen Vorstellungen über Versuchung liegt darin, daß für die meisten Versuchung in sich etwas Böses ist oder zumindest etwas, das zu Bösem führt. Es ist unvermeidlich, daß wir solche Vorstellungen haben, weil Menschen so oft unter der Versuchung zusammenbrechen und sich als unbewährt erweisen, anstatt für tauglich befunden zu werden. Mit anderen Worten, für die meisten bedeutet das deutsche Wort Versuchung nur eine Verführung zum Bösen. Wir müssen uns aber daran erinnern, daß es auch die Bedeutung des Prüfens, Erprobens und Beweisens enthält, und wenn Gott die Quelle hierfür ist, kann es keine Verführung zum Bösen sein. Trotzdem können Satan und unser eigenes Fleisch daran beteiligt sein; sie, und *nicht* Gott, sind die Quellen des Bösen. Ein Umstand, der zur Prüfung dient, kann von Gott herbeigeführt werden, um uns zu erproben; an irgendeinem Punkt wird unser Fleisch gereizt und zieht uns in die bösen Folgen hinein (Jak.1,14-15). Gottes Absicht war es, uns zu läutern; aber Satan oder unsere eigene Natur können diesen Zweck vereiteln.

Bevor wir unsere Erörterung der Erprobung als Ziel der Versuchung, die in 1.Petrus 1,6-7 erwähnt wird, abschließen, sollten wir noch festhalten, daß ein Gläubiger mitten in einer solchen Versuchung berechtigterweise in großer Trauer und Bedrückung sein kann. Wegen seinem sicheren geistlichen Zustand verliert er nie seine grundsätzliche Freude (1.Pet.1,3-6a), doch diese Freude kann durch die Trauer des Augenblicks überschattet werden. Es ist eine unrealistische Vorstellung von geistlichem Leben, wenn man meint, daß Freude und Bedrükkung nicht zusammenpassen. Ein solcher Gedanke ist im Grunde unbiblisch.

Der zweite Zweck, warum Gott Prüfungen im Leben eines Gläubigen zuläßt, ist, um ihn bestimmte Dinge zu lehren, die er ansonsten nicht lernen könnte. Deshalb ermutigt uns Petrus, nicht überrascht zu sein, auch nicht durch Feuerproben, denn auch unser Herr hat in den Tagen seines Fleisches gelitten (1,Petr.4,12-13). Was bewirkte das Leiden in dem vollkommenen Gott-Menschen? Die Schrift sagt, daß Er Gehorsam lernte an dem, was Er litt (Hebr.5,8). Diese Prüfungen und Versuchungen sollten den Gläubigen Gehorsam gegenüber Gott und Seinem Willen lehren.

Versuchungen können auch dazu verwendet werden, unsere Liebe für Gott wachsam zu halten. "Glückselig der Mann, der die Versuchung erduldet! Denn nachdem er bewährt ist, wird er den Siegeskranz des Lebens empfangen, den er denen verheißen hat, die ihn lieben" (Jak.1,12). Prüfungen führen uns dazu, uns ganz auf Gott zu verlassen, und wir lernen, in tieferer Weise von Gott abhängig zu werden, was wir anderenfalls nicht gelernt hätten. Prüfungen können in Form von Widerstand gegen unser Zeugnis für Christus auftreten (2.Kor.1,8-10) oder manchmal in der Art physischen Leidens (2.Kor.12,7-9). Diese Lektionen, die uns die Versuchung lehren kann - Gehorsam, Liebe, Ausdauer, Abhängigkeit -, sind für die völlige Reife im Leben des Christen notwendig. Mannigfaltige Versuchungen lehren mannigfaltige Lektionen.

Aber wie bei allen Versuchungen können wir bei einer Prüfung, die Gott vorgesehen hat, um uns zu lehren, durchfallen, und die Lektion war umsonst. In diesem Fall ist die einzige Lösung die, die Sünde zu bekennen, sich selbst wieder aufzuraffen, zu lernen, daß das Fleisch schwach ist, und sich konsequenter auf Gottes Kraft zu verlassen.

Aber sind die Risiken nicht so groß, daß Gott besser alle Versuchungen von uns fernhalten sollte? Die Antwort ist nein, denn Prüfung ist der Weg zur Bewährung und zum Wachstum in unserem Leben. Unsere Erprobung macht die Prüfung notwendig; unser Wachstum schreitet angesichts von Widerstand schneller voran; große Ergebnisse beinhalten große Risiken. Durch Prüfungen bietet uns Gott Möglichkeiten zur Bewährung und zum Wachstum; sie sind der Weg zur Niederlage Satans. Welchen Weg wir gehen, hängt von uns ab.

Schutz in der Versuchung

1. Korinther 10,13 ist eine großartige Verheißung für alle Gläubigen: "Gott aber ist treu, der nicht zulassen wird, daß ihr über euer Vermögen versucht werdet, sondern mit der Versuchung auch den Ausweg schaffen wird, so daß ihr sie ertragen könnt." Gott verspricht uns Schutz in der Versuchung in zweierlei Hinsicht - in bezug auf ihr Ausmaß und in bezug auf ihren Ausgang.

1. Gott verspricht, die Art und Intensität der Versuchung auf das zu begrenzen, was wir ertragen können. Das ist eine besonders wundervolle Verheißung, wenn wir uns daran erinnern, daß sie auf Seiner vollkommenen und vollständigen Kenntnis unserer besonderen und individuellen Fähigkeit beruht, diese Prüfungen zu ertragen. Sie beruht nicht auf dem, was wir meinen ertragen zu können, sondern darauf, daß Gott weiß, was wir ertragen können. Das bedeutet darüber hinaus, daß jede Prüfung nicht nur ertragen, sondern auch mit Erfolg bestanden werden kann. Kein Gläubiger hat angesichts dieser Verheißung jemals das Recht zu sagen, daß Gott zu viel von ihm verlangt. Wie sorgfältig wachte Gott über die Prüfungen, die Hiob bestehen mußte, und doch konnte Er dem Satan erlauben, seine volle Wut gegen diesen Mann und seine Familie auszulassen, denn der Herr wußte, daß er es ertragen konnte. Und Hiob ertrug alles. Wie oft war Paulus über die Maßen bedrängt, doch nie über das hinaus, was er ertragen konnte (2.Kor.1,8-10: 6,4-10). Selbst als er am Leben verzweifelte, hatte Gott das Ausmaß seiner Prüfung genau abgemessen. Diese Beispiele zeigen, daß große Prüfungen großes Vertrauen bedeuten. Gott kann es nicht zulassen, daß der schwache Gläubige hart geprüft wird, denn Er weiß, daß er nicht fähig wäre, das zu ertragen.

2. Gott verspricht, einen Ausweg zu schaffen, buchstäblich den Ausgang. Er schafft ihn zusammen mit der Versuchung; und bitte bedenken Sie, laut diesem Vers ist es Gott, der uns die Prüfung auferlegt. Das bekräftigt, was wir schon im vorhergehenden Abschnitt darüber geschrieben haben, nämlich, daß Gott Prüfungen dazu gebraucht, um das Wachstum in unserem geistlichen Leben zu fördern. Die Gläubigen, die denken, daß sie über der Versuchung stehen würden, leben in einer Traumwelt. Sie leben nicht in der Welt, die Gott für sie bereitet hat. Was ist dieser Ausweg? Es bedeutet offensichtlich nicht, daß

wir selbst entfliehen können; sonst würde der letzte Teil des Verses nichts bedeuten, denn ein Mensch, dem die Versuchung erspart wird, erträgt sie nicht. Es ist auch keine Verheißung für die Erlösung von zukünftigen Prüfungen, sondern uns wird Hilfe für unsere besondere Prüfung zugesagt: wir werden die Kraft empfangen, mitten in der Versuchung standzuhalten.

Eine ähnliche Verheißung wird in Hebräer 2,18 gegeben:"..denn worin er selbst gelitten hat, als er versucht worden ist, kann er denen helfen, die versucht werden." Welcher Ausweg auch immer in einer besonderen Situation gegeben wird, er wird letztlich stets die Abhängigkeit von der tragenden Kraft des Herrn beinhalten. Dazu kann auch der Gebrauch anderer Mittel kommen, die Gott uns gibt, und die wir im folgenden Abschnitt besprechen.

Laut 1.Korinther 10,13 ist es Gott, der die Versuchung bereitet und den Ausweg - beides zur gleichen Zeit. Die Prüfungen, die in unserem Leben erscheinen, sind vom Herrn "angeordnet", und ihr Ausgang ist kein nachträglicher Einfall. Um es anders auszudrücken, in dem Moment, in dem wir geprüft werden, ist der Ausgang aus diesen Prüfungen schon vorhanden. Gott wartet nicht darauf, wie wir uns in der Prüfung verhalten und zeigt uns dann plötzlich einen Ausweg, wenn wir nicht mehr können; der Ausgang ist bereits vorhanden, während die Prüfung noch durchgestanden werden muß.

Das ist die Verheißung Gottes, die unser Schutz in jeder Prüfung ist - ein vorsichtiges Bemessen des Ausmaßes, in dem wir geprüft werden können, und eine beständige Vorsorge für einen Ausweg, während wir durch die Prüfung gehen.

Verhaltensregeln in der Versuchung

Durch Beispiele und direkte Lehren gibt die Bibel zahlreiche Ratschläge dafür, wie man Versuchungen begegnet. Sie können in zwei Kategorien eingeteilt werden: 1. allgemeine Verpflichtungen unter allen Umständen und 2. spezielle Mittel für einzelne Situationen.

Der Gläubige hat drei allgemeine Verpflichtungen angesichts aller Versuchungen: Erstens soll er sich freuen, auch mitten in der Prüfung. "Achtet es für lauter Freude, meine Brüder, wenn ihr in mancherlei Versuchungen geratet" (Jak.1,2). Dies ist nicht die Haltung eines Zynikers oder Stoikers, sondern eines Christen, der der Versuchung nicht mit passiver Ergebenheit, sondern mit Freude begegnet. Das war auch die Haltung der frühen Jünger, die sich freuten, daß sie für würdig erachtet wurden, für Seinen Namen Schmach zu erleiden (Apg.5,41). Das Zeugnis von Paulus war das, daß er sich in Trübsal freute (Röm.5,3). Wie kann man das? Paulus und Jakobus beantworten dies einstimmig: Wir können uns freuen, weil wir wissen, daß eine Prüfung die erfolgreich bestanden wird, Glauben und geduldiges Ausharren im Leben bewirken, und manchmal kann dies nur durch Trübsal geschehen.

Zweitens haben Christen die Verpflichtung, die Versuchung zu erdulden. "Glückselig der Mann, der die Versuchung erduldet" (Jak.1,12). Wir haben schon gesehen, daß die große Verheißung von 1.Korinther 10,13 nicht Befreiung von der Versuchung verspricht, sondern Hilfe, sie zu erdulden. Zu erdulden bedeutet, die Prüfung mit Geduld und Beständigkeit zu ertragen, ohne zu murren, matt zu werden oder zu lästern. Man könnte durchaus fragen: "Warum ist das geschehen?" Aber der Gläubige, der erduldet, wird nicht in Frage stellen, daß Gott in der Prüfung am Werk ist, um sein Wachstum zu fördern und gute Eigenschaften zu entwickeln. Der Versuchung nachzugeben ist Sünde; zu murren bedeutet durchzufallen; zu erdulden bedeutet, die Lektion zu lernen, die Gott in die Prüfung hineingelegt hat.

Drittens sollte der Gläubige wegen der Versuchung ins Gebet gehen. Eine der Bitten des Vaterunsers ist "Führe uns nicht in Versuchung, sondern errette uns von dem Bösen" (Mt.6,13). Seine Schwäche erkennend sollte das Kind Gottes seinen himmlischen Vater bitten, ihn nicht seine eigenen Wege gehen zu lassen, die ihn der überwältigenden Macht des Teufels aussetzen würden. Das ist die Bitte für die, die erkennen, daß sie schwach sind und empfänglich für das Böse, damit der Herr nicht zuläßt, daß sie zu oft oder zu heftig geprüft werden und daß in den Versuchungen, die kommen, der Teufel nicht den Sieg erringen wird. Diese Bitte ist nicht für Helden und Idealisten, sondern für ganz normale Leute, die Realisten sind, die Schwächen des Fleisches kennen und die Möglichkeit ihres Versagens, die in jeder Prüfung liegt.

Zusätzlich zu diesen allgemeinen Verantwortlichkeiten gibt es manche spezielle Hilfsmittel, die im Wort aufgeführt sind, damit sie in Zeiten der Versuchung angewandt werden.

Erstens gibt es seltsamerweise Gelegenheiten, bei denen Gläubige die größte Stärke und Weisheit dadurch zeigen, daß sie vor der Versuchung fliehen. Manche überfromme Menschen würden dies als Feigheit betrachten, aber es ist nur biblisch. Die Befehle, dies zu tun, sind recht eindeutig und klar. "Flieht den Götzendienst" (1.Kor.10,14). "Die jugendlichen Lüste flieht" (2.Tim.2,22). Die Beispiele sind genauso klar. Auf seiner ersten Missionsreise floh Paulus aus Ikonium, als der Widerstand gegen ihn stark wurde (Apg.14,5-6), und das war in diesem Fall das Beste.

In 1.Mose 39 gibt es ein wunderschönes Beispiel für dieses Prinzips des Fliehens. Joseph, ein Sklave im Hause von Potifar, wurde ein unsittlicher Antrag von Potifars Frau gemacht. Zur ersten Verführung sagte er entschlossen nein. Er sah die Konsequenzen im richtigen Licht, denn er sagte: "Wie sollte ich dieses große Unrecht tun und gegen Gott sündigen?" (Vers 9). Es gab kein Liebäugeln, kein Zögern, keine Kompromisse. Aber die Versuchung verschwand mit dieser ersten Ablehnung nicht, denn Potifars Frau machte ihm "Tag für Tag" unsittliche Anträge (V.10). Endlich "ergriff sie ihn bei seinem Kleid und sagte: Liege bei mir! Er aber ließ sein Kleid in ihrer Hand, floh und lief hinaus" (V.12). Manchmal ist es in der Tat weitaus besser, vor einer Situation, in der man sich der Versuchung ergeben könnte, zu fliehen, anstatt zu bleiben und zu kämpfen. Das ist keine Verleugnung der Kraft Gottes, sondern eine ehrliche Einschätzung der Schwachheit des Fleisches.

Ein zweites Mittel, das der Gläubige in manchen Versuchungssituationen benutzen sollte, besteht darin, das zu zerstören, was ein Instrument oder ein Mittel der Sünde werden könnte. Dieses Prinzip wird in Römer 13,14 erwähnt: "Sondern zieht den Herrn Jesus Christus an, und treibt nicht Vorsorge für das Fleisch, daß Begierden wach werden." Nicht für das Fleisch vorzusorgen, kann bedeuten, bestimmte Dinge im Leben loszuwerden, die einen veranlassen zu sündigen.

Ein ausgezeichnetes Beispiel dafür wird in den Ereignissen gezeigt, die in Ephesus geschahen, als Paulus auf seiner dritten Missionsreise seinen Dienst in dieser großen Stadt verrichtete (Apg.19,11-20). Als das Christentum sich in der Stadt verbreitete, wurden die Neubekehrten überführt, weil sie "vorwitzige Künste" getrieben hatten (V.19). Das waren vermutlich magische Worte und Sprüche, die auf Schriftrollen und Amuletten geschrieben waren. Manche bestanden aus Briefen, die mit der Diana in Verbindung standen, deren Standbild im großen Tempel in Ephesus stand. Als die Gläubigen von ihrer gefährlichen Verwendung dieser "Glücksbringer" und Bücher überführt wurden, brachten sie diese zusammen und verbrannten die Schriftrollen in einem großen Feuer. Der Wert dieser Schriftrollen betrug fünfzigtausend Silberstücke, umgerechnet ungefähr 30.000 DM. Obwohl es unmöglich ist, den genauen Wert dieser Materialien heute festzustellen, waren sie auf jeden Fall sehr teuer.

Heute wären wir natürlich viel zu weise und zu fortgeschritten, um ein Buch zu verbrennen. Auch wenn wir der Überzeugung wären, daß solche Dinge wie Hufeisen, vierblättrige Kleeblätter, astrologische Berechnungen und tägliche Horoskope in der Zeitung keinen Platz im Leben eines Christen haben, wären wir vielleicht nicht so gedankenlos, den Geldwert dieser Dinge durch Zerstörung zu verlieren. Wir würden wahrscheinlich ein Komitee ernennen und eine Aktion starten, damit all diese Sachen gesammelt und dem Gebrauchtwarenhändler verkauft werden. Dann könnte das eingenommene Geld in einen Baufonds investiert werden! Daraufhin würden sich einige wohlhabende Christen auf den Weg zu den Bücherläden machen, um die verkauften Bücher zurückzukaufen. Vielleicht ist das eine schlaue Art, Geld aufzutreiben, aber es ist bestimmt kein Weg, die Versuchung zu überwinden. Manchmal ist vorbehaltlose Zerstörung der Sachen, die uns zur Sünde verlocken, der einzige Weg zum geistlichen Sieg.

Kürzlich sprach ich auf einem Jugendlager über dieses Thema und verwendete das Ereignis in Apostelgeschichte 19 als Beispiel. Obwohl ich keine Anwendung für das heutige Leben brachte, sprach der Heilige Geist zu einem jungen Zuhörer, der erst vor ein paar Wochen Christus kennengelernt hatte, über die Art von Musik, die einen großen Teil seines Lebens ausmachte. Die Folge war, daß er buchstäblich alle Schallplatten zerbrach, die er besaß und von denen er erkannte, daß sie falsche Leidenschaften in seinem Herzen und Sinn erweckten. Noten auf einem musikalischen Notensystem und Wörter sind an sich nicht sündhaft, aber sie können so zusammengestellt werden, daß sie Lüste erwecken, und das kann zu Sünde führen. Wenn das so ist, ist es am besten, sie loszuwerden.

Es gibt viele Beispiele, die man hier zitieren könnte. Meistens ist die "Sache", die damit verbunden ist, nicht in sich falsch, aber sie kann von Satan als Werkzeug verwendet werden, uns zu besiegen. Wenn wir unsere Schwäche erkennen, ist es besser, diese Dinge nicht um uns zu haben, die dem Fleisch die Möglichkeit bieten, seine Lüste zu erfüllen. Das ist ein Weg zum Sieg.

Ein drittes Mittel, das ein Gläubiger verwenden kann, um die Versuchung zu überwinden, ist eine gute Gemeinschaft. Nachdem Paulus Timotheus geraten hatte, den jugendlichen Lüsten zu entfliehen, fügte er hinzu: "Strebe aber nach Gerechtigkeit, Glauben, Liebe und Frieden mit denen, die den Herrn aus reinem Herzen anrufen" (2.Tim.2,22). Gute Gemeinschaft kann uns helfen, Versuchungen zu verhindern und uns von falschen Wegen abzuhalten. Die Sprüche sagen es so: "Wer mit Weisen umgeht, wird weise; aber wer sich mit Toren einläßt, dem wird es schlechtgehen" (13,20). Sich mit den Feinden Christi zu verbinden, war einer der Schritte, die zu der Verleugnung des Petrus in der Nacht vor der Kreuzigung führten (Lk.22,55).

Das bedeutet nicht, daß wir nie mit unerretteten Menschen Umgang haben können, weil sie uns sonst in Versuchung führen würden, aber wenn irgendeine Gemeinschaft mit Christen oder mit Ungläubigen uns auf eine niedrigere Stufe zieht, sollten wir sie meiden wie Gift, denn das ist sie dann auch.

Die Bibel sagt über Versuchung: Gott gibt sie, um uns zu prüfen, zu lehren und unsere Liebe zu Ihm zu vermehren. Keine Verlockung zum Bösen kommt jemals von Ihm. Das geschieht vielmehr, wenn wir von unseren eigenen Lüsten fortgezogen und gelockt werden (Jak.1,14). Aber Gott hat versprochen, uns nie mehr aufzuerlegen, als das, was wir erfolgreich aushalten können, und uns Hilfe und Mittel zum Aushalten zu geben. Der geistliche Christ kann erwarten, daß er versucht wird; und der geistliche Christ wird durch diese Versuchung siegreich hindurchgehen.

Kapitel 14

Bekennen und Vergebung

Ein Gebiet des geistlichen Lebens, das eine Anzahl praktischer Fragen aufgeworfen hat, ist das Sündenbekenntnis. Was ist ein Bekenntnis? Wann soll es abgelegt werden? Sollte es öffentlich und/oder privat sein? Hat Gott uns nicht schon vergeben, ob wir bekennen oder nicht? Worin besteht unsere Verpflichtung, einander die Sünden zu vergeben? Das sind manche der Fragen, auf die verschiedene Antworten gegeben werden, und sie müssen von der Schrift her beantwortet werden.

Unsere Sünden bekennen

1. Was ist Bekennen? Das griechische Wort für "bekennen" bedeutet wörtlich, das Gleiche zu sagen, d. h. zuzustimmen oder völlig anzuerkennen. Also ist ein Bekenntnis eine Anerkennung der Übereinstimmung mit einem Maßstab, und dies beinhaltet, daß man eine vorherige Abweichung von diesem Maßstab zugibt. Wenn jemand Christus als Retter bekennt, gibt er zu, daß das, was er vorher von Christus dachte, falsch war und daß er jetzt mit Gott übereinstimmt, daß der Tod Christi für seine Sünden bezahlt hat. Wenn ein Christ bestimmte Sünden in seinem Leben bekennt, stimmt er mit dem, was Gott über Sünde sagt, überein und erkennt seine vergangene Abweichung oder Schuld an. Der Maßstab ist stets und kompromißlos Gottes Wort.

2. Schließt das "Bekennen" immer Buße und Abkehr von der Sünde mit ein? Das ist keine leichte Frage. Man würde gerne sagen: Ja, das wahre Bekenntnis wird immer eine Abkehr von der bekannten Sünde beinhalten. So sollte es sein, aber es ist nicht immer so. Welcher Heilige ist nicht schon in die gleiche Sünde zurückgefallen, die er vorher bekannt und (wie er dachte) aufgegeben hatte?

Was ist die Antwort? Einerseits ist es ganz klar durch die eigentliche Bedeutung des Wortes, daß Bekenntnis nicht ein bloßes Erwähnen einer bestimmten Sünde ist. Mit Gott in der Bewertung einer Sünde übereinzustimmen, bedeutet nicht nur zu erkennen, daß Er sagt, daß es Sünde ist, sondern auch Seine Ansicht über Sünde zu teilen, was sicherlich beinhaltet, daß wir sie aufgeben. Wenn wir nicht die grundsätzliche Bereitschaft zur Abkehr von dieser Sünde haben, würden wir nur teilweise mit Gott in dieser Angelegenheit übereinstimmen. Also kann das wahre Bekenntnis nicht bedeuten, einfach Worte in einen Apparat einzuspeisen, der dann automatisch die Vergebung ausgibt.

Aber warum bekennen so viele ihre Sünden, kehren sich von dieser Sünde ab, um dann wieder in sie zurückzufallen? Die Ursache liegt offensichtlich nicht in einem fehlerhaften Bekenntnis, sondern darin, daß man sich die verfügbaren Mittel, die den Sieg über dieses Problem bringen, nicht aneignet. Und doch ist auch damit nicht alles gesagt, denn es gibt manche, die trotz allem, was getan werden kann, wieder in die gleiche Sünde verfallen, besiegt von der Macht des Fleisches oder von Satan. Das Bekenntnis war aber in solchen Fällen nicht mangelhaft. Wir müssen zwischen einigen Punkten unterscheiden: dem Bekenntnis, dem folgenden Leben und der Macht der Sünde. Mit anderen Worten, es scheint im Wort keine Garantie dafür zu geben, daß Sünde, wenn sie bekannt und gelassen wurde, den Gläubigen für den Rest seines Lebens nicht mehr betrifft und er dieser Sünde nicht mehr verfallen kann. Also muß das echte Bekenntnis immer Kummer über die Sünde und ein Abwenden von ihr beinhalten, aber wahres Bekenntnis garantiert nicht, daß diese bestimmte Sünde auch nie wieder begangen wird. Passiert es, dann muß sie wieder bekannt werden.

3. Wann müssen wir unsere Sünden bekennen? Im allgemeinen ist die Antwort: Wann immer unsere Aufmerksamkeit auf Sünde gelenkt wird und wir bereit und willig sind, sie als Sünde anzuerkennen und uns von ihr abzuwenden. Die Schrift setzt in dieser Angelegenheit zwei Fristen. Die erste ist der Anbruch der Nacht, und die zweite ist die Zeit des Brotbrechens. Das Prinzip in Epheser 4,26 - "Die Sonne gehe nicht unter über eurem Zorn" - scheint zu bedeuten, daß reiner Tisch gemacht werden sollte, bevor man sich niederlegt. Die Tätigkeiten des Tages, auch die Fehler, können dann gut überprüft und dem Herrn bekannt werden. Wenn dies aber nicht getan wird, können der Schlaf und die Tätigkeiten des nächsten Tages eine Unempfindlichkeit und Vergeßlichkeit mit sich bringen, die dann zu größerer Sünde führen kann oder zumindest zu einem länger dauernden Verlust der Gemeinschaft.

Brotbrechen, die Zeit, wenn das Mahl des Herrn genommen wird, ist auch eine Zeit der Selbstprüfung und des Bekenntnisses der Sünden. Das nicht zu tun, kann Gericht von Gott mit sich bringen in Form von Krankheit oder sogar physischem Tod (1.Kor.11,27-32). Sünde sollte am besten dann bekannt werden, wenn sie ans Licht kommt, aber sie sollte nicht über Nacht unbekannt bleiben, wenn es aus irgendeinem Grund doch so ist, dann nie über die Zeit des Brotbrechens hinaus.

4. Gibt es mehr als einen Weg, zu bekennen? Bis jetzt haben wir in der Diskussion nur angedeutet, daß Bekennen eine Aufzählung unserer Sünden im Gebet vor Gott ist, entweder ausgesprochen oder im Stillen. Gewiß ist dies ein Weg. Bekennen kann aber auch in Form eines Gedankens erfolgen, der in einem Augenblick Aufzählung, Anerkennung, Verlassen und alles einschließt, was zu einem echten Bekenntnis gehört. Ein Bekenntnis kann auch im Fassen eines Entschlusses, seinen Weg zu ändern, gemacht werden. Alle Bekenntnisse sollten eigentlich zu diesem Schritt führen, aber das könnte auch die einzige Art sein, in der sich ein Bekenntnis ausdrückt. Diese Art des Bekenntnisses spricht sehr deutlich.

Ich erlebte einmal eine ziemlich lange Versammlung, in der Studenten einer Schule öffentlich Bekenntnisse ablegten. Eine Anzahl davon waren sehr notwendig und hatten eine wohltuende Wirkung. Da war aber auch ein Mädchen, deren Bekenntnis nicht ganz echt klang. Es dauerte lang und ausführlich genug, obwohl nicht sehr konkret, aber es schien mit einer künstlichen Frömmigkeit übergossen zu sein. Bald holte die Routine des Schullebens die Studentin wieder ein. Eines Tages, nicht lange danach, stand ich in einer Reihe bei der Selbstbedienung für das Mittagessen, als dieses Mädchen sich vorne in die Schlange hineindrängte. Ein Student, der vor mir stand, drehte sich zu einem anderen um und sagte: "Ich sehe, sie macht ihre alte Dummheit wieder. Es ist schade, daß sie den Sieg über das Vordrängeln nicht geschafft hat." Manchmal ist es besser, ein Bekenntnis zu sehen, als eines zu hören.

5. Was ist mit öffentlichen Bekenntnissen? Damit beschäftigen wir uns später ausführlicher, es genügt, jetzt zu sagen, daß das Bekenntnis grundsätzlich an Gott gerichtet ist. Dennoch gibt es Gelegenheiten, wo irgendeine Art von öffentlichem Zugeben der Sünde notwendig und angebracht ist. Mit der Öffentlichkeit kann eine andere Person gemeint sein (Mt.5,21)

oder aber auch die ganze Gemeinde (Mt.18,17), und ein solches Bekenntnis kann auch eine Wiedergutmachung notwendig machen.

Es ist wichtig zu erkennen, daß ein öffentliches Bekenntnis von spezifischen Sünden oft völlig unpassend ist. Ein geändertes Leben ist ein öffentliches Bekenntnis, aber das Aufzählen bestimmter Sünden in der Öffentlichkeit kann völlig fehl am Platz sein. Ich war persönlich einmal beunruhigt über diesen Punkt und fragte einen sehr weisen, älteren Christen, welche Ratschläge er für das öffentliche Bekenntnis von Sünde geben würde. Er schlug zwei Richtlinien vor: 1. Wessen Stimme drängt uns zum öffentlichen Bekenntnis - Gottes, Satans oder deine eigene? Wenn es nicht Gott ist, der eindeutig dazu führt, sollte es nicht getan werden. Zu oft überreden wir uns selbst dazu, daß ein öffentliches Bekenntnis ratsam sei. 2. Wird dieses öffentliche Bekenntnis die Gemeinde erbauen oder nicht? Die Bibel sagt sehr klar, daß alle Dinge in den öffentlichen Versammlungen der Gemeinde zur Auferbauung dienen und in einer anständigen und ordentlichen Art geschehen sollten (1.Kor.14,26.40). Jedes öffentliche Bekenntnis, das diese Richtlinien verletzten würde, sollte besser nicht ausgesprochen werden.

6. Welche Art der Vergebung folgt aus unserem Bekenntnis? Weil das christliche Leben eine Familienbeziehung ist, kann das Thema der Vergebung am besten in diesem Zusammenhang betrachtet werden. Wir treten in die Familie ein, wenn wir Jesus Christus als unseren persönlichen Heiland anerkennen. Diese neue Geburt in die Familie Gottes ist ewig; wir können nie von dieser Familie abgeschnitten werden. Dennoch sind die Beziehungen innerhalb dieser Familie vergleichbar mit denen einer irdischen Familie. Manchmal gibt es einen Bruch in der Gemeinschaft zwischen dem Vater und seinem Kind. Ungehorsam dem Willen des Vaters gegenüber bewirkt dies, und auch wenn das Kind nicht aus der Familie ausgeschlossen wird, beeinträchtigt diese Differenz doch die Gemeinschaft und die Freude an den Beziehungen und Vorrechten im Familienleben. Das gleiche geschieht, wenn wir gegen unseren himmlischen Vater sündigen. Er wirft uns nicht hinaus, aber Er ist betrübt, und wir können nicht die volle Gemeinschaft in der Familie genießen. Das einmal vergossene Blut Christi hält uns in der Familie, auch wenn wir sündigen (1.Joh.1,7), und der Fürspre-

cher (oder Sachwalter, Anwalt, Freund), den wir im Herrn Jesus andauernd haben, nimmt sich unser an, wenn wir sündigen, und erinnert den Vater daran, daß Sein Tod für alle unsre Sünden bezahlt hat (1.Joh.2,1).

Die ewige Gemeinschaft mit der Familie kann nie gebrochen werden, aber durch Sünde kann die Freude der zeitlichen Gemeinschaft mit der Familie getrübt sein. Das Blut Christi erhält die ewige Gemeinschaft aufrecht; unser Bekenntnis stellt die vorübergehend verlorene Gemeinschaft augenblicklich wieder her. Wenn wir bekennen, "ist er treu und gerecht, daß er uns die Sünde vergibt und uns reinigt von jeder Ungerechtigkeit" (1.Joh.1,9).

Die Beziehungen in der Familie Gottes bestehen aber nicht nur mit dem Vater, sondern sie beinhalten andere Glieder der Familie, andere Christen. Die Bibel betont die Notwendigkeit eines vergebenden Geistes, um die richtige Gemeinschaft mit anderen Gläubigen aufrecht zu erhalten.

Einander vergeben

Sündenbekenntnis ist notwendig für die Gemeinschaft in Gottes Familie, aber ebenso wichtig ist es, einander zu vergeben. Es gibt dafür ein sehr klares Prinzip im Neuen Testament, und das lautet: Familiengemeinschaft mit Gott hängt von familiärer Gemeinschaft miteinander ab. Um es anders auszudrücken, gute Beziehungen mit dem Vater hängen von guten Beziehungen mit seinen Kindern ab.

1. Das Prinzip als Gebot (Mt.5,21-26). In diesem interessanten Teil der Bergpredigt erklärt der Herr, daß kleine Dinge, denen wir Raum geben, oft zu furchtbaren Sünden führen. Eine kleine Sache, wie Zorn gegen einen Bruder, kann sehr wohl zu Mord und so zur Hölle führen (V.21-22). Ebenso kann ein Bruder, der etwas gegen uns hat, uns zum Verlust der Gemeinschaft mit unserem himmlischen Vater führen (V.23-24). Es ist tatsächlich so wichtig, das Verhältnis zwischen den Gliedern der Familie Gottes in Ordnung zu halten, daß es Vorrang vor den Gaben, die wir Gott bringen, hat. Wichtig zu bemerken ist, wie weitreichend dieses Gebot ist, denn es geht nicht darum, daß der sündige Bruder zugibt, daß er im Unrecht war, bevor es eine Versöhnung geben kann. Wenn man selbst (anscheinend in der Sache unschuldig) sich erinnert, daß jemand anders etwas

gegen einen hat (wenn auch ungerechtfertigt), ist es unsere eigene Verantwortung, zu ihm zu gehen und eine Versöhnung zu suchen. Die meisten von uns handeln nach dem Grundsatz, daß derjenige, der im Unrecht ist, den ersten Schritt tun sollte und daß wir, wenn er es nicht tut, keine Verpflichtung haben, diese Situation in Ordnung zu bringen. Aber das sagt der Herr nicht. Wir müssen einen vergebenden Geist zeigen, zu dem Bruder gehen und versuchen, die Dinge in Ordnung zu bringen. Ansonsten wird unser Dienst und unsere Anbetung Gottes ungünstig beeinflußt. Gute Beziehungen mit dem Vater hängen von guten Beziehungen mit Seinen Kindern ab.

2. Das Prinzip im Gleichnis (Mt.18,21-35). Angenommen ein Bruder sündigt weiter gegen mich. Bin ich verpflichtet, ihm weiter zu vergeben? Zur Zeit Christi sagten die Rabbis, daß man verpflichtet sei, der gleichen Person dreimal zu vergeben. Als Petrus den Herrn über diesen Punkt befragte, dachte er, daß er einen hochherzigen Geist beweisen würde, indem er vorschlug, siebenmal zu vergeben (V.21). Der Herr aber sagte, daß Vergebung unbegrenzt sein sollte, weil uns Gott genau diese Art von Vergebung gewährt. Dann führte Er ein Gleichnis über einen Knecht an, der seinem Herrn einen unmöglichen Betrag schuldete (vielleicht im Wert von ungefähr 20 Millionen DM) und dem die gesamte Schuld erlassen wurde, als er den Herrn darum bat. Aber dann drehte sich der Mann um und verlangte die Zahlung von vielleicht fünfzig DM von einem Mitknecht. Der Herr hob zwei Punkte bei diesem Gleichnis hervor: Der vergebende Vater sollte von Seinen Kindern nachgeahmt werden (V.32-33), und ein Mensch, der nicht vergeben will, kann nicht erwarten, daß ihm selbst vergeben wird (V.35).

3. Das Prinzip im Bild (Joh.13,1-17). Als der Herr die Füße Seiner Jünger wusch, gab Er ein lebendiges Beispiel des Vergebens. Eigentlich gab es zwei Seiten an diesem Beispiel. Das Waschen der Füße der Jünger zeigte, wie Er uns durch Seinen andauernden Dienst der Fürbitte rein hält. Wir sind zur Zeit unserer Errettung gewaschen worden, aber wir müssen in der Gemeinschaft bewahrt werden, was Er für uns durch das Waschen unserer Füße tut (V.10). Dies ist der gleiche Dienst, der in 1. Johannes 2,2 erwähnt wird.

Der Herr gab mit diesem Beispiel aber auch ein Gebot: "So seid ihr schuldig, einander die Füße zu waschen" (V.14). Dies kann nur bedeuten, daß wir einander genauso vergeben sollten, wie Er uns vergibt. Leider lesen viele diese Stelle und sehen nur das Werk Christi für den Gläubigen und nicht das Werk des Gläubigen für andere Gläubige, den Dienst, einander zu vergeben. Wieder ist bemerkenswert, daß die unschuldige Partei die Initiative ergreifen sollte und dem vergibt, dessen Füße schmutzig sind.

Es gibt einige interessante Details zum gegenseitigen Waschen der Füße, die aus der Handlung des Herrn am Abend vor Seiner Kreuzigung hervorgehen. Zum einen machte Er keine großartige Ankündigung dessen, was Er tun wollte. Fußwaschung sollte still getan werden. Offensichtlich muß der, der die Füße eines anderen wäscht, sich auf die Ebene der Füße begeben! Man kann nicht über einen anderen Gläubigen herrschen, wenn man in der Stellung ist, seine Füße zu waschen. Daran werden wir in Galater 6,1 erinnert: "Brüder, wenn auch ein Mensch von einem Fehltritt übereilt wird, so bringt ihr, die Geistlichen, einen solchen im Geist der Sanftmut wieder zurecht." Der geistliche Christ übernimmt die Initiative, den sündigen Bruder wiederherzustellen; aber er muß es in Sanftmut tun, sich immer daran erinnernd, daß auch er in die gleiche Sünde verfallen könnte. Die Symbolik dieses Vergleiches weist auch darauf hin, daß die Vergebung völlig sein muß. Eine halbherzige Tat ist hier fehl am Platz, denn wenn man schmutzige Füße nur teilweise wäscht, kommen dabei schlammige Füße heraus und nicht saubere. Man kann nicht die Haltung haben: "Ich vergebe dir, aber ...".

4. Das Prinzip im Gebet (Mt.6,12). In Seinem Mustergebet erinnert der Herr Seine Jünger (und gleichzeitig auch uns) daran, daß wir nur dann, wenn wir anderen vergeben, erwarten können, daß unser Vater uns auch vergibt (nicht in bezug auf Errettung, sondern im Leben und in den Beziehungen der Familie). Die Bitte, die dies im Gebet andeutet, sollte als "Vergib uns unsere Schulden, wie auch wir unseren Schuldnern vergeben haben" übersetzt werden. Mit anderen Worten hängt eine gute Beziehung zum Vater von guten Beziehungen mit Seinen Kindern ab. Es ist lehrreich zu bemerken, daß von all den Aussagen im Gebet des Herrn, die noch einmal zu unserer Beachtung hervorgehoben werden könnten, gerade diese Aussage aufgegriffen wird (V.14-15). Sie ist ganz offensichtlich von grundlegender Wichtigkeit.

5. Das Prinzip in der Praxis. Es ist nicht leicht, dieses Prinzip des Vergebens auch wirklich in die Tat umzusetzen. Darum möchte ich einige Vorschläge anbieten, die vielleicht helfen können.

Erstens, wie wir wieder und wieder gesehen haben, darf ich mit der Vergebung nicht warten, bis mein Bruder etwas einsieht und zugibt, daß er im Unrecht ist. Sobald ich ein Unrecht sehe, sollte ich vergeben, ganz gleich, ob er es sieht oder nicht. Dies kann bedeuten, daß ich zu ihm gehen muß und versuchen muß, ihm seinen Fehler deutlich zu machen (wie Gal. 6,1 zeigt). Wenn ich nicht in der Lage bin, mit ihm persönlich zu reden, so muß ich doch in jedem Fall vergeben.

Zweitens sollte dieses Prinzip, wie auch die meisten anderen, zuallererst bei denen praktiziert werden, die uns am nächsten sind. Die meisten von uns haben kein Problem damit, Leuten zu vergeben, die uns unbekannt sind oder deren Sünde uns wenig betrifft. Hier geht es vor allem darum, Gliedern der eigenen Gemeinde zu vergeben, nicht so sehr denen einer anderen Konfession. Es betrifft meine Mitschüler, meine Ältesten oder meinen Sonntagsschullehrer.

Drittens bedeutet Vergebung zu praktizieren nicht, die Sünde zu entschuldigen. Man kann vergeben und doch noch auf einigen Gebieten anderer Meinung sein. Dieses Prinzip bewirkt nicht, daß unsere Überzeugungen aufgehoben werden, sondern es sollte wirken, um unsere Gefühle und Haltungen zueinander und zum Herrn richtigzustellen. Ich wäre der letzte, der sagen würde, daß biblische Überzeugungen beeinträchtigt werden sollten; aber ich möchte der erste sein, der sagt, daß einander zu vergeben ein biblisches Gebot ist und absolut unentbehrlich zur Erhaltung eines gesunden geistlichen Lebens.

Unsere Sünden zu bekennen und einander zu vergeben -, dies sind beständige Bedürfnisse im geistlichen Leben. Bekennen hält uns im rechten Verhältnis mit Gott und anderen Gläubigen, Vergebung hält uns im rechten Verhältnis mit anderen Gläubigen und mit Gott.

Kapitel 15

Gesetzmäßig oder gesetzlich?

Die Komplexität des christlichen Lebens verstärkt sich jedes Jahr. Es war früher ziemlich einfach festzustellen, was richtig oder falsch für einen Gläubigen war, auch bei fraglichen Angelegenheiten; aber heute werden nicht nur Dinge in Frage gestellt, sondern es scheint auch unter christlichen Leitern mehr Unstimmigkeit über dieses Thema zu geben. Viele von uns sind in Zeiten aufgewachsen (noch gar nicht so lange zurück), in denen es keinen Fernsehapparat gab, keine abendfüllenden Walt-Disney-Filme oder auch keinen Profifußball am Samstag. Allein schon das Vorhandensein von einigen dieser neuen Attraktionen hat die Komplikationen verstärkt. Dazu kommt das Gefühl vieler Christen, daß das ganze Konzept des Gesetzes und der Gesetzlichkeit im geistlichen Leben überdacht werden muß. All das führt zu einem Bild, das immer komplizierter wird. Die Bibel muß aber Antworten und Richtlinien für dieses Problem haben, die auch in diesem komplizierten zwanzigsten Jahrhundert noch etwas bewirken können.

Zu Beginn müssen einige grundsätzliche Dinge über Gesetz und Gnade klargestellt werden. Zunächst einmal sind es gegensätzliche Begriffe, und dieser Gegensatz hat einen elementaren Bezug zum christlichen Leben. Als Paulus die Frage beantwortete, warum Sünde nicht über den Gläubigen herrschen wird, tat er es mit der Aussage, daß wir nicht unter dem Gesetz, sondern unter der Gnade sind (Röm.6,14). Hier, in Beziehung zu unserer Heiligung, wird der Zustand "unter Gnade" in scharfem Kontrast zum alten Zustand "unter dem Gesetz" gestellt. Mit anderen Worten scheinen Gesetz und Gnade in diesem Zusammenhang Gegensätze zu sein, und der einzige Weg für einen Christen, ein heiliges Leben zu führen, ist der, sich unter die Gnade Gottes zu begeben.

In welchem Sinn sind es Gegensätze? Im Sinne einer Lebensregel, unter der die Menschen leben, war das Gesetz eines und die Gnade etwas anderes. Das heißt, bevor Christus auf diese Welt kam, erwartete man, daß die Menschen sich nach den im Gesetz des Mose aufgeführten Richtlinien halten sollten. Heute wird der Kodex, unter dem Gottes Volk lebt, Gnade genannt, weil es das Gesetz Christi ist, der Gnade in diese Welt brachte (Joh.1.17). Dieser Grundsatz des Lebens beinhaltet jetzt mindestens drei Aspekte: die spezifischen Gesetze, die befähigende Kraft und die Motivation. Wenn wir von Gesetz und Gnade als Grundsätzen des Lebens sprechen, schließen wir nicht nur die spezifischen Gebote ein, sondern auch die Kraft und die Motivation, die ein Teil der Grundsätze des Lebens sind. Und in diesem Sinne sind Gesetz und Gnade Gegensätze, die im Widerspruch zueinander stehen, denn die Gesetze, die Kraft und die Motivation sind verschieden, wenn sie unter dem Gesetz wirksam waren oder unter der Gnade. Konkret sieht das so aus:

	Gesetz	Gnade
Gesetz	613 Gebote im Gesetz Mose	Hunderte genauso spezifische Gebote im Gesetz Christi
Kraft	Heiliger Geist (aber keine bleibende Garantie)	Innewohnender Geist (bleibende Garantie)
Motivation	Grundsätzlich "zu sollen" und zu fürchten	Grundsätzlich "zu wollen" und zu lieben

Obwohl dies etwas vereinfacht dargestellt ist, zeigt es die Gegensätze zwischen Gesetz und Gnade als Lebensregeln für die Menschen, die Gott gehören.

In einem anderen Sinn stehen aber Gesetz und Gnade nicht in deutlichem Widerspruch zueinander, denn es gab Gnade unter dem Gesetz, und es gibt Gesetz unter der Gnade. Dies ist ein sehr wichtiger Punkt für ein heiliges Leben, der oft von Gläubigen mißverstanden wird. Es gibt z. B. manche, die Gesetz und Gnade so scharf gegenüberstellen, daß sie daraus schließen, daß es keine spezifischen Gesetze unter den Richtlinien der Gnade gibt. Wenn man irgendwelche Gesetze einführt, ist das für sie Gesetzlichkeit. Leider ist diese lehrmäßige Verwirrung auch manchmal die Grundlage für einen zuchtlosen Lebenswandel, der unter dem Vorwand gerechtfertigt wird, man praktiziere christliche Freiheit.

Die Wahrheit ist die, daß es Gnade unter dem mosaischen Gesetz gab (eine Wahrheit, die wir hier nicht entwickeln können) und daß es Gesetz unter der Gnade gibt. Das Neue Testament spricht von "dem vollkommenen Gesetz der Freiheit" (Jak.1,25), "dem königlichen Gesetz" (Jak.2,8), "dem Gesetz des Christus" (Gal.6,2) und "dem Gesetz des Geistes des Lebens" (Röm.8,2). Es sind natürlich die spezifischen Gebote des Neuen Testaments, die das Gesetz Christi bilden, und es gibt hunderte solcher Gebote. Sie betreffen jedes Gebiet des Lebens, und sie sind so deutlich, daß sie als Gesetz bezeichnet werden können. Und sie sind ein wichtiger Teil dessen, was es bedeutet "unter Gnade" zu stehen.

Um dies besser zu verstehen, wollen wir einige Aspekte des Lebens unter Gnade betrachten und die Eigenschaften derer, die dieses Leben leben.

Manche Dinge sind legal

Es ist immer richtig oder legal, bestimmte Dinge unter der Gnade zu tun; das sind die klaren und positiven Gebote des Neuen Testaments, die der Gläubige befolgen soll. Er braucht nicht darüber zu debattieren, noch sie in Frage zu stellen, noch irgendwelche grundlegende Prinzipien in ihnen zu suchen oder darüber zu beten, ob er ihnen gehorchen sollte oder nicht. Sie sind deutlich, klar und verpflichtend.

Die Liste könnte sehr lange sein, aber hier sind einige Beispiele. Es ist immer richtig für jeden Menschen, sich der Regierung unterzuordnen (Röm.13,1); es ist immer richtig, alles, was die Gemeinde betrifft, anständig und korrekt auszuführen (1.Kor.14,40); wir sollten die Last des anderen tragen (Gal.6,2); Frauen sollten sich ihren Männern unterordnen (Eph.5,22); unsere Gedanken sollten unter Kontrolle sein (Phil.4,8) und auch unsere Worte (Kol.4,6); wir sollten unablässig beten (1.Thes. 5,17). Gute Werke sind immer erlaubt (2.Thes.3,13); nüchterne Gedanken sind immer angebracht (Tit.2,2.4.6); und das Beispiel des Lebens Christi ist das Muster für das Verhalten des Gläubigen (1.Pet.2,21; 1.Joh.2,6). Mit anderen Worten, alle positiven Hilfen zur Heiligung sind für den Gläubigen immer rechtens oder legal.

Manche Dinge sind illegal

Obwohl einige Christen es nicht gerne zugeben, stimmt es, daß es im Christentum Negatives gibt. Manche Sachen sind für einen Gläubigen immer falsch. Es ist illegal, gleichförmig dieser Welt zu sein (Röm.12,2), ein Götzendiener zu sein (1.Kor.

10,7), den Heiligen Geist zu betrüben (Eph.4,30), seine Kinder zum Zorn zu reizen (Kol.3,21), den Geist auszulöschen (1.Thes.5,19), sich des Zeugnisses des Herrn zu schämen (2.Tim.1,8), unsere Zusammenkommen zu versäumen (Hebr. 10,25), übel übereinander zu reden (Jak.4,11), Böses mit Bösem zu vergelten (1.Pet.3,9), einen Irrlehrer in sein Haus aufzunehmen (2.Joh.10). All das und vieles andere spezifisch Negative ist für einen geistlichen Christen nie richtig.

Manche Dinge sind legal und illegal

Wir haben keine Schwierigkeiten, Dinge zu verstehen, die offensichtlich richtig oder falsch für den Gläubigen sind. Es mag vielleicht ein Problem sein, ihnen willig zu gehorchen, aber die Anweisungen selber sind klar. Viele Dinge, mit denen der Christ konfrontiert wird, sind aber unter manchen Umständen richtig und unter anderen falsch. Der Grund dafür ist, daß Dinge an sich (und viele komplexe Aspekte des Lebens sind in dieser Kategorie beinhaltet) weder richtig noch falsch sind - sie sind moralisch neutral; oder manchmal kann eine richtige Sache unter bestimmten Umständen oder innerhalb bestimmter Beziehungen falsch werden. Stoff z. B. ist an sich neutral, aber die Art und Weise, wie er verwendet wird, resultiert in anständiger oder unanständiger Kleidung (1.Tim.2,9). Essen ist eine richtige und notwendige Sache, aber übertriebenes Essen führt zu Unmäßigkeit und Völlerei, die Sünde sind.

Es gibt viele Aspekte des Lebens, in denen die richtige Handlungsweise nicht immer leicht gefunden werden kann. Ich möchte einige Fragen aufzeigen, ohne irgendein Vorurteil darüber zu haben, wie sie zu beantworten sind, um die Schwierigkeit der Entscheidungen zu zeigen, denen ein ernster Christ heute gegenübersteht. Fußball und Baseball sind gesunde und interessante Tätigkeiten sowohl für die Teilnehmer als auch für die Zuschauer. Das ist offensichtlich. Ändert sich das Bild, wenn diese Sportarten sonntags betrieben werden? Sollte der Gläubige am Tag des Herrn eine Sportveranstaltung besuchen? Und wenn er sie am Sonntag im Fernsehen sieht? Sollte den Kindern das Fußballspielen im Hinterhof am Sonntag verboten oder erlaubt werden? Das sind legitime Fragen zu Dingen, die an sich gut sind, aber sie können fraglich werden, wenn sie sich auf den Tag des Herrn beziehen. Ähnliche Probleme können durch scheinbar unproblematische Filme ausgelöst werden. Ob ihre Verwendung religiös oder weltlich ist, kann kein Maßstab sein, durch den ihre Richtigkeit oder Ungeeignetheit bestimmt werden kann. Viele Christen verwenden sie, um weltliche Szenen in sich aufzunehmen und ausschließlich zum Vergnügen. Wo der Film gezeigt wird, ist nicht länger ein Maßstab, denn sehr schlechte Filme können jetzt zu Hause im Fernsehapparat gesehen werden, und vorzügliche Filme kann man sich im Kino anschauen. Die Schwierigkeiten wachsen mit der Zunahme der Verwendung solcher neuer Möglichkeiten für christliche Ausbildungszwecke.

Oder die Investition in Wertpapiere. Ich habe einen Bekannten, der aus Überzeugung niemals in Tabak - oder Alkohol - Aktien investieren würde, und ich finde dies sehr empfehlenswert. Eines Tages fragte ich ihn, ob er Wertpapiere aus einer bestimmten chemischen Firma besitze, was er bejahte. Dann erkundigte ich mich, ob er wisse, daß diese Firma einer der größten Hersteller von dem Papier, welches für Zigaretten verwendet wird, ist. Dies wußte er nicht, aber er meinte, daß die Vielfalt der Operationen und Produkte der Gesellschaft es ihm erlauben, weiter die Wertpapiere zu besitzen. Oder was soll man tun, wenn man feststellt, daß ein Großteil der Gewinne einer Lebensmittelkette der Unterstützung einer Sekte dient? Würden Sie sich diese Wertpapiere kaufen? Sollte man überhaupt in diesen Geschäften einkaufen und so zu deren Gewinnen beitragen?

Wie entscheidet ein ernsthafter Gläubiger diese schwierigen Fragen? Obwohl die Bibel keine direkte Antwort auf viele spezifische Probleme gibt, legt sie leitende Richtlinien fest, die in solchen Situationen angewendet werden können. Hier einige davon:

1. Gebrauche die Welt, aber mißbrauche sie nicht! Paulus zeigt unmißverständlich an, daß der Christ in der Welt leben und die Dinge der Welt gebrauchen muß, und das schließt auch den Umgang mit unerwünschten Leuten ein. Die einzige Alternative hierzu ist, die Welt zu verlassen (1.Kor.5,10). Dies würde ich Absonderung durch Selbstmord nennen! Weil das aber nicht empfehlenswert ist, muß man die Welt, die Gegenstände und die Leute "gebrauchen". Paulus warnt uns aber auch davor, selbst gute Dinge zu mißbrauchen (1.Kor.7,31). Manche Fakten die er in diesem Zusammenhang erwähnt, sollte man sich mer-

ken: Leid, Freude, Kaufen und Verkaufen, Sorge für seine Frau. Alle diese Dinge sind gut und erlaubt, aber sie können für den Gläubigen durch Mißbrauch unerlaubt werden. Und dann sind sie falsch. Wo ist diese dünne Linie zwischen richtigem Gebrauch und sündhaftem Mißbrauch? Sie ist nicht immer leicht festzustellen, aber der Herr kann und wird die, die Ihn danach fragen, richtig leiten.

2. Genieße die Welt, aber liebe sie nicht. Der geistliche Gläubige hat ein biblisches Recht, die Dinge zu genießen, die Gott ihm gibt (1.Tim.6,17). Ein sehr aufopfernder Mensch kann sehr fleischlich sein, weil er ziemlich stolz auf seine Opfer sein kann, während eine geistliche Einstellung auch im Überfluß und in der Fülle gelebt werden kann. Gläubige müssen sich nicht dafür entschuldigen, wenn Gott ihnen etwas gibt; eigentlich gibt es kein schlimmeres Beispiel für betrügerische Frömmigkeit als einen frommen Christen, der sich für das entschuldigt, was er hat. Der Satz "Ich habe einen so günstigen Kauf getätigt" wird oft zur Rechtfertigung für den Besitz von materiellen Dingen gebraucht. Nun, ich bin mit meinem schottischen Hintergrund der erste, der nach einem günstigen Kauf Ausschau hält. Aber wir müssen uns daran erinnern: Wenn der Besitz einer gewissen Sache von vorneherein nicht gut für einen Gläubigen ist, wird sie auch durch einen günstigen Kauf nicht "gut"! Wenn aber Gott uns etwas gibt, brauchen wir uns nicht zu entschuldigen, und wir dürfen uns frei fühlen, es auch zu genießen.

Andererseits wird uns geboten, die Welt nicht zu lieben noch die Dinge, die in der Welt sind! (1.Joh.2,15). Mache keinen Götzen aus irgend etwas, das Gott dir gibt; statt dessen solltest du in Ihm dein volles Genüge finden, damit du auch dann, wenn dir alles weggenommen wird, immer noch ein fröhlicher Christ sein kannst. Es ist nicht leicht, die Linie zwischen berechtigtem Genießen und unpassender Liebe zu finden. Manche Leute genießen nie das, was Gott ihnen gibt, weil sie Angst haben, daß sie vielleicht die Dinge zu sehr lieben und vergöttern könnten. Andere genießen sie so sehr, daß sie die Dinge vergöttern. Der geistliche Gläubige wird lernen, mit diesen erlaubten Dingen umzugehen und dafür zu sorgen, daß sie auch erlaubt bleiben.

3. Hindere nie das geistliche Wachstum eines anderen Christen. Gerade in diesem Bereich mag eine Handlung, zu der

Sie selbst die Freiheit haben, eine echte Behinderung für das Wachstum anderer Gläubiger sein. Wenn das so ist, sagt die Bibel mit Recht, daß man es nicht tun sollte (1.Kor.8,13). Es zu tun, würde unter solchen Umständen Sünde sein. Mit anderen Worten, eine erlaubte Tätigkeit wird dann illegal, wenn ein anderer Gläubiger dadurch behindert wird.

Wie aber kann man wissen, ob etwas eine echte Behinderung ist oder ob derjenige, der gegen das ist, was ich tue, nicht einfach versucht, seine persönlichen christlichen Maßstäbe mir aufzuzwingen? Das ist eine schwierige Frage. Einerseits stimmt es, daß man, wenn man lange genug sucht, immer jemanden finden wird, der Einwände gegen fast alles hat, was immer man auch macht. Andererseits muß man vorsichtig sein, damit man nicht unempfindlich gegenüber den Gefühlen anderer Gläubiger wird, denn dann würde man gegen sie sündigen. Wie erreicht man das Gleichgewicht?

Es gibt zwei Richtlinien, die mir persönlich geholfen haben. Die erste lautet: Versucht derjenige, der Einwände hat, wirklich zu wachsen und Fortschritte im geistlichen Leben zu machen, oder sitzt er einfach am Rand der Laufbahn und schießt auf die Läufer? Wenn er mit im Rennen ist, will ich alles mögliche tun, um ihm zu helfen, ein Sieger zu werden. Während wenn er selbst wenig oder keine Fortschritte im christlichen Leben macht, fühle ich mich nicht verpflichtet, seine Gefühle oder sein Gewissen zu befriedigen.

Die zweite lautet: Wie viele sind von meinem Tun betroffen? Dies war eine der Richtlinien, die von der Urgemeinde angewandt wurden, um die heidnischen Gläubigen dazu zu bringen, ihre Freiheit in Christus zu zügeln, denn es gab zu viele jüdische Christen, deren geistliches Leben durch die legitimen Gewohnheiten der heidnischen Brüder gehemmt wurde (Apg.15,19-29). Dieses Prinzip kann uns führen, wenn wir von einem Landesteil in einen anderen ziehen, da die Gläubigen dort andere Maßstäbe haben, oder wenn wir kulturelle und nationale Grenzen überqueren.

Somit lauten die zwei Richtlinien: Wer wird behindert, ein Läufer oder ein Bummler? Und wieviele sind betroffen?- Das grundlegende Prinzip aber ist: Tue nichts, was das Wachstum eines anderen Gläubigen behindert. Oder positiv gesagt, tue alles mögliche, selbst wenn das die Einschränkung deiner Freiheit bedeutet, um das geistliche Leben deines Mitgläubigen zu fördern.

4. Tue alles zur Verherrlichung und Ehre Gottes (1.Kor.10,31). Dies ist natürlich das alles umfassende Leitprinzip des christlichen Lebens. Die Frage: "Dient die Sache oder Handlung der Verherrlichung Gottes?" kann und sollte sich jeder Gläubige stellen auf allen Gebieten seines Lebens. Was ist die Verherrlichung Gottes? Es ist die Offenbarung oder Kundgebung irgendeiner oder aller Seiner Eigenschaften. Mit anderen Worten, es ist die Entfaltung des Wesens Gottes in der Welt. Dinge, die Gott verherrlichen, sind Dinge, die die Eigenschaften Seines Wesens der Welt aufzeigen.

Die Prinzipien sind klar; manchmal ist ihre Anwendung schwierig. Aber kein Gläubiger sollte die Schwierigkeiten dadurch vermehren, daß er nicht bereit ist, Gottes Wort zu gehorchen.

Manche Dinge sind als Gesetz gegeben

Es ist im geistlichen Leben durchaus angemessen und richtig, daß einige Gläubige Verhaltensregeln für andere als Gesetz bestimmen. Ich bin sicher, daß eine Aussage wie diese sofortige und unterschiedliche Reaktionen - viele davon negativ - hervorrufen wird, aber sie stimmt trotzdem. Manche Dinge im Leben eines Christen werden richtigerweise durch Verordnungen geregelt. Dies vermindert die Gnade nicht, denn wir haben am Anfang dieses Kapitels gesehen, daß es unter dem, was wir als Zeit der Gnade bezeichnen, Gesetze gibt. Gesetzgebung ist nicht gesetzlich, das werden wir im folgenden Abschnitt sehen. Es ist manchmal biblisch, Gesetze zu erlassen.

Es gibt zwei Gebiete, auf die dies besonders zutrifft: Das Gebiet des Verhaltens zu Haus, und das richtige Verhalten in der Gemeinde. Das Gebot, daß Kinder ihren Eltern gehorchen sollen, beinhaltet sicherlich spezifische Gebote, die nicht in der Bibel erwähnt sind, aber die nichtsdestoweniger notwendig, berechtigt und bindend für die Kinder sind. Z. B. sagt die Bibel nichts darüber, wie lange ein junger Mensch abends ausbleiben darf, doch die Kontrolle darüber obliegt den Eltern, und sie beeinflußt das Zeugnis sowohl der Eltern als auch des Jugendlichen in dieser Familie.

In Hebräer 13 werden wir zweimal daran erinnert, daß es Leiter in der Ortsgemeinde gibt (V.7.17), die in der Ausübung ihrer Verantwortung Richtlinien setzen müssen, Autorität und

Disziplin ausüben und Regeln für die Gemeindeglieder aufstellen müssen. Was dies beinhalten kann oder wie weit es gehen kann, ist nicht angegeben, aber das Prinzip ist klar festgelegt. Ohne dies würde es Anarchie in der Gemeinde geben.

Es ist anzunehmen, daß das gleiche Prinzip auch für andere christliche Organisationen, wie Schulen und Missionsgesellschaften gilt. Wenn ein Gläubiger Mitglied dieser Gruppe ist, wird erwartet, daß er ihr Gehorsam und Treue entgegenbringt; kann er dies nicht, muß er sich von ihr trennen. Gibt es Unstimmigkeiten zwischen den Geleiteten und den Leitern, gibt es nur drei Alternativen: Gehorche, versuche die Beschlüsse zu ändern, wenn es dafür eine Möglichkeit gibt, oder breche die Verbindung ab:

Manche Leute sind gesetzlich

Es wird öfters über Gesetzlichkeit geredet, als daß sie definiert wird, und wenn sie definiert wird, ist das manchmal der Fall, um die Praxis dessen, der sie definiert, zu rechtfertigen und das Verhalten anderer zu verdammen! Natürlich muß anerkannt werden, daß Gesetzlichkeit kein biblisches Wort ist. Also ist jede Definition abgeleitet von Andeutungen der Schrift, nicht von direkten Aussagen. Der einfachste Weg, Gesetzlichkeit zu verstehen, ist vielleicht der, zu definieren, was sie nicht ist, und durch den Prozeß der Streichung zu sehen, was sie ist.

Es ist von großer Wichtigkeit zu verstehen, daß Gesetzlichkeit nicht die Existenz von Gesetz bedeutet. Das aber verstehen leider die meisten Menschen darunter, und in dem Moment, wo ein Gesetz an ihrem Horizont erscheint, schreien sie "Gesetzlichkeit!". Wenn die Anwesenheit von Gesetzen Gesetzlichkeit ist, müßte Gott vorgeworfen werden, dies zu fördern, weil er den Menschen während der menschlichen Geschichte unzählige Gesetze gegeben hat. Darüber hinaus wären auch Eltern, Älteste und staatliche Autoritäten gesetzlich, wenn diese Definition von Gesetzlichkeit richtig wäre. Gesetzlichkeit ist aber nicht die Anwesenheit von Gesetzen.

Andere wiederum definieren es als Gesetzlichkeit, wenn Gesetze anderen Menschen auferlegt werden. Eine solche Definition berücksichtigt aber nicht die biblische Erlaubnis dafür, daß Eltern und Gemeindeälteste verbindliche Anordnungen für ihre Familien und Gemeindegruppen erlassen können. Weder die Anwesenheit von Gesetz noch das Aufbürden von Gesetzen ist der Schlüssel zum Verständnis von Gesetzlichkeit.

Was ist Gesetzlichkeit? Es ist eine falsche Haltung zum Gesetzeskodex, unter dem ein Mensch lebt. Gesetzlichkeit beinhaltet die Existenz des Gesetzes, das falsche Motiv zum Gehorsam gegenüber diesem Gesetz und oft die falsche Verwendung der Kraft, die uns gegeben ist, um das Gesetz zu halten, aber dies ist eine grundsätzlich falsche *Haltung*. Also kann Gesetzlichkeit als eine fleischliche Haltung, die sich aus Gründen der Selbsterhöhung nach einem Gesetzeskodex richtet, definiert werden. Der Kodex besteht aus den objektiven Maßstäben, die zu einer bestimmten Zeit auf Menschen angewendet werden (heute ist es das Gesetz Christi); das Motiv besteht darin, sich selbst zu verherrlichen und selbst Verdienst zu gewinnen, statt Gott, aufgrund dessen was Er getan hat, zu verherrlichen; und die Kraft, die eingesetzt wird, um dem Kodex zu gehorchen, ist die des Fleisches und nicht die des Heiligen Geistes. Es ist wichtig zu bemerken, daß jemand, der gesetzlich ist, das Gesetz *hält*; er ist kein Gesetzesbrecher. Dem Gesetz Christi nicht zu gehorchen, ist Gesetzlosigkeit, nicht Freiheit. Ihm zu gehorchen, um sich selbst zu verherrlichen, ist Gesetzlichkeit. Der, der gesetzlich ist, und der, der nicht gesetzlich ist, zeigen beide zumindest eine äußere Übereinstimmung mit dem Gesetz, unter dem sie leben.

Prüfen wir diesen Gedanken. Schauen wir uns zuerst einen Menschen an, der unter dem mosaischen Gesetz lebte. Alle Israeliten, die unter dem Gesetz lebten, mußten gewisse Tätigkeiten ausüben, um ihre richtige Beziehung zur Gemeinschaft des Volkes Israel zu erhalten. Derjenige, der gesetzlich war, gehorchte, um sich selbst zu verherrlichen, und dies ist die eine Art des Verhaltens, das Jesaja so scharf verurteilte (1,11-15). Andererseits zeigte der Israelit, der von Gott geführt und motiviert wurde, seine Opfer und Gaben zu bringen, um Gott zu verherrlichen, die richtige Haltung. Beide Männer brachten aber Opfer und gehorchten dem Gesetz, unter dem sie lebten.

Es kann nicht stark genug betont werden, daß etwas tun zu *müssen,* nicht Gesetzlichkeit bedeutet, aber die falsche Haltung, die ich habe, wenn ich es tue, ist Gesetzlichkeit. In dem obigen Beispiel mußten beide Israeliten Opfer bringen; ansonsten hätten sie gewisse Strafen erleiden müssen. Ihre Haltung gegenüber dem, was sie tun mußten, entschied darüber, ob sie gesetzlich waren oder nicht. Um ein außerbiblisches Beispiel zu verwenden: Ein Athlet muß Trainingsregeln einhalten. Die meisten Athleten halten sie gerne ein, obwohl sie sehr streng sein müssen, aus reiner Liebe zum Sport; die falsche, angeberische Haltung ist Gesetzlichkeit. Beide Haltungen beziehen sich aber auf den gleichen Kodex der Regeln, und beide beweisen Übereinstimmung mit diesen Regeln.

Unter der Gnade müssen wir bestimmte Sachen tun. Es wird von uns erwartet, daß wir die ausdrücklichen Gebote halten; wir sind verpflichtet, die Gebote nicht zu verletzen; wir müssen geistlichen Verstand anwenden, um die Prinzipien der Bibel auf den fraglichen Gebieten richtig anzuwenden; und wir werden aufgefordert, den gegebenen Gesetzen in der Familie und Gemeinde zu folgen. Wenn jemand Gehorsam übt, um Gott zu verherrlichen, so handelt er nicht gesetzlich. Auch wenn jemand eigentlich nicht gehorchen will oder nicht versteht, warum Gemeindeälteste z. B. gewisse Regeln aufstellen, aber nichtsdestoweniger gehorcht, um Gott zu verherrlichen, ist dies nicht Gesetzlichkeit. Andererseits kann die Ablehnung, sich anzupassen, gesetzlich sein, weil einer, der anders denkt (auch wenn er vielleicht ein gutes Recht hat, so zu denken), sich selbst oft dadurch verherrlicht, daß er seine "Freiheit" vor der ganzen Welt zur Schau stellt. Und dieses Zur-Schau-Stellen macht ihn gesetzlich. Folglich sind manche Christen gesetzlich, nicht weil Gesetz gesetzlich ist, sondern weil eine falsche Haltung, die irgendeiner von uns vertreten könnte, gesetzlich ist. Richtig zu leben bedeutet, daß wir bereit sind, die Verherrlichung Gottes zum Motiv für jede unserer Handlungen zu machen und uns vom Geist Gottes die Kraft (auch zu den Dingen, die wir tun müssen) geben zu lassen, um uns dem Gesetz Christi entsprechend zu verhalten.

Manche Leute sind befreit

Der genaue Gegensatz zur Freiheit ist Sklaverei, nicht Gesetzlichkeit (obwohl gesetzliches Leben natürlich einen Art der Sklaverei beinhaltet). Der biblische Gedanke der christlichen Freiheit ist eine neue Stellung in Christus, die Freiheit von der Knechtschaft und von der Sklaverei der Sünde und des Fleisches (Röm.6,22; 2.Pet.2,19). Ein Gläubiger kann in der Stellung der Freiheit sein, aber Gesetzlichkeit in seinem

Lebenswandel praktizieren. Stellung und Haltung sind nicht das gleiche; hier sind Freiheit und Gesetzlichkeit direkte Gegensätze.

Gewiß bedingt die Stellung der Freiheit, die jeder Christ hat, eine entsprechende richtige Praxis. Die Befreiung brachte uns die Freiheit, ein Sklave der Gerechtigkeit zu sein (Röm.6,18). Wir sollten sehr sorgfältig beachten, daß christliche Freiheit den Gläubigen nicht berechtigt, so zu leben, wie es ihm gefällt, sie ist kein Freibrief. Sie bringt ihn in eine Stellung, in der er so leben kann, wie es Gott gefällt. Das ist etwas, das er als unerlöster Mensch nicht tun konnte. Befreites Leben bedeutet nicht uneingeschränktes Leben.

Was sind denn die biblischen Einschränkungen des befreiten christlichen Lebens? Die Antwort auf diese Frage ist sehr wichtig für unsere Heiligung, denn uneingeschränkte Freiheit ist Zügellosigkeit, und falsch eingeschränkte Freiheit ist Gesetzlichkeit. Biblisch eingeschränkte Freiheit ist befreites geistliches Leben. Was ist die richtige Einschränkung? Die Antwort ist: Liebe. Paulus sagte es bündig: "Denn ihr seid zur Freiheit berufen worden, Brüder, nur gebraucht nicht die Freiheit als Anlaß für das Fleisch, sondern dient einander durch die Liebe" (Gal.5,13).

Was ist Liebe? Meistens denken wir dabei an einen gefühlvollen Ausdruck von gütigen Taten. Das ist eine gute Beschreibung. Liebe wird aber manchmal in Taten der Zurechtweisung ausgedrückt, weil sie Gutes schaffen und Böses verhindern will; und das ist auch Liebe. Die Mutter, die zu ihrem Kind zärtlich ist, muß es auch manchmal züchtigen, und beides ist ein Ausdruck der Liebe. Was ist gut? Der Gläubige erkennt, daß dies letzten Endes nur in bezug auf den Willen Gottes definiert werden kann. Also bedeutet Liebe, nach dem Willen Gottes zu trachten, und christliche Freiheit sollte durch diese Art der Liebe eingeschränkt sein.

Solch eine durch Liebe eingeschränkte Freiheit wird sich in den Handlungen im Leben eines geistlichen Christen zeigen. Dies steht hinter dem Prinzip aus 1. Korinther 8,13. Paulus sagt, daß ein Christ das Recht hat, Fleisch zu essen, das Götzen geopfert wurde, aber manche Gläubige fühlten sich nicht frei, dieses Recht auszuüben. Also sollten die, die sich frei fühlen, davon zu essen, ihre Freiheit aus Liebe zu den anderen Brüdern einschränken. Bemerken Sie dabei genau, daß sowohl der stärkere als auch der schwächere Bruder nichts davon essen sollten, wenn auch aus unterschiedlichen Gründen.

Eine durch Liebe eingeschränkte Freiheit wird sich auch in der Haltung eines Gläubigen zeigen. Zu oft zügelt ein Christ seine Handlungen und hat doch noch eine falsche Haltung gegenüber dem schwächeren Bruder. Ebenso kann der schwächere Bruder eine falsche Haltung zeigen, indem er den stärkeren Bruder dafür richtet, daß er sich frei fühlt, etwas zu tun, egal ob er es tut oder nicht (Röm.14,3). Beides sind falsche Haltungen.

Befreites Leben ist ein durch Liebe eingeschränktes Leben, und das ist wahre geistliche Einstellung. Wir haben schon vorher gesagt, daß einer der wichtigsten Beweise der geistlichen Lebensweise Christusähnlichkeit ist. Und Er, der Freiheit hatte, die nur durch die Natur Gottes beschränkt war, nahm freiwillig die Einschränkungen der Knechtsgestalt auf sich, um uns zu dienen. Seine Freiheit war durch Seine große Liebe zu uns eingeschränkt. Unsere befreite Stellung in Christus sollte täglich in einem Leben des Dienens gezeigt werden. Nur dann werden wir dem Beispiel unseres Herrn folgen. "Wir aber, die Starken, sind verpflichtet, die Schwachheit der Kraftlosen zu tragen, und nicht uns selbst zu gefallen. Jeder von uns gefalle dem Nächsten zum Guten, zur Erbauung. Denn auch Christus hat sich nicht selbst gefallen" (Röm.15,1-3a).

Kapitel 16

Soll ich die Gabe des Zungenredens suchen?

Es gibt keinen Zweifel, daß die Bibel lehrt, daß Zungenreden eine echte geistliche Gabe ist. Es gibt auch keinen Zweifel, daß viele Christen behaupten, diese Gabe zu besitzen und durch sie segensreiche Auswirkungen für ihr geistliches Leben empfangen zu haben. Durch die Verbreitung des Zungenredens in Gruppen außerhalb derer, die gewöhnlich damit in Verbindung gebracht werden, fragen sich viele Gläubige, ob sie diese Gabe suchen sollten, um ihr geistliches Wachstum zu fördern. Habe ich wirklich alles, was Gott mir geben möchte, wenn ich die Gabe des Zungenredens nicht suche?

Natürlich muß die Antwort auf diese und alle Fragen, die das Zungenreden betreffen, in den Aussagen der Bibel gesucht werden. Nicht das zählt, was die Erfahrung eines einzelnen zu beweisen oder zu wiederlegen scheint. Damit soll nicht behauptet werden, daß die Erfahrungen, die viele heute machen, nicht real wären; natürlich sind sie es. Die entscheidende Frage ist aber: "Sind es biblische Erfahrungen?" Es ist nämlich durchaus möglich, eine echte Erfahrung zu haben, die, obwohl sie nicht gegen die Schrift ist, doch nicht biblisch ist. Der einzige Weg, zu bestimmen, ob irgendeine Erfahrung biblisch ist, ist der, diese Erfahrung anhand der Bibel zu prüfen und nicht umgekehrt.

Vor Jahren half ich in einer Gemeinde, in der es eine Frau gab, die immer Träume über mich und noch zwei andere "junge Brüder" hatte. Durch ihre Träume teilte sie uns Botschaften von Gott mit, und die Botschaften enthielten immer gütige Gedanken, ermutigende Worte und biblische Empfindungen. Es gab, soweit ich mich daran erinnern kann, nie etwas Unbiblisches in ihnen; doch es war sehr fraglich, ob diese liebe christliche Schwester eine echte, biblische Erfahrung machte, als sie angebliche "Offenbarungen" von Gott durch ihre Träume weitergab. Erfahrung muß immer anhand der Bibel geprüft werden, sie ist unsere endgültige Autorität.

Was können wir über Zungenreden aus der Bibel lernen, das uns helfen könnte zu erkennen, welchen Platz diese Gabe in einem ausgeglichenen geistlichen Leben einnehmen könnte? Wenn wir positiv an diese Sache herangehen (denken Sie daran, wie die Frage formuliert wurde: "Was können wir lernen ...?"), werden wir viele der fruchtlosen Diskussionen, die dieses Thema begleiten, vermeiden können. Fünf Dinge können wir definitiv wissen.

1. Man kann mit dem Geist getauft sein und nicht in Zungen reden. Jeder wahre Christ ist, wie wir gesehen haben, durch den Heiligen Geist getauft und in den Leib Christi eingefügt worden. Das ist eine Erfahrung, die jedem Gläubigen nur einmal widerfährt. Im Gegensatz dazu, kann die Erfüllung mit dem Geist wiederholt erfahren werden, und sie bringt Kraft im Leben des Christen, wenn er die Herrschaft über sein Leben abgibt. Das Auftreten von Zungenreden ist jedoch keine notwendige Begleiterscheinung oder ein Beweis für die Taufe im Geist. Erinnern wir uns an die Korinther. Paulus sagt (1.Kor.14,5), daß sie nicht alle in Zungen redeten, und doch machte er klar, daß sie alle mit dem Geist getauft waren (1.Kor.12,13). Offensichtlich sind manche getauft worden, die nicht in Zungen redeten. In keinem der beiden Briefe an diese Gemeinde ermutigt Paulus die, die nicht in Zungen gesprochen hatten, es zu suchen. Es war kein notwendiges Zeichen der Taufe mit dem Geist. Jede Lehre, die darauf besteht, folgt nicht der Schrift.

2. Die Verteilung der geistlichen Gaben ist auf verschiedene Weise beschränkt. Nicht jeder Gläubige hat alle Gaben. Es ist sehr zweifelhaft, ob irgendeinem Gläubigen (mit Ausnahme vielleicht der Apostel) alle Gaben gegeben wurden. Es ist die Vielfalt an Kombinationen der Gaben, die jeder von uns besitzt, die uns voneinander abhängig macht, damit der Leib Christi richtig funktioniert.

Nicht alle Gaben werden notwendigerweise auch jeder Generation von Christen gegeben, obwohl oft gesagt wird, daß Gott eine bestimmte Gabe, die Er einer Generation gegeben hat, auch jeder andern gibt, weil Er derselbe ist. Dieses Argument wird oft verwendet, um heute die spektakulären Gaben zu fördern, aber es gibt zwei Irrtümer bei dieser Art des Denkens. Erstens: Gottes Kraft bleibt dieselbe und wird nicht dadurch beeinträchtigt, daß Er Sein Programm ändert. Eine Gabe einer Generation zu geben und der anderen nicht, bedeutet nicht, daß Gottes Kraft auf irgendeine Weise geschwächt wurde; es zeigt nur eine Änderung in Seinem Programm. Ein Beispiel dazu: Wenn Gott sich entschloß, ein Erdbeben zu senden, um Paulus und Silas aus dem Gefängnis in Philippi zu befreien, und später entschied, Paulus nicht aus seiner römischen Todeszelle zu befreien, bedeutet das nicht, daß Er es nicht tun *konnte*. Es weist darauf hin, daß Seinen Absichten einmal mit der Befreiung am besten gedient war. Oder wenn Gott Paulus die Gabe des Heilens gab, damit er andere heilen konnte und auch heilte, und ihm doch nicht erlaubte, diese Gabe auf seinen eigenen Dorn im Fleisch anzuwenden, bedeutet dies nicht, daß Gottes Kraft nicht dieselbe wäre. Ebenso gilt, wenn Gott die Gabe des Zungenredens einigen im ersten Jahrhundert gab, aber keinem danach, bedeutet dies nicht, daß Er nicht derselbe ist.

Ein zweiter Irrtum in diesem Argument ist, nicht zu erkennen, daß eine Gabe, die auch nur einmal einem einzelnen in der ganzen Geschichte der Gemeinde gegeben wurde, dennoch eine Gabe für die ganze Gemeinde ist. Die Gabe des Apostels z. B. wurde sehr wenigen gegeben, aber wer zieht heute keinen Nutzen aus dieser Gabe? Tatsächlich wird zurecht gesagt, daß Aposteldienst und Prophetengabe beschränkte Gaben sind und nur wenigen Leuten zu der Zeit der Gründung der Gemeinde gegeben wurden (Eph.2,20). Weil wir uns nicht länger in dieser Gründungszeit der Gemeinde befinden, erwarten wir auch nicht, daß Gott diese Gaben, die angemessen für jenes Zeitalter waren, geben wird. Wir brauchen keinen neuen Grundstein der Gemeinde, und ebensowenig brauchen wir heute Apostel oder Propheten. Diese gehörten zur Grundlage, und wir sind in diesem zwanzigsten Jahrhundert schon weit oben bei der Errichtung des Gebäudes.

Was ist aber mit der Zungenrede? War diese Gabe auch auf die Urchristen beschränkt? Hebräer 2,3-4 legt dies nahe: "Wie werden wir entfliehen, wenn wir eine so große Errettung mißachten? Sie hat ja den Anfang ihrer Verkündigung durch den Herrn empfangen und ist uns von denen bestätigt worden, die es gehört haben, wobei Gott zugleich Zeugnis gab durch Zeichen und Wunder und mancherlei Machttaten und Austeilungen des Heiligen Geistes nach seinem Willen." Zu beachten ist, daß bestimmte spektakuläre Gaben denen gegeben wurden, die den Herrn gehört haben ("wobei Gott zugleich Zeugnis gab ..."), und nicht der zweiten Generation Christen, die im ersten Jahrhundert lebten. Das Zungenreden kann man berechtigterweise jenen zeichenhaften Gaben zuordnen, die selbst im 1. Jahrhundert nicht an jeden Gläubigen ausgeteilt wurden.

3. "Seien es Sprachen, sie werden aufhören." Dieser Vers (1.Kor.13,8) sagt klar, daß die Gabe des Zungenredens einmal nicht mehr gegeben wird. Was anscheinend nicht gesagt wird, ist, wann dies passieren wird oder passierte. Und doch gibt es in dem Vers einen starken Hinweis auf das Wann. Drei Gaben werden in diesem Vers erwähnt - Weissagung, Zungen und Erkenntnis (nicht allgemeine Erkenntnis, sondern die geistliche Gabe; siehe 1.Kor.12,8). Von zwei dieser Gaben, Weissagung und Erkenntnis, wird bezüglich ihres Aufhörens dasselbe gesagt, nämlich daß sie weggetan werden. Genau dasselbe Zeitwort und genau derselbe Fall des Zeitwortes (passiv, wird von jemandem abgeschafft werden) wird bei Weissagung und Erkenntnis verwendet. Die Aussage, die das Zungenreden betrifft, ist aber ganz anders. Das Zeitwort ist anders ("aufhören"), und das Geschlecht des Zeitwortes ist anders (weder passiv noch aktiv, sondern medium) . Wir haben aber nichts Ähnliches wie dieses "Medium" des Geschlechts im Deutschen. Der Ausdruck, der dem am nächsten kommt, ist eine rückbezügliche Konstruktion (mir selbst, sich selbst). Ein Beispiel eines aktiven Zeitwortes ist: "Der Junge wäscht seinen Hund." Passiv würde es lauten: "Der Hund wird vom Jungen gewaschen." (Weissagung und Erkenntnis werden von Gott abgeschafft.) Wenn wir sagen "der Hund wäscht sich", verwenden wir ein Reflexivpronomen, aber im Griechischen wird das "Medium" verwendet. Vom Zungenreden wird nun gesagt, es wird von selbst aufhören oder enden. Mit anderen Worten, Gott wird die Gabe der Weissagung und der Erkenntnis zurückziehen, aber nicht die des Zungenredens, denn bis zu einem bestimmten Zeitpunkt wird sie von selbst aufhören. Nun, wenn wir diese Aussage mit der aus Epheser 2,20 verbinden, die sagt, daß Propheten durch Christus, als dem Eckstein, selbst gegeben wurden als Grundlage für den Aufbau der Gemeinde, sind wir gezwungen, daraus zu schließen, daß auch das Zungenreden (d. h. die echte schriftgemäße geistliche Gabe) in dieser Gründungszeit ausgestorben ist, denn es gibt auch keine grundlegende Gabe der Propheten mehr.

4. Es gibt wichtigere Gaben als das Zungenreden, und nach diesen sollten wir streben. Als der Apostel Paulus die geistlichen Gaben nach ihrer Wichtigkeit auflistete, stellte er Apostel an die erste Stelle, Propheten an die zweite und Lehre an die dritte Stelle. Dann erwähnte er Wunder, Heilungen, Hilfelei-

stungen, Leitung und als letzte auf der Liste die Sprachen (1.Kor.12,28). Dann sagte er, daß wir um die größeren Gaben eifern sollten (V.31). Hier ist die Antwort auf die Frage, die in der Überschrift des Kapitels gestellt wurde. Soll ich das Zungenreden suchen? Nein, ich soll die besseren Gaben suchen. Z. B. sollte ich die Gabe der Hilfeleistung ausüben, die vor der Gabe der Sprachen auf der Liste steht. Das bestätigt das, was früher über die Wichtigkeit der alltäglichen Treue gesagt wurde, denn sie und nicht irgendeine spektakuläre Demonstration ist die entscheidende Kundgebung echter geistlicher Gesinnung. Wenn Sie besorgt darüber sind, ob Sie die Gabe des Zungenredens suchen sollten oder nicht, folgen Sie dieser einfachen und klaren Lehre der Schrift, und suchen Sie die bessere Gabe.

5. Christusähnlichkeit hängt nicht von Zungenreden ab. Das Ziel für jeden Gläubigen ist diese Ähnlichkeit, und die Frucht des Geistes ist Christusähnlichkeit. Diese Frucht beinhaltet nach Galater 5,22-23 weder Reden in Sprachen noch Wunder. Zudem sprach unser Herr, soweit wir wissen, nie in Zungen, also können wir Ihn völlig nachahmen, ohne in Zungen reden zu müssen. Niemand muß sich unter Druck gesetzt fühlen, daß seinem geistlichen Leben etwas mangelt, weil er nicht in Zungen gesprochen hat, denn die Christusähnlichkeit hängt nicht davon ab. Diese tiefe und bleibende Gemeinschaft mit dem Herrn, die wir alle begehren, wird durch immer größere Erkenntnis über den Herrn gefördert, und diese Erkenntnis kommt durch ein tieferes Verständnis des Wortes.

Warum gibt es heute so starkes Interesse am Zungenreden? Diese Frage ist nicht leicht zu beantworten. Zweifellos hängt es bei vielen mit einem echten Wunsch nach einer tieferen Erfahrung mit Gott zusammen. Meiner Überzeugung nach ist jedoch das Zungenreden, das sie empfangen, nicht die echte biblische Gabe, denn diese hat aufgehört zu existieren (s.o.). In manchen Fällen müssen wir davon ausgehen, daß es sich um satanische Nachahmung des früheren echten Zungenredens handelt, während in anderen Fällen seelische Phänomene mit im Spiel sein dürften. Wir wissen ja, daß der Teufel alle Anstrengungen unternimmt, um einen Schein von Gottseligkeit durch gefälschte religiöse Erfahrung zu fördern. Er ist daran interessiert, Gläubige von wichtigeren Dingen abzulenken, indem er ihre Aufmerksamkeit auf das nachgemachte Zungenreden und andere spektakuläre Erscheinungen richtet. Die Tatsache, daß scheinbarer Segen manche dieser Erfahrungen begleitet, beweist keineswegs, daß sie von Gott sind; auch ist nicht bewiesen, daß echter Segen gerade durch das Zungenreden verursacht wurde. Gott kann in jede Situation eintreten und daraus Gutes hervorbringen.

Manchmal geschieht es, daß Bibelschulstudenten nach ihrem Abschluß der Führung des Herrn nicht folgen und vom Satan in einen anderen Dienst abgelenkt werden. Und doch haben sie im Lauf der Jahre Segen in diesem Dienst. Wie erklärt man, was als Segen gelöst vom Willen Gottes scheint? Es gibt viele Faktoren, die mit einer solchen Situation verbunden sind. Satan führte sie in die Irre. Gott rettete die Situation und brachte Segen für ihren Dienst. Und doch macht ein solcher Segen, auch wenn er von Gott kommt, das Falsche nicht richtig, das jene begingen, als sie nach ihrem Abschluß der Führung des Herrn nicht folgten.

Ebenso gehen manche Gläubige an den besten Mitteln zur Förderung ihres geistlichen Lebens vorbei, und doch scheinen sie einen gewissen Segen zu empfangen. Das rechtfertigt natürlich nicht den Gebrauch von unwirksamen oder gar gefälschten Mitteln zur geistlichen Reife. Wenn es irgendeinen Zweifel über so Fragwürdiges und offenkundig Unfruchtbares wie das heutige Zungenreden gibt, warum halten wir uns dann nicht an die biblisch klaren und wesentlichen Mittel zum geistlichen Wachstum? "Eifert aber um die größeren Gnadengaben."

Kapitel 17

Muß Christus Herr meines Lebens sein, damit ich errettet werde?

Beim Unterricht über das geistliche Leben taucht stets die Frage auf: Was bedeutet es, daß Christus mein Herr ist? Die darauf folgende Frage lautet: Ist es eine Bedingung für meine Errettung, daß Christus Herr meines Leben ist?

Ja, sagen die einen: "Die Prediger, die Sündern sagen, sie können errettet werden, ohne sich der Herrschaft Christi zu übergeben, sind genauso irreführend wie solche, die sagen, man werde durch gute Werke gerettet" (Arthur W. Pink, *Present Day Evangelism*, S.16-17). "Lassen wir die Menschen etwa annehmen, sie brauchten nur zu glauben, daß Christus ihre Sünden getragen hat, und sagen ihnen nicht, daß sie sich selbst verleugnen und ihn als ihren Herrn annehmen müssen?" (J.I. Packer, *Evangelism and the Sovereignity of God*, S.89). "Es ist unrealistisch und unbiblisch, das Herr-Sein Jesu zu trennen von Seinem Retter-Sein" (John R. Stott, *Must Christ be Lord to be Saviour? - Yes*, in "Eternity", Sept.1959, S.37). Gemeint ist kurz gesagt folgendes: Wenn jemand dem Herrn nicht die Herrschaft über sein Leben in vollem Ausmaß schon in dem Moment übergibt, in dem er Ihn als Retter annimmt, ist er nicht richtig errettet. Es muß zumindest die Bereitschaft vorhanden sein, dem Herrn zu folgen. Wenn jemand gerettet wird, muß es einen Moment geben, in dem er bereit ist, sein Leben ganz dem Herrn zu weihen, auch wenn das in der Praxis noch nicht zu sehen ist. Der Kernpunkt bleibt, daß man nicht nur an Christus zur Vergebung der Sünden glauben kann, sondern ihn auch zugleich als Herrn annehmen muß.

Dies ist eine äußerst wichtige Frage, bei der es sowohl um die Errettung als auch um die Heiligung geht. Heißt beim Evangelium die Botschaft: Glaube allein oder: Glaube plus Hingabe? Beides zugleich kann nicht das Evangelium sein. Echter Glaube allein führt zur Rechtfertigung. Ein Leben der Heiligung schließt sich dann dem echten Glauben an. In dieser Heiligung übergebe ich Stück für Stück meines Lebens dem Herrn, liefere es Ihm aus zur Umgestaltung. Dadurch wird sichtbare Frucht erkennbar.

Wenn es um die Heiligung geht, müssen wir die Frage stellen: Wenn nur die Menschen errettet werden, die ihr Leben dem Herrn geweiht haben, was ist dann mit den fleischlichen Christen? Es hilft uns auch nicht weiter, wenn gesagt wird, daß nur die Bereitschaft da sein muß, sich zum Zeitpunkt der Errettung dem Herrn zu übergeben. Was nützt das denn? Wenn jemand z. B. davon überzeugt ist, Rauchen sei falsch, wenn auch nur aus medizinischen Gründen, kann er nur dann gerettet werden, wenn er das Rauchen aufgeben will? Was müssen wir Menschen sagen, die in ihrem Wunsch, errettet zu werden, ihr Leben schon dem Herrn geweiht haben? Das sind sehr praktische Fragen zu einem Thema, das für viele Bereiche des Lebens wichtige Konsequenzen hat.

Beispiele von Gläubigen mit einem Leben ohne Hingabe

Wir finden in der Bibel mehrere deutliche Beispiele von Gläubigen, über deren gute Beziehung zu Gott es keinen Zweifel geben kann, die doch nicht vollständig oder nicht andauernd ein Leben der Hingabe führten. Solche Beispiele sollten eigentlich klar machen, daß nur der Glaube nötig ist, um ewiges Leben zu bekommen. Damit soll nicht gesagt werden, daß Hingabe des Lebens nicht von Gläubigen erwartet wird, es soll lediglich betont werden, daß sie nicht zu den Vorbedingungen für die Errettung gehört. Der Herr erwartet sie aber von jedem Gläubigen nach der Annahme des Heils. Wir wollen uns diese Menschen einmal anschauen.

Als erstes zwei Beispiele von Gläubigen, in deren Leben voller Hingabe es doch eine Zeit des Niedergangs gab. Petrus sagte: "Keineswegs, Herr" (Apg.10,14), und Barnabas geriet mit Paulus nach einer erfolgreichen Missionsreise in einen heftigen Streit über die Frage, ob sie Johannes Markus auf die zweite Reise mitnehmen sollten oder nicht (Apg.15,39). Beide waren errettet, und beide hatten sie ihr Leben in den Dienst des Herrn gestellt. Der hervorragende Dienst des Petrus am Pfingsttag und der Dienst, den Barnabas bei der ersten Missionsreise tat, beweisen das. Aber beide lehnten die Autorität des Herrn bei bestimmten Gelegenheiten ab. Wenn nun Christus Herr unseres Lebens sein muß zum Zeitpunkt, wenn wir gerettet werden wollen, muß man daraus schließen, daß Petrus und Barnabas entweder nie errettet waren oder daß sie ihren Zustand der Errettung verloren, als sie in diesen Situationen die Herrschaft Christi zurückwiesen. Weil beide offenbar imstande waren, sich gegen den Willen des Herrn aufzulehnen, müßten wir womöglich daraus schließen, daß sie nie wirklich errettet waren.

Es gibt natürlich nur wenige Menschen, die zu einem solchen Schluß kommen wollen. Sie sagen dann, es sei möglich, daß ein Gläubiger Fehler macht, abgleitet, aufbegehrt, oder wie man es auch nennen will. Aber sie sagen doch, daß es in dem Moment, in dem ein Mensch Christus als Herrn aufnimmt, überhaupt keinen Bereich des Ungehorsams geben dürfe, auch wenn er später wieder abgleiten könne. Anders ausgedrückt: wenn jemand Christus aufnimmt, muß er ganz und gar und ohne Vorbehalte bereit sein, sich Christus als Herrn und Meister seines Lebens hinzugeben. Nur die Bereitschaft zum Zeitpunkt der Bekehrung ist nötig, wobei man sich bewußt ist, daß es später möglicherweise anders aussieht. Wie lang diese Bereitschaft andauern muß, bleibt unklar, aber sie muß doch vorhanden sein.

Beim dritten Beispiel geht es um eine solche Situation. In Ephesus kamen während Paulus' zweiter Missionsreise Menschen zur Bekehrung (Apg.19). Während der ersten drei Monate seines Aufenthalts in dieser Stadt gab es viele Bekehrungen. Paulus sonderte die Jünger von den Zusammenkünften in der Synagoge ab und unterrichtete sie in der Schule des Tyrannus. Diese Bekehrten hatten vorher Diana verehrt. Ephesus war das Zentrum dieses Kults. Bei seinen Anhängern bestand eine abergläubische Abhängigkeit von Zaubersprüchen und Amuletten. Diese beruhten auf Buchstaben, die sich auf der Krone, dem Gürtel und den Füßen des Bildes der Diana im Tempel in Ephesus befanden. Magische Formeln wurden in Büchern gesammelt, und die Epheser trugen Amulette mit Zaubersprüchen. Man sagte, ein Ringer sei unbesiegbar, wenn er sein Amulett trage, aber verloren, wenn er es ablege. Das war der abergläubische Hintergrund der Christen in Ephesus vor ihrer Bekehrung.

In Apg.19,18f. lesen wir dann über zwei Jahre, nachdem Paulus nach Ephesus gekommen war: "Viele aber von denen, die gläubig geworden waren, kamen und bekannten und gestanden ihre Taten. Viele aber von denen, die vorwitzige Künste getrieben hatten, trugen die Bücher zusammen und verbrannten sie vor allen; und sie berechneten ihren Wert und kamen auf fünfzigtausend Silberdrachmen." Es ist wichtig festzustellen, daß es ausdrücklich heißt "die gläubig geworden waren". Daraus können wir schließen, daß diejenigen, die ihre Bücher verbrannten, schon vorher gläubig waren. Das war in den zwei Jahren geschehen, während denen Paulus in Ephesus war (s. Verse 8.10). Diese Menschen hatten also nicht ihre Bücher verbrannt, sobald sie sich bekehrt hatten. Nachdem sie zum Glauben gekommen waren, behielten sie anfangs die abergläubischen Praktiken ihres heidnischen Hintergrunds bei. Wir können uns vorstellen, daß sich die ersten Bekehrten in Ephesus nicht darüber im klaren waren, daß heidnische Magie mit dem Christentum unvereinbar ist. Aber wir können unmöglich annehmen, daß sie das nicht wußten, nachdem Paulus etwa zwölf bis fünfzehn Monate dort gepredigt hatte. Wir haben es also mit Menschen zu tun, deren Glaube an Christus echt war und die wußten, daß es verkehrt war, sich durch diese Zaubersprüche leiten zu lassen.

Die Bücherverbrennung war letztlich auch nicht das Ergebnis einer Predigt gegen den Gebrauch von Zaubersprüchen, sondern entstand vielmehr aus Furcht, weil sie gesehen hatten, was mit den jüdischen Geisterbeschwörern geschehen war, die den Namen und die Macht Jesu mißbraucht hatten. Diese Gläubigen wußten also, daß sie verkehrt handelten, aber erst als sie von einer tiefen Gottesfurcht ergriffen wurden, unternahmen sie Schritte, das Böse wegzutun.

Damit es ganz klar wird, will ich es noch einmal wiederholen. In Ephesus gab es Menschen, die zum Glauben an Christus gekommen waren, die auch wußten, daß sie bestimmte okkulte Dinge beseitigen mußten, die das aber nicht taten, manche sogar zwei Jahre lang nicht. Doch diese mangelnde Bereitschaft war für sie kein Hindernis, gläubig zu werden. Ihre Errettung beruhte also nicht auf Glauben *plus* der Bereitschaft, Dinge wegzutun, sondern auf Glauben *allein*.

Das vierte Beispiel handelt von einem Menschen, der sich ein Leben lang weigerte, Gott die Führung seines Lebens zu überlassen: Lot. Aus allem, was wir in der Bibel über ihn lesen, wird klar, daß er auf sich selbst bedacht war und sich nicht von Gott leiten ließ. "Lot hatte keine edle Gesinnung trotz aller Möglichkeiten und Verheißungen aus seiner Jugend. Aus Lots ganzem Leben ist uns keine Tat bekannt, die großmütig, edel oder wenigstens uneigennützig gewesen wäre" (Alexander Whyte, *Bible Characters: Adam to Achan*, S.131). Wenn wir über Lot nur den Bericht im Alten Testament hätten, müßten wir wohl ernsthaft fragen, ob er in der richtigen Beziehung zu Gott stand. Aber im Neuen Testament lesen wir, daß Lot gerecht war in Gottes Augen, sogar als er in Sodom wohnte. In 2.Petr.2,7f. wird das Wort "gerecht" dreimal für Lot gebraucht. Dieser Mann lehnte sein Leben lang die Herrschaft Gottes über sein Leben ab, aber er war doch gerecht vor Gott.

Aus diesen vier Beispielen ergibt sich, daß trotz vorübergehender Opposition gegen die Autorität Gottes (Petrus und Barnabas) oder mangelnder Bereitschaft, Gottes Führung zu akzeptieren (die Epheser) oder lebenslangem Ungehorsam (Lot) Menschen doch als gerecht vor Gott angesehen werden. Wie kann dann das Annehmen Christi als Herrn des Lebens eine Bedingung dafür sein, ein Kind Gottes zu werden? Ich möchte aber noch einmal ausdrücklich betonen, daß es wohl eine Bedingung für Wachstum im Leben als Christ ist. Aber ein Kind Gottes zu werden, ist eine Sache, geistlich erwachsen zu werden, ist etwas anderes. Die Anforderungen sind jeweils unterschiedlich. Der Weg, um zur Familie Gottes zu gehören, darf nicht mit dem Annehmen Christi als Herrn gleichgestellt werden.

Die Bedeutung von "Herr"

Manche werden einwenden, bedeutet "Herr" denn nicht "Gebieter"? Wenn wir Jesus als Herrn annehmen, nehmen wir Ihn doch als Gebieter in unser Leben auf. Es ist sicher richtig, daß "Herr" die Bedeutung "Gebieter" hat, aber im Neuen Testament bedeutet es auch "Gott" (Apg.3,22), "Eigentümer" (Lk.19,33), "Herr" (als höfliche Anrede) (Joh.4,11), "Götze" (1.Kor.8,5) und sogar "Ehemann" (1.Petr.3,6). Wenn das Wort "Herr" im Neuen Testament für Jesus gebraucht wird, ist es manchmal eine höfliche Anrede (wie in Joh.4), aber meistens wird es in einer ungewöhnlichen Bedeutung gebraucht, die von vielen bezweifelt wurde. Und diese Bedeutung ist nichts anderes als "Gott". Es ist verständlich, daß es zu Uneinigkeit führte, wenn ein normaler Mann aus einer Zimmermannsfamilie den Anspruch erhob, Gott zu sein und den Titel "Herr", der im jüdischen Denken für "Jahwe-Gott" stand, auf sich anwandte. Die

Uneinigkeit wäre nie so groß gewesen, wenn der Titel "Herr" Jesus nur "Gebieter" Jesus bedeutet hätte. Er bedeutete jedoch "Jahwe"-Jesus, und das erklärt die Aufregung, die deswegen entstand.

Wenn "Herr" "Gott" bedeutet und der Titel "Herr Jesus" Ihn als "Gott-Mensch" bezeichnet, müssen wir die Konsequenzen genauer betrachten. Paulus sagt in 1.Kor.12,3: "Niemand kann sagen Jesus ist Herr! [wörtlich: Herr Jesus], außer im Heiligen Geist." Hier bedeutet "Herr": "Jahwe-Gott". Auch Ungläubige, die nicht den Geist Gottes haben, können nämlich über den *Herrn* Jesus sprechen, aber dann aus Respekt vor einem großen Menschen. Wie hätte denn Petrus überhaupt durch den Heiligen Geist geleitet sein können, als er sagte (in Apg.10,14): "Keineswegs, Herr"? Hat der Geist ihn diesen Widerspruch aussprechen lassen? Aber wenn "Herr" in dieser Aussage "Gott" bedeutet, wird es klar, denn es kann wohl jemand die Gottheit Jesu anerkennen, aber nicht bereit sein, Seine Autorität anzunehmen, und genau das tat Petrus.

Warum kann man die Aussage "Herr Jesus" in der Bedeutung "Gott-Mensch" nur machen unter der Leitung des Heiligen Geistes? Weil in diesem Titel die Einzigartigkeit des Heilands zum Ausdruck kommt und weil darin unsere Errettung liegt. Wenn "Herr" Jesus nur "Meister" bedeutet, liegt in der Beziehung zwischen Christus und seinen Nachfolgern nichts Besonderes. Viele Sektenführer nennen sich "Retter" und beanspruchen von ihren Nachfolgern Gehorsam. Welche Religion außer dem Christentum hat jedoch einen Heiland, der von sich sagt, Gott und Mensch in einer Person zu sein? Wenn "Herr" Jesus nur "Meister" bedeutet, gibt es keinen Grund, das Christentum als etwas Besonderes zu betrachten. Wenn "Herr" Jesus aber Jahwe-Gott bedeutet, dann ist Jesus einzigartig, und genau das ist der Kern der christlichen Rettungsbotschaft.

Die Menschen, die Jesus von Nazareth ansahen und seinen Worten zuhörten, betrachteten Ihn als einen gewöhnlichen Mann oder vielleicht als einen Propheten. Auch daß eine Gruppe von zwölf oder siebzig oder mehr Jüngern Ihn umgab, war für sie nicht ungewöhnlich. Womit sie Mühe hatten und was große Uneinigkeit hervorrief, war seine Behauptung, auch Gott zu sein. Nicht nur Meister, sondern Gott - das machte sie wütend. Die Juden faßten das in deutliche Worte: "Wegen eines guten Werkes steinigen wir dich nicht, sondern wegen Lästerung, und weil du, der du ein Mensch bist, dich selbst zu Gott machst" (Joh.10,33). Das Ärgernis galt dem Gott-Menschen, nicht dem Meister-Menschen.

Warum ist das so wichtig für unsere Errettung? Aus dem einfachen Grund, weil niemand erretten kann außer ein Gott-Mensch. Um Sünder vollkommen erretten zu können, mußten in Seiner Person Gottheit und Menschheit zusammenkommen. Der Retter mußte Mensch werden, um sterben zu können und um sich mit dem Fluch eins zu machen, der auf der Menschheit lag. Und Er mußte Gott sein, sollte Sein Tod eine segensreiche Auswirkung für unzählige Menschen haben. Als Paulus den Römern über das Evangelium schrieb, sagte er, daß es um den Sohn Gottes geht, Jesus Christus; und ausdrücklich erwähnte er nur die beiden wichtigsten Tatsachen über Jesus Christus: seine Menschheit "aus der Nachkommenschaft Davids dem Fleisch nach" und seine Gottheit "als Sohn Gottes in Kraft eingesetzt" (Röm.1,1-4). Mit keinem Wort erwähnte er in diesem Zusammenhang die Herrschaft über das Leben der Gläubigen. Das gehört also nicht zu den Grundelementen des Evangeliums. Erst in Kapitel 12 redet Paulus zu den Gläubigen über die Hingabe ihres Lebens an den Herrn. Der Gott-Mensch erlöst uns, der Meister führt und heiligt uns.

Dasselbe wird in Röm.10,9 betont: "Wenn du mit deinem Mund Jesus als Herrn bekennen und in deinem Herzen glauben wirst, daß Gott ihn aus den Toten auferweckt hat, wirst du errettet werden." Durch dieses Bekenntnis, daß Jesus Gott ist, was also Glauben an den Gott-Menschen bedeutet, gibt es Rettung von der Sünde. Auch Petrus legte das am Pfingsttag eindrücklich dar: "Das ganze Haus Israel wisse nun zuverlässig, daß Gott ihn sowohl zum Herrn als auch zum Christus gemacht hat, diesen Jesus, den ihr gekreuzigt habt" (Apg.2,36). Der Mensch Jesus hat durch die Auferstehung und die Himmelfahrt bewiesen, daß Er Herr ist, Gott und Christus, der Messias. Man mußte an Einen glauben, der mehr war als ein Mensch, an Ihn, der auch Gott war und der verheißene Messias aus dem Alten Testament.

Das meinte Petrus auch mit "Buße tun". Das war seine Antwort auf die Frage von Menschen, was sie tun sollten, als sie die Botschaft gehört hatten (Apg.2,38). Der Ausdruck "Buße tun" bedeutet: anders über etwas denken. Es ist von größter Wichtigkeit zu wissen, was dieses "Etwas" ist, um zu verstehen, wozu oder wovon sich jemand bekehrt. Ein Verbrecher kann einen Fehler bereuen, den er gemacht hat, und anders darüber denken und sich vornehmen, diesen Fehler nie mehr zu begehen, und doch sein Leben im allgemeinen nicht verkehrt finden. Christen müssen natürlich über besondere Sünden in ihrem Leben zur Umkehr kommen (2.Kor.7,10). Aber was Petrus am Pfingsttag predigte, ist die Buße, die ewiges Leben mit sich bringt, und das heißt: anders über Jesus Christus denken. Die Hörer dachten bis dahin an Jesus als an einen normalen Menschen, aber nun wurde von ihnen verlangt, Ihn als Herrn (als Gott) und als Christus (den verheißenen Messias) anzunehmen. Indem sie das taten, wurden sie errettet. Es ist wahr, daß, wenn jemand sich von seinen Sünden bekehrt, ihn das zu Christus bringen kann. Aber wenn seine Sünden ihm leid tun und er sein Denken und damit sein Leben ändert, kann das an sich keine Erlösung bringen. Es muß eine Veränderung des Denkens *über Jesus Christus* stattfinden. Man muß an Ihn glauben und Ihn als persönlichen Erlöser annehmen.

Eine Analogie

Bedeutet diese Betonung der Gottheit Christi, daß der Titel "Herr Jesus" nichts sonst beinhaltet? Sicher nicht. Es geht mir darum, daß für die Errettung von Sünden die Gottheit Christi das Zentrum des Glaubens ist. Daß Er Herr ist, beinhaltet sicher noch viel mehr. Aber lassen wir das einen Moment ruhen und uns auf den Namen "Jesus" konzentrieren. Alle stimmen darin überein, daß dies der menschliche Name unseres Herrn ist. Dieser Name betont, daß Er ein realer, aber vollkommener Mensch ist. Weil Gott nicht sterben kann, kam Jesus, der Mensch, der sterben konnte und der auch wirklich gestorben ist. Der Retter mußte Mensch sein (denn das Gericht Gottes ruhte auf dem Menschen), und dieser Mensch war Jesus. Der Name "Jesus" lenkt also unsere Aufmerksamkeit auf den Menschen, der starb. Aber das Menschsein unseres Herrn ist auch wichtig im Zusammenhang mit anderen Dingen. So ist Jesus das Vorbild für unser Leben und unseren Dienst (1.Petr.2,21; 1.Joh.2,6). Das Vorbild Christi ist von größter Wichtigkeit und hängt mit seiner Menschheit zusammen. Aber das ist nicht Teil des Evangeliums. Wenn ich jemanden auffordere, Jesus als seinen Retter anzunehmen, versuche ich, ihn durch diesen Namen mit dem zu konfrontieren, der *stellvertretend* für ihn *gestorben* ist, nicht mit dem, der *als Vorbild* für ihn *gelebt* hat. Dieser Aspekt ist zwar im Namen "Jesus" enthalten, aber wenn es um Errettung geht, ist das nicht das Thema.

Die Menschheit unseres Herrn ist auch wichtig im Blick auf die Wiederkunft. "Dieser Jesus, der von euch weg in den Himmel aufgenommen worden ist, wird so kommen, wie ihr ihn habt hingehen sehen in den Himmel" (Apg.1,11). "Sie werden auf mich blicken, den sie durchstochen haben" (Sach.12,10). Der Mensch Jesus wird wiederkommen. Aber muß jemand an den Christus glauben, der wiederkommt, um gerettet zu werden? Nein, die Botschaft von der Errettung handelt von Jesus als von dem, der gestorben ist.

Gott, der Herr, ist auch der Schöpfer. Muß jemand, um gerettet zu werden, glauben, daß der Herr sein persönlicher Schöpfer ist? Der Herr ist auch der Richter. Müssen wir dann an Christus als unseren Richter glauben, um gerettet zu werden? Gott, der Herr, ist Herrscher über alle Dinge. Müssen wir, um gerettet zu werden, Ihn als Herrscher über unser persönliches Leben anerkennen oder Ihn als Herrscher über Israel, über die Welt oder über das Tausendjährige Reich? Wenn das Evangelium von Jesus Christus einschließt, daß ich Ihn als Herrn meines Lebens anerkennen muß, warum nicht auch die Bedingung, daß ich an Ihn als Schöpfer, Richter, kommenden König, Vorbild, Lehrer usw. glauben muß? Jeder Aspekt der Gottheit und jeder Aspekt der vollkommenen Menschheit des Herr Jesus müßte dann darin eingeschlossen werden. In dem Namen "Jesus" *sind* diese Dinge auch eingeschlossen, aber die Betonung liegt in der Bibel immer darauf, daß Er der Gott-Mensch ist (wie wir versucht haben, u. a. aus Apg.2 klarzumachen). Er war Mensch, damit Er sterben konnte, und Er war Gott, damit Er durch diesen Tod Sünden wegnehmen konnte. Das ist das Evangelium, wie es in der Bibel geoffenbart ist. Wenn wir dem hinzufügen, daß wir Christus als Herrn unseres Lebens annehmen müssen, welches Recht haben wir, nur das hinzuzufügen? Warum dann nicht alles, was im Namen Jesus eingeschlossen ist? Dann aber machen wir das Evangelium so kompliziert, daß es unverständlich wird und so seine Wirksamkeit verfehlt.

Die Bedeutung von Jüngerschaft

Wenn gelehrt wird, Jesus müsse in unserem Leben das Sagen haben, um unser Retter sein zu können, schafft das auch Verwirrung über Jüngerschaft. Was ist ein Jünger? Ein Jünger ist einer, der von einem anderen Lektionen erhält, er ist ein Lehrling. Im Neuen Testament kommt das Wort in den Evangelien oft vor, in der Apostelgeschichte schon etwas weniger und nach der Apostelgeschichte gar nicht mehr. Es gab Jünger Moses (Joh.9,28), Jünger Johannes des Täufers (Joh.3,35) und Jünger Christi. Manche waren nur zeitweise Jünger Christi und verließen ihn später (Joh.6,66). Andere standen Ihm sehr nahe wie Petrus, Jakobus und Johannes, und einer war ein Verräter: Judas. Judas ist ein Beispiel für einen unbekehrten Jünger. Das Wort Jünger beinhaltet also nicht unbedingt aufrichtige Bekehrung. Im allgemeinen wird es jedoch für bekehrte Menschen gebraucht, und in der Apostelgeschichte ist es ein Synonym für Gläubige.

Ziel des Missionsbefehls in Mt.28,19 ist es, Jünger zu machen. Zwei Kennzeichen gibt es für Jünger: sie sind getauft als klaren Beweis ihres Glaubens an Christus, und sie lernen ständig dazu. Die Taufe ist ein einmaliges Ereignis, aber das Lernen ist ein lebenslanger Prozeß. "... lehrt sie alles zu bewahren, was ich euch geboten habe" - dazu braucht man ein ganzes Leben. Für die Taufe gibt es nur eine Bedingung: Glaube (Apg.16,31-34). Für Wachstum gibt es viele Bedingungen. Es führt zu Verwirrung, wenn wir die beiden Kennzeichen nicht klar unterscheiden.

Der Herr machte den Unterschied zwischen dem Augenblick, in dem man Jünger wird, und dem Leben, das darauf folgt, in zwei aufeinanderfolgenden Gleichnissen deutlich. In Lk.14,16-24 erzählt Er ein Gleichnis von einem Festmahl, zu dem der Eintritt uneingeschränkt und kostenlos für alle ist. In Lk.14,25-33 lehrt Er, daß, wer Ihm in seinem Leben folgen will, sein Kreuz auf sich nehmen muß. Wenn wir diese Kennzeichen eines Lebens voller Hingabe an den Augenblick koppeln, in dem wir Jünger werden, trüben wir Gottes klares Gnadenangebot mit menschlichen Werken.

Es ist übrigens bemerkenswert, daß zur Jüngerschaft Handeln nötig ist, nicht nur Bereitschaft zum Handeln. Eine Bereitschaft zur Hingabe im Augenblick der Bekehrung ist eigentlich noch keine Jüngerschaft. In Lk.14,33 steht nicht, daß wir *bereit* sein müssen, von allem,was wir haben, Abstand zu nehmen, sondern wir müssen es *tun*. Dasselbe gilt für Mt.19,21. Der Herr sagt dem jungen Mann nicht, er müsse alles verkaufen *wollen*, sondern er müsse es *tun*.

Ist Glauben einfach?

Viele Menschen halten die Lehre von der Gnade allein durch Glauben an den Gott-Menschen als Stellvertreter für unsere Sünden für "zu billig". Wir werden jedoch keinen Augenblick bestreiten, daß es auch wichtig ist, Christus den ersten Platz in unserem Leben zu geben. Was wir meinen ist dies: Christus auf den Thron in unserem Herzen zu setzen, ist keine *Bedingung* für die Errettung, sondern deren *Folge*. Ist dieses Evangelium wirklich "zu billig"? Zwei Dinge sollten uns hier zu denken geben.

Erstens: es wird viel von uns verlangt! Es geht darum, an jemanden zu glauben, den wir nicht sehen können, der vor langer Zeit lebte, dessen Lebensgeschichte damals durch Freunde aufgeschrieben wurde. Es leben keine Augenzeugen mehr, die die Echtheit Seiner Aussagen bezeugen können. Ist es leicht, das alles zu glauben? Das Kreditgeschäft läuft auf der ganzen Welt nur mit gewissen Sicherheiten. Erst werden Informationen eingeholt, in manchen Fällen werden andere gebeten zu bürgen. Aber wenn wir einen Menschen auffordern, an Jesus zu glauben, haben wir das alles nicht. Es gibt natürlich schon Berichte über Sein Leben, aber manche behaupten, sie seien nicht verläßlich. Es gibt Menschen, die behaupten, von Ihm auf wunderbare Weise erlöst worden zu sein. Aber die können verführt worden sein. Ist es wirklich so einfach, an einen unsichtbaren Christus zu glauben?

Zweitens: auch die Glaubensinhalte sind keine Kleinigkeiten. Es wird verlangt zu glauben, daß diese unsichtbare Person Sünden vergibt und ewiges Leben verleiht aufgrund Seines stellvertretenden Sterbens. Ginge es nur um den Glauben, daß Christus unser irdisches Leben leitet, wäre das noch nicht so entscheidend: wir könnten ziemlich glücklich und erfolgreich leben, ohne daß Er in unserem Leben die Führung hat (auch wenn das natürlich nicht mit einem Leben zu vergleichen ist, das unter seiner Führung steht). Aber wenn es um Sündenvergebung geht, hat das Folgen, die viel weitreichender sind, denn dann geht es um die Ewigkeit. Wenn all das zum Inhalt des Glaubens gehört, können wir dann sagen, der Glaube sei zu leicht und zu billig?

Darf ich zum Schluß noch ein Beispiel anführen? Vor Jahren reiste ich mit einem anderen Studenten mit dem Zug von Athen nach Istanbul. Unterwegs stieg ein gutaussehender Mann ein, der mit mir eine Unterhaltung begann. Das war nicht so einfach, denn die einzige Sprache, die wir beide etwas beherrschten, war Französisch. Allmählich begriff ich, daß er türkisches Geld gegen amerikanische Dollar tauschen wollte. Damals gab es freie Wechselkurse, es sprach also nichts dagegen. Ich war natürlich mißtrauisch diesem Fremden gegenüber, der Geld haben wollte. Trotzdem verabredeten wir uns für diesen Abend in dem Hotel, in dem mein Freund und ich wohnen wollten. Ich muß noch heute lachen, wenn ich an die Begegnung in diesem drittklassigen Hotel zurückdenke. Es war wie in einem Film. Mein Freund und ich saßen auf den beiden eisernen Bettgestellen, der Mann mit dem Geld hatte seinen Bruder mitgebracht, das behauptete er zumindest. Sie saßen auf den beiden unbequemen Stühlen, den einzigen sonstigen Möbelstücken. Nach den üblichen Begrüßungsfloskeln kamen wir zur Sache. Ich hatte mich am Nachmittag natürlich über die Kurse informiert, so wurde nach einigem Verhandeln das Geld gewechselt. Wie sich herausstellte, machte es auch unseren Aufenthalt in der Türkei um 25 % billiger. Wir verabschiedeten uns und nahmen an, daß wir uns nicht wiedersehen würden.

Einige Wochen später mußte ich aus nicht vorhersehbaren Gründen alleine nach Schottland zurückreisen. Das bedeutete zusätzliche Kosten für ein Flugticket von Istanbul nach Schottland. Als ich in Istanbul ankam, beschloß ich, den Geldwechsler aufzusuchen, dessen Adresse ich, eigentlich ohne besonderen Grund, notiert hatte. Ich wollte versuchen, das Ticket auch 25 % billiger zu bekommen. Nach vielem Suchen fand ich seine Wohnung und klingelte. Der Bruder - er war es tatsächlich - öffnete, und bald waren wir zu dritt im Gespräch. Ich erzählte ihm, daß der Grund meines Besuchs wieder Geld war. Ich brauchte noch mehr türkisches Geld, brauchte er vielleicht mehr Dollar? Ja, sicher.

Dann erzählte er mir seine Geschichte. Er war aus einem kommunistischen Balkanland in die Türkei geflohen. Aber seine Frau und seine Kinder waren von einer internationalen Hilfsorganisation nach Kanada gebracht worden, weil sie Ärztin war. Weil er keinen Beruf hatte, konnte er nicht zu ihnen ziehen und setzte nun alles daran, seine Familie in die Türkei zu holen. Dazu brauchte er harte Dollar, aber es war sehr schwierig, diese seiner Frau kommen zu lassen. Er würde mir gerne helfen, sagte er, aber ... Ich hatte eine Idee. Wäre er bereit, am nächsten Morgen mit mir zu kommen und das Flugtikket für mich zu kaufen? Dann würde ich meinem Vater in den Vereinigten Staaten schreiben und ihn bitten, den Betrag von meinem Konto seiner Frau in Kanada zu überweisen. Verstehen Sie, worum es geht? Ich verlangte von ihm, mir, von dem er sonst nichts wußte, zu vertrauen. Sollte er das tun? Konnte er mir vertrauen? Es war für ihn sicher keine einfache Entscheidung, denn ich verlangte von ihm einen "unglaublich" großen Glauben. Aber er tat es, und natürlich hielt ich mich an meinen Teil der Verabredung. Nach einiger Zeit erhielt seine Frau die Dollar und konnte darangehen, die Rückkehr zu organisieren. Schließlich waren sie wieder zusammen, und ich habe die Dankesbriefe des Mannes und seiner Frau sorgfältig aufbewahrt.

Ist es wirklich einfach zu glauben? Wir wollen der Gnade Gottes nichts hinzufügen, aber wir wollen ganz klar machen, an wen wir glauben und was dieser Glaube beinhaltet. Dann können wir auf Ihn hinweisen, den Herrn Jesus, den Retter, der Gott und Mensch ist und der die ewige Vergebung jedem anbietet, der glaubt.

Kapitel 18

Das ausgeglichene geistliche Leben

Wenn ich spektakulär sein wollte, würde ich dieses Kapitel mit "Das Geheimnis des Erfolgs im christlichen Leben" oder "Die Formel für ein siegreiches Leben" oder ähnlich betiteln. Ich habe aber den Verdacht, daß diese "Formeln" und "Geheimnisse" zu den Problemen beitragen, die die Leute haben, anstatt Lösungen zu offenbaren. "Probiere dies", sagt einer; "Probiere das", sagt ein anderer. Die Folge dieser vielen Stimmen und der Mangel an Übereinstimmung über das, was biblische Mittel zur christlichen Reife sind, scheint zwei Arten von Gläubigen zu züchten. Es gibt die, die nicht einmal ganz sicher sind, daß sie überhaupt auf dem richtigen Gleis des normalen christlichen Lebens sind; und es gibt andere, die ganz sicher sind, daß sie am Ziel angelangt sind! Anders gesagt, es scheint so viele Meisterköche zu geben, daß manche schon durch das Anschauen der verschiedenen Speisekarten verwirrt sind und dabei verhungern. Und andere probieren alles, was angeboten wird, mit der Folge, daß sie an Magenverstimmung leiden. Und einige wenige stehen treu hinter einem Meisterkoch und sind überzeugt, daß alle anderen Betrüger sind!

In diesem Kapitel wollen wir drei Dinge tun: 1. einige Wege zum geistlichen Leben zusammenfassen und skizzieren, 2. die Spuren der einzelnen Stationen klarer ziehen, damit niemand denkt, daß er schon angekommen ist und 3. die Spuren beleuchten, damit alle sehen können, was die biblischen Mittel zur Reife sind, um so ein ausgeglichenes christliches Leben zu verwirklichen.

Die unterschiedlichen Schwerpunkte

Wenn jemand versucht, die Schwerpunkte der verschiedenen Lehren über geistliches Leben zusammenzufassen und zu skizzieren, ergibt sich immer die Gefahr der übertriebenen Vereinfachung. Dennoch kann es auch Klarheit bringen, wenn man die Dinge anschaulich nebeneinanderstellt, und dies ist unser Ziel. Durch die Erwähnung der verschiedenen Betonungen will ich nicht zu verstehen geben, daß die ganze jeweilige Lehre falsch ist; sie beinhaltet nach meinem Urteil ein Ungleichgewicht, weil ein gewisser Aspekte des geistlichen Lebens unverhältnismäßig betont würde gegenüber der Stellung, die ihm in der Schrift gegeben wird.

Es gibt zum einen einen Standpunkt, der den Gedanken betont, daß Gott im geistlichen Leben alles für uns tut, was getan werden muß. Wir können nicht nur nichts tun, wir dürfen nichts tun; anderenfalls werden wir das Werk Gottes in unserem Leben behindern. Meistens kommt es zu der Entscheidung, Gott an einem Wendepunkt unserer Erfahrung alles tun zu lassen, dann lernen wir "loslassen und Gott alles tun lassen". Dies sei das Geheimnis eines siegreichen Lebens.

Es ist nicht unsere Absicht, die Schwierigkeiten bei dieser Überbetonung sorgfältig auszuführen; hoffentlich ist dies schon in den vorhergehenden Kapiteln getan worden. Es muß genügen zu sagen, daß Gott das Werk natürlich in uns und durch uns tun muß, aber auch wir spielen eine Rolle in der Heiligung. Skizziert schaut dieses Betonung so aus:

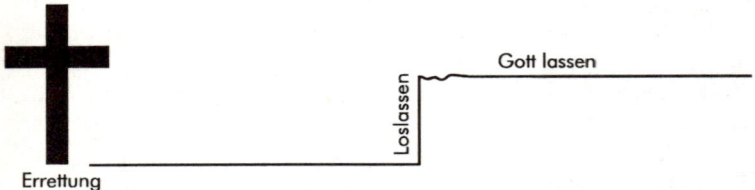

Gewiß gibt es noch manches Auf und Ab auf der Ebene des neuen Lebens, aber diese Schwankungen sind relativ klein, nachdem jemand den Wendepunkt der Hingabe erlebt hat.

Während diese erste Vorstellung die Hingabe als Wende im Augenblick der Hingabe betont und den Aspekt des Kampfes vernachlässigt, konzentriert sich eine zweite Variante auf den andauernden Kampf und schließt jede Lehre über einen Bruch mit der Sünde in einem Hingabeakt aus. Skizziert sieht dies so aus:

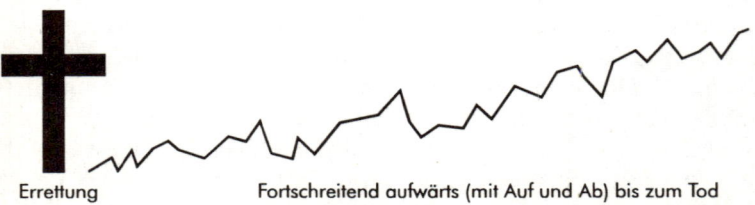

Ein erfolgreicher Kampf wird zu einem langsamen, aber sicheren Überwinden der Sündennatur führen und in manchen Variationen dieser Idee sogar zur Ausrottung der Sünde.

Natürlich gibt es auch einen einfachen Standpunkt hinsichtlich der Ausrottung der Sünde, nämlich die Lehre, daß die Sündennatur durch die Erfahrung einer Wende zu einem bestimmten Zeitpunkt völlig beseitigt wird, wenn jemand die Bedingungen der jeweiligen Gruppe, die solches lehrt, erfüllt. Das ist eine plötzliche Ausrottung der Sünde, während die vorhergehende Variante lehrte, daß ein erfolgreicher Kampf zur Ausrottung führt. Gezeichnet sieht der "plötzliche Ausrottungs-Standpunkt" so aus:

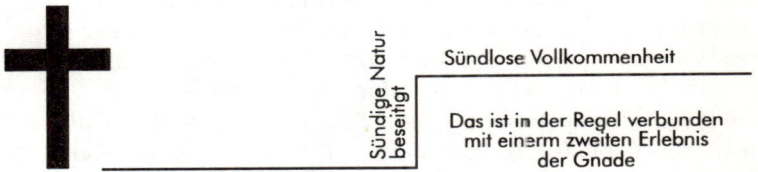

Ein anderer Standpunkt betont die ständige oder wiederholte Hingabe als Mittel zum geistlichen Wachstum. Solche Lehre berücksichtigt nicht die Zeitform des in den betreffenden Bibelstellen verwendeten Zeitwortes, wenn es z. B. in Römer 12,1 heißt: "*Stellt* eure Leiber *dar*". Sie deutet ein Ereignis an, nicht eine Folge von Ereignissen, wie wir es in Kapitel 7 bereits besprochen haben. Gewiß, nach einer entscheidenden, vielleicht aus einer Krise entstandenen Hingabe kann es Erfahrungen des Rückfalls geben. Dennoch ist das Gegenmittel dafür Bekennen und oft eine nochmalige Versicherung dieser anfänglichen Hingabe. Man könnte es Wiederhingabe nennen, obwohl dieser Begriff die biblische Lehre nicht gut vermittelt; aber man darf nicht eine endlose Reihe von erneuten Hingabeakten wünschenswert im christlichen Leben darstellen als etwas, das auf irgendeine Art die grundlegend wichtige, anfängliche, entscheidende und vollständige Handlung der Hingabe abwertet. Graphisch dargestellt sieht diese Lehre so aus:

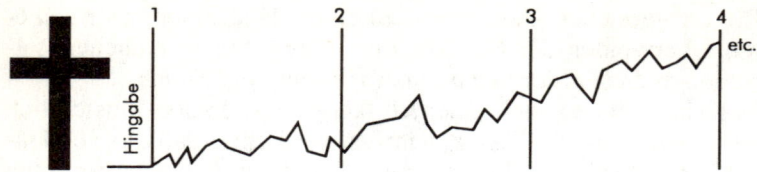

Zuletzt eine Betonung, die man manchmal antrifft. Es ist der Gedanke, daß das Hauptmittel für Heiligung Offenheit ist. Damit sind umfangreiche und häufige Bekenntnisse in der Öffentlichkeit und in der Gruppe verbunden mit dem Ziel einer seelischen Läuterung und eines Ansporns zum besseren Leben. Wir haben das Thema "Bekennen" schon in Kapitel 14 besprochen, so daß dies hier nicht wiederholt werden muß. Heute nimmt diese Fehlbetonung aber manchmal die Form der Gruppenselbstanalyse an. Dies wird oft von jemandem geführt, der diesen Prozess schon erfolgreich bewältigt hat. Diese "Selbsterfahrungstreffen" (manchmal sogar mit Prüflisten) sollten angeblich zu irgendeiner Art der Reife führen. Ich sage "irgendeine Art", weil mein Eindruck der ist, daß oft gefühlsbedingte Reife anstelle der richtigen geistlichen Reife dieser Gruppe betont wird, und es ist nur ein Ersatz, wie begehrenswert das auch immer erscheinen mag. Es scheint, als wäre das Ziel kaum mehr, als sich mit all seinen Fehlern und Schwächen annehmen zu lernen durch diesen Prozeß der Freiheit, anderen gegenüber die persönlichen Erfahrungen mitzuteilen.

Natürlich soll man sich selbst erkennen und emotionale Standfestigkeit in seinem Leben suchen, und manchmal können auch die Beziehungen innerhalb einer Gruppe helfen. Was in dieser Bewegung aber zu fehlen scheint - und das sind grundlegende und entscheidende Mängel -, ist erstens ein objektiver Maßstab, an dem man sich messen kann, und zweitens ein Einsatz der Kraft des innewohnenden Geistes, um die notwendigen Änderungen zu bewirken, damit man Christus ähnlicher wird. Was erreicht man wirklich im Sinne einer biblischen geistlichen Reifung, wenn man nur lernt, seine eigene Eigenart anzunehmen oder daß diese von anderen akzeptiert wird? Gott selbst, wie Er sich in seinem Wort geoffenbart hat, ist der Maßstab, an dem wir uns selbst messen sollten, und nicht irgendeine Prüfliste. Dann müssen Veränderungen kommen - Veränderungen in uns persönlich, nicht bloß Veränderungen in unserem Angemessensein im Urteil einer Gruppe. Nur dann sind wir auf dem richtigen Weg zu geistlicher Reife. (Es scheint unmöglich, diese Ideen hilfreich graphisch darzustellen!)

Das Ziel erreichen

Das Ziel des christlichen Lebens zu erreichen, ist ein andauernder und lebenslanger Prozeß. Einfach ausgedrückt, ist das Ziel die Christusähnlichkeit, aber die volle Verwirklichung geschieht erst mit unserer endgültigen Verherrlichung (Röm.8,29-30). Wenn jemand behauptet, daß er in seinem geistlichen Leben schon am Ziel angekommen ist, muß er fähig sein zu sagen (und es mit beständigen Beweisen zu unterstützen), daß er Christus ähnlich ist. Auch wenn jemand in diesem Leben ohne Sünde leben könnte (was unmöglich ist), würde er zudem noch die positiven Eigenschaften unseres Herrn darstellen müssen, denn Christusähnlichkeit ist mehr als das Nichtvorhandensein von Sünde.

Wir können und sollten aber versuchen, unser Ziel in diesem Leben zu erreichen, obwohl wir es nicht erreichen werden, bis wir im Himmel sind. Es gibt viele Ermutigungen im Neuen Testament, die uns auffordern weiterzumachen. "Wachset aber in der Gnade und Erkenntnis unseres Herrn und Heilands Jesus Christus," forderte Petrus (2.Petr.3,18), und dieses Wort "wachset" ist im Präsens und stellt einen andauernden Prozeß des Wachstums dar. Es kommt nie für einen Christen ein Zeitpunkt, in dem er nicht im geistlichen Leben wachsen muß. Johannes erinnert uns, daß das Blut Christi uns "von jeder Sünde" reinigt (1.Joh.1,7) - noch eine Präsensform, die zeigt, daß dieses Bedürfnis andauert. Paulus deutet an, daß der neue Mensch während des Lebens andauernd erneuert wird (eine weitere Präsensform) (Kol.3,10). Im Licht dieser Verse ist es offensichtlich, daß niemand im geistlichen Leben am Ziel angekommen ist. Eines Tages werden wir alle durch die Gnade Gottes angekommen sein; bis dahin gehen wir weiter auf das Ziel, das vor uns liegt, zu.

Der richtige Weg

Welches ist der richtige Weg zu echtem geistlichen Leben? Was sind die Elemente, die zusammen eine ausgeglichene Formel für ein christliches Wachstum ergeben? Nach meiner Meinung gibt es vier. Sie sind schon auf verschiedene Art und Weise in den vorhergehenden Kapiteln besprochen worden, aber es ist hilfreich, sie übersichtlich zusammenzustellen.

1. Hingabe: Bevor irgendein beständiger Fortschritt auf dem Weg des geistlichen Lebens gemacht werden kann, muß der Gläubige ein hingegebener Mensch sein. Obwohl dies nicht die Bedingung für die Errettung ist, ist es das grundlegende Fundament für echte Heiligung. Wie wir schon gezeigt haben, ist Hingabe eine völlige wendepunktartige Verpflichtung des Menschen für alle Jahre seines Lebens. Solch eine Hingabe kann durch irgendein Problem oder irgendeine Entscheidung ausgelöst werden, vor die man gestellt wird, aber sie betrifft eine Person, das Kind Gottes, nicht eine Tätigkeit oder ein Streben oder einen Plan für die Zukunft. Ein hingegebener Mensch wird hingegebene Pläne und Absichten haben; aber hingegebene Pläne benötigen oder garantieren nicht unbedingt die Hingabe des Planenden.

Hingabe ist ein Brechen mit der Eigenherrschaft über das Leben und eine Übergabe dieser Herrschaft an den Herrn. Es löst nicht alle Probleme sofort oder automatisch, aber es schafft die Basis für die Lösung, für Wachstum und Fortschritt im geistlichen Leben. Mit anderen Worten, wenn jemand sein Leben dem Herrn hingibt, z. B. bei einem Abendgottesdienst, wacht er am folgenden Morgen nicht mit lauter gelösten Problemen auf. Er hat aber eine feste Basis für die Lösung der Probleme. Eine "Formel" für den Sieg, die die Hingabe als Ereignis darstellt, das den Gläubigen plötzlich und automatisch auf eine höhere Ebene der Erfahrung hebt, ist verführerisch. Es sieht nicht so aus:

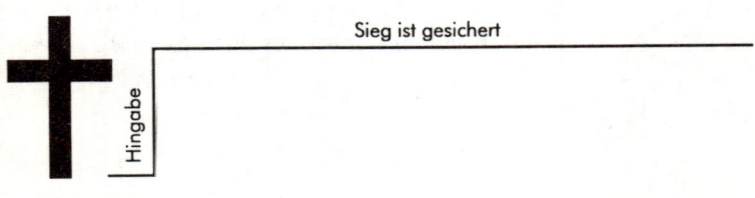

196

Das ist der Weg:

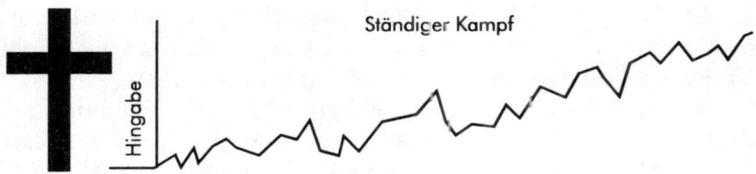

Gott kann mit einem hingegebenen Leben arbeiten, aber die Arbeit beginnt erst dann. Weitere Aspekte sind dazu notwendig, aber erst, wenn die Hingabe erfolgt ist.

2. Das zweite Element in einer ausgeglichenen Sicht über das geistliche Leben ist Disziplin. Paulus schreibt: "... wenn ihr aber durch den Geist die Handlungen des Leibes tötet, so werdet ihr leben" (Röm.8,13). Das ist ein sehr interessanter Vers, der viel Ausgewogenheit in das geistliche Leben bringt. Einerseits erklärt er, daß die, die das Fleisch schon gekreuzigt haben (Gal.5,24), noch die Handlungen des Leibes töten müssen. Die Zeitform ist das Präsens und bedeutet: Es muß wiederholt getan werden, auch wenn wir schon gekreuzigt sind (Zeitform Aorist, bezeichnet ein abgeschlossenes Ereignis). Andererseits zeigt der Vers, daß *wir* dies tun, zwar durch den Geist, aber dennoch spielen wir dabei eine entscheidende Rolle. "Ihr" ist das Subjekt zum Wort "tötet", und dies steht im aktiven grammatischen Geschlecht (Genus). *Ich* tue es. Wenn es ein passiver Genus wäre, würde es bedeuten, daß es jemand anders für mich tut. Der Heilige Geist befähigt mich, aber *ich* muß es tun. Das ist eine schwer zu akzeptierende Tatsache für eine Sichtweise, die aussagt, daß Gott alles im Leben tut, aber der Vers ist sehr klar.

Was bedeutet "töten"? Tod bedeutet immer Trennung, nie Auslöschung, die Handlungen des Leibes zu töten, kann also nicht bedeuten, sie auszurotten. Das passiert in diesem Leben nicht. Es bedeutet aber, mich von diesen Dingen zu trennen. Tod, sagte ich, bedeutet Trennung. Dabei ist zu beachten, daß der physische Tod die Trennung des Stofflichen von dem Nichtstofflichen ist, aber nicht die Auslöschung eines dieser Elemente. Geistlicher Tod ist Trennung von Gott, aber nicht die Auslöschung des menschlichen Wesens, welches geistlich tot ist. Der zweite Tod ist auch Trennung von Gott, aber keine Auslöschung, auch nicht im Feuersee. Der Tod selbst ist nicht die Auslöschung des Eigenlebens, aber die Trennung von der Kraft dieses Lebens. Die Handlungen des Leibes zu töten, bedeutet also nicht, daß diese Handlungen nicht länger Teil unseres Lebens sein werden, sondern es bedeutet, daß sie nicht länger ein Teil unserer Erfahrungen zu sein brauchen.

Was sind die Handlungen des Leibes? Es gibt eine biblische Antwort darauf in Kolosser 3, in der das gleiche Wort "Handlungen" (V.9) verwendet wird und manche dieser Handlungen aufgelistet sind. In Vers 5 gibt es einige Dinge, die in die Kategorie der Unreinheit fallen: besonders im Sexualbereich: Unzucht, Unreinheit, Leidenschaft und böse Lust. Dies sind die unreinen Handlungen des Leibes, von denen ein geistlicher Gläubiger getrennt sein wird. Gewiß bedeutet das, nicht an diesen Dingen teilzuhaben. Bedeutet es aber nicht auch, daß wir nicht hinschauen sollen, oder nichts darüber lesen sollen?

Eine andere Sache, die zum alten Menschen gehört, ist die Habsucht (V.5), und hier, wie auch in anderen Stellen im Neuen Testament, wird sie als das bezeichnet, was sie auch wirklich ist, - Götzendienst. Erinnern Sie sich an Kapitel 8 und an das Thema Geld und daran, daß die Habsucht nicht automatisch verschwindet, wenn man mehr Geld hat. Man kann habsüchtig sein unabhängig davon, was man besitzt oder nicht besitzt, denn Habsucht kommt aus dem Herzen und nicht aus den Umständen des Lebens.

In Vers 8 werden Sünden des Redens erwähnt. Dies sind ebenfalls Handlungen des Leibes, von denen der geistliche Gläubige getrennt sein wird. Es sind Zorn, Wut, Bosheit, Lästerung und schändliches Reden. Manchmal versäumen es gerade die, die am geistlichsten zu sein scheinen, ihre Zunge im Zaum zu halten und strafen ihre sogenannte Geistlichkeit damit Lügen.

Disziplin in den Bereichen des Fleisches, Geldes und des Redens ist ein wesentlicher Bestandteil des geistlichen Lebens und, mich zu disziplinieren, ist etwas, was ich selbst tun muß.

3. Das dritte Element eines ausgeglichenen geistlichen Lebens ist Abhängigkeit. "Ich sage aber: Wandelt im Geist, und ihr werdet die Lust des Fleisches nicht erfüllen" (Gal.5,16). Beständige Abhängigkeit von der Kraft des innewohnenden Geistes Gottes ist wesentlich für geistliches Wachstum und Sieg. Wandeln ist wesensmäßig eine Reihenfolge von abhängigen Handlungen. Wenn ein Fuß aufgehoben wird, um ihn vor

den anderen zu stellen, wird es im Glauben daran getan, daß der am Boden bleibende Fuß das volle Gewicht des Körpers tragen wird. Man kann nur durch die Ausübung von Glauben "wandeln". Das christliche Leben können wir nur in Abhängigkeit vom Heiligen Geist leben. Aus solcher Abhängigkeit folgt die Herrschaft des Geistes über die Handlungen des Fleisches (Gal.5,17-21), und der Geist bewirkt die Frucht des Geistes (V.22.23).

Abhängigkeit von der Kraft Gottes und die Bemühung des Gläubigen schließen einander nicht aus. Selbstdisziplin und Abhängigkeit vom Heiligen Geist können und müssen in einem ausgeglichen geistlichen Leben zur gleichen Zeit praktiziert werden. Abhängigkeit selbst ist eine Haltung, aber diese Haltung stellt sich nicht automatisch ein; sie benötigt meistens Arbeit. Wieviele echte Christen gibt es, die Tag für Tag dahinleben, ohne die Notwendigkeit der Abhängigkeit von Ihm zu spüren? Erfahrung, Routine, Stolz, Selbstvertrauen ziehen uns oft weg von dieser bewußten Abhängigkeit von Gott, aber diese Abhängigkeit ist notwendig, um gerecht zu leben und zu handeln.

4. Schließlich muß das geistliche Leben ein Leben der andauernden Entwicklung sein. Kein Vers drückt dies so gut aus wie 1. Johannes 1,7 (obwohl es auf den ersten Blick ein unpassendes Beispiel dafür zu sein scheint): "Wenn wir aber im Licht wandeln, wie er im Licht ist, haben wir Gemeinschaft miteinander, und das Blut Jesu, seines Sohnes, reinigt uns von jeder Sünde." Der Maßstab für das christliche Verhalten ist Gott selbst (V.5). Gott setzt diesen Maßstab nicht herunter, noch paßt Er ihn an. Er ist der Maßstab, durch den jedes Verhalten, jede Haltung und jedes Ziel gemessen werden. Deshalb kann Sünde als das Ermangeln oder Nichterlangen der Herrlichkeit (oder Offenbarung) Gottes definiert werden (Röm.3,23). In dieser pragmatischen Generation und sich selbst rechtfertigenden Gesellschaft ist es gut, dies in Erinnerung zu behalten. Aber so mag man einwenden: wir können diesen Maßstab doch nie erreichen; verspottet uns Gott nicht mit Seinem Ideal, das wir niemals zu erreichen hoffen können? Die Antwort ist nein, denn der Maßstab ist zwar Gott selbst, aber die Forderung für jeden Gläubigen ist die, im Licht zu wandeln (V.7). Es wird nicht von uns erwartet, daß wir Licht werden, sondern es wird erwartet, daß wir im Licht wandeln. Das ist eine Forderung, die

von allen erfüllt werden kann, denn es ist für jedes Stadium der Reife eines Christen maßgeschneidert. Der Maßstab "Licht" ist bestimmt und unveränderlich; die Forderung, auf dieses Licht zu reagieren, ist für jeden verschieden und in jedem Fall erreichbar. Die Gebiete des Lebens, in die das Licht Gottes und Sein Wort hineinleuchtet, erweitern sich ständig im Verlauf des Wachstums eines normalen christlichen Lebens. Das trifft sowohl für das physische Wachstum als auch für das geistliche Wachstum zu.

Wenn wir im Licht wandeln, folgen daraus zwei Konsequenzen: Wir haben Gemeinschaft mit anderen Gläubigen, und das Blut Christi reinigt uns. Lange Zeit las ich den Vers unbewußt so: "Wenn wir im Licht wandeln, haben wir Gemeinschaft miteinander, aber wenn wir nicht im Licht wandeln, reinigt uns das Blut Christi". Der Sinn dieses Verses ist jedoch ein ganz anderer. Er stellt fest, daß wir Reinigung brauchen, wenn wir in Gemeinschaft mit dem Herrn sind, nicht dann, wenn wir von der Gemeinschaft ausgeschlossen sind. Andauernde Reinigung ist also eine Folge des Wandelns im Licht.

Was bedeutet das? Es bedeutet einfach: Wenn wir in Gemeinschaft mit dem Herrn wandeln, scheint das Licht vom Wort Gottes auf zusätzliche Gebiete unseres Lebens und zeigt unsere Sünden und Schwächen auf, die dann die reinigende Kraft des Blutes Christi brauchen, damit wir weiter im Licht wandeln können. Dies können Gebiete sein, die durch den normalen Verlauf des physischen und/oder geistlichen Wachstums ans Licht kommen. Zum Beispiel war ich als christliches Kind über die Frage, ob ich dem Herrn dienen sollte oder nicht, nicht besorgt; als ich mein Leben dem Herrn hingab, war Dienen kein Problem; bevor ich Kinder bekam, war die Frage, ob ich sie dem Herrn geben würde, soweit dies für Eltern möglich ist, kein Problem. All diese Dinge tauchten im normalen Fortschreiten des Lebens auf, und während sie auftauchten und ich zustimmend auf den Willen Gottes reagiere, reinigte mich das Blut Christi beständig von jeder Sünde. Das ist die Reinigung, die mit Wachstum verbunden ist, nicht die Reinigung, die vom Bekenntnis der erkannten und bewußten Sünden kommt (1.Joh.1,9).

Das ist die normale Entwicklung des christlichen Lebens. Im Licht zu wandeln, bringt zusätzliches Licht und Reinigung der vorher finsteren Gebiete. Wenn wir dann im Licht wandeln, das auch diese zusätzlichen Gebiete beinhaltet, kommen mehr Gebiete des Lebens unter den Scheinwerferstrahl Gottes. Wandeln (von uns), Erleuchtung (durch das Wort), Reinigung (durch das Blut) - dies ist der wiederholte Zyklus der christlichen Entwicklung.

Das ist der Weg des christlichen Lebens - ein hingegebenes Leben, das diszipliniert und abhängig ist und sich entwickelt. Das ist das "Geheimnis" des geistlichen Erfolgs; und doch ist es kein Geheimnis, weil es deutlich im Wort Gottes geoffenbart wird. Wir alle stehen dabei den beiden Schwierigkeiten gegenüber, die verschiedenen Seiten der Wahrheit im richtigen Ausgleich zu halten, und dann auch das zu tun, was wir als notwendig erkannt haben.

Hoffentlich hat dieses Buch bei der Bewältigung der ersten Schwierigkeit geholfen. Möge der Herr uns allen helfen, die zweite Schwierigkeit zu überwinden.